HYROX

DAS FITNESSRACE FÜR JEDEN

Bibliografische Information der Deutschen Nationalbibliothek
Die Deutsche Nationalbibliothek verzeichnet diese Publikation in der Deutschen Nationalbibliografie. Detaillierte bibliografische Daten sind im Internet über https://dnb.de abrufbar.

Für Fragen und Anregungen
info@m-vg.de

Wichtiger Hinweis
Dieses Buch ist für Lernzwecke gedacht. Es stellt keinen Ersatz für eine individuelle medizinische Beratung dar und sollte auch nicht als solcher benutzt werden. Wenn Sie medizinischen Rat einholen wollen, konsultieren Sie bitte einen qualifizierten Arzt. Der Verlag, der Autor und die Upsolut Sports GmbH haften für keine nachteiligen Auswirkungen, die in einem direkten oder indirekten Zusammenhang mit den Informationen stehen, die in diesem Buch enthalten sind.
Ausschließlich zum Zweck der besseren Lesbarkeit wurde auf eine genderspezifische Schreibweise sowie eine Mehrfachbezeichnung verzichtet. Alle personenbezogenen Bezeichnungen sind somit geschlechtsneutral zu verstehen.

Originalausgabe
3. Auflage 2026

Türkenstraße 89
80799 München
Tel.: 089 651285-0

Redaktion: Susanne Meinrenken
Umschlaggestaltung: Marc-Torben Fischer, München
Umschlagabbildung und alle Fotos im Innenteil | von © HYROX – Upsolut Sports GmbH, außer:
Nazariy Kryvosheyev: 203; riva Verlag: 161, 175; Shutterstock/Anna Shepulova: 184; Shutterstock/Antonina Vlasova: 177; Shutterstock/Food Collection: 190; Shutterstock/inspring team: 166, 167; Shutterstock/Lio putra: 85–89; Shutterstock/Michele Ursi: 152; Shutterstock/Mladen Zivkovic: 158/159; Shutterstock/OPOLJA: 94 li.; Shutterstock/Rimma Bondarenko: 172; Shutterstock/Stolyevych Yuliya: 188; Shutterstock/Viktor Kochektov: 192; Shutterstock/Vladimir Sukhachev: 94 re.; Shutterstock/Vladislav Noseek: 186

Layout: Katja Muggli, www.katjamuggligrafikdesign.de
Satz: Satzwerk Huber, Germering, Katja Gluch
Druck: Florjancic Tisk d.o.o., Slowenien
Printed in the EU

ISBN Print 978-3-7423-2510-5
ISBN E-Book (PDF) 978-3-7453-2289-7
ISBN E-Book (EPUB, Mobi) 978-3-7453-2288-0

PRODUZIERT MIT VERANTWORTUNG

Weitere Informationen zum Verlag finden Sie unter

www.rivaverlag.de

Beachten Sie auch unsere weiteren Verlage unter www.m-vg.de

HYROX

DAS FITNESSRACE FÜR JEDEN

- » HINTERGRÜNDE
- » TRAINING
- » VORBEREITUNG
- » PROFITIPPS

Inhalt

Get ready for HYROX!

Du bist im Tunnel. Die Luft um dich herum scheint zum Beat der dröhnenden Musik zu vibrieren und immer dünner zu werden. Deine Beine brennen. Gerade hast du 100 Meter Ausfallschritte hinter dich gebracht – mit einem 30 Kilo schweren Sandsack auf dem Rücken. Nun kämpfst du dich Meter für Meter auf der Laufstrecke voran. Es gilt, Zeit gutzumachen. Der Blick geht auf die Uhr, die Sekunden ticken. Dein Puls rast. Die Rufe aus dem Publikum peitschen dich voran. Doch jetzt kommt der Endgegner: Du musst einen neun Kilo schweren Medizinball an eine drei Meter hohe Zielscheibe werfen – 100-mal. Endspurt. Völlig erschöpft, aber überglücklich sinkst du hinter der Ziellinie zusammen. Alles schmerzt, dein Atem überschlägt sich. Trotzdem kannst du nicht aufhören zu grinsen. Hindernislauf war gestern – willkommen bei HYROX!

HYROX, das ist eine Kombination aus Endurance-Race und Fitnesschallenge. Ein festes Rennformat – überall auf der Welt: Acht Functional-Fitness-Stationen und acht 1000-Meter-Runs im Wechsel. Es ist eine Art moderner Mehrkampf, mit Meisterschaften und Weltrangliste, ein brutaler Test für Fitness und Willen. Der Sport, für den du schon immer trainiert hast: die World Series of Fitness Racing. Wenn dir ein Halbmarathon zu dröge ist und CrossFit zu viel Powerlifting, dann bist du bei HYROX genau richtig. Der noch junge Sport – das erste Rennen fand 2017 in Hamburg statt – ist schnell zu einem globalen Phänomen geworden, mit 90 000 Teilnehmern in der Saison 2022/2023 in 40 Metropolen wie Sidney, Dubai, Barcelona oder New York. Um vorn mitzulaufen, musst du Kraft und Ausdauer trainieren, dich in Tempoläufen auf Top-Speed drillen, deine Herzfrequenz in hochintensiven Intervalleinheiten auf die Spitze treiben und deinen inneren Schweinehund an die ganz kurze Leine nehmen. HYROX ist ein Rennen für jeden, aber nichts für Weicheier!

Wer es eines Tages unter die Elite 15, also die 15 besten HYROX-Athleten der Welt schaffen will, muss sich akribisch auf die Wettkämpfe vorbereiten. Um es über die

Ziellinie zu schaffen, brauchst du weder Muskelberge noch Marathonerfahrung, sondern vor allem einen starken Willen. Das Rennformat ist so konzipiert, dass jeder ohne große Vorkenntnisse teilnehmen kann. So starten bei den Events neben Spitzensportlern auch Hobbyathleten, Senioren und Adaptive Athletes – Sportler mit Handicap. HYROX ist bewusst inklusiv – und wird trotzdem das härteste Rennen deines Lebens!

Egal, ob du Ausdauer- oder Kraftsportler, hybrider Athlet oder kompletter Einsteiger bist, in diesem Buch erfährst du, wie du dich perfekt auf HYROX vorbereitest. Du wirst dir alle Übungen aneignen, die dich im Rennen erwarten, sowie sinnvolle Alternativen, falls es bestimmtes Equipment in deinem Fitnessstudio nicht gibt. Schon in wenigen Wochen wirst du in der Lage sein, die Trainingskomponenten Kraft, Ausdauer, Kraftausdauer und Speed in deiner Vorbereitung korrekt zu gewichten und deine Workouts und Trainingspläne selbst zu gestalten. Obendrein findest du vorgefertigte Beispielworkouts, ein komplettes 16-wöchiges Trainingscamp sowie Tipps zu Training und Ernährung von den weltbesten HYROX-Profis, sodass du nur noch ins Gym fahren und lostrainieren musst.

Du lernst auf den folgenden Seiten die Ursprünge von HYROX und die Macher hinter den Kulissen kennen, wie den zweifachen Hockeyolympiasieger Moritz Fürste, der die Eventreihe erfolgreich global vermarktet, oder Renndirektorin Mintra Tilly, die maßgeblich für Konzeption und Aufbau des Rennens verantwortlich ist. Sie hat den einen oder anderen guten Rat für dich, wie du deinen ersten HYROX bestmöglich meisterst. Du wirst sechs HYROX-Athleten begegnen, die unterschiedlicher nicht sein könnten, und die ihren reichhaltigen Erfahrungsschatz ebenfalls mit dir teilen, allen voran die aktuelle Nummer eins der Weltrangliste, den Amerikaner Hunter McIntyre, und Pionier Lukas Storath, der als erster HYROX-Athlet die Einstundenmarke geknackt hat und inzwischen andere Profis coacht. Da ist Linda Meier, die HYROX-Vizeweltmeisterin wurde und Weltrekord lief, obwohl sie voll berufstätig ist und eigentlich nur aus Spaß am Sport antritt. Lass dich motivieren von der unglaublichen Geschichte des querschnittsgelähmten Maurice-André Iseli, der wie durch ein Wunder wieder laufen gelernt und bei HYROX ohne Krücken die Ziellinie überquert hat. Oder von inspirierenden Charakteren wie dem einst übergewichtigen Hamun Bahadorvand, der in HYROX eine neue Bestimmung gefunden hat, oder dem 72-jährigen Klaus-Dieter Rösener, der zweimal Weltmeister wurde und noch weitere zwölf Jahre an den Start gehen will.

HYROX-Events sind ambivalent, sie verbinden Jung und Alt und trennen doch die Spreu vom Weizen, die Harten von den ganz Harten. Sie sind Spielfeld für jede Frau und jeden Mann und für Elitesportler, sie fordern und belohnen, machen Angst und motivieren. Vor allem machen HYROX-Events aber eines: jede Menge Spaß! Mache dich bereit für die größte sportliche Herausforderung deines Lebens.

Get ready for HYROX!

HYROX-Facts	
Amtierende Weltmeister (Manchester 2023)	Hunter McIntyre (USA) Lauren Weeks (USA)
Weltrekorde	54:07 Minuten (Hunter McIntyre, Barcelona 2023) 58:58 Minuten (Megan Jacoby, Anaheim 2023)
Erste Weltmeister (Oberhausen 2019)	Lukas Storath (GER, 59:07 Minuten) Imke Salander (GER, 1:08:08 Stunde)
Jüngste Weltmeister (nach Altersklasse)	Tim Wenisch (24 Jahre) Inga Loftesnes (23 Jahre)
Älteste Weltmeister (nach Altersklasse)	Klaus-Dieter Rösener (72 Jahre) Celia Duff (69 Jahre)
Erstes Event	Hamburg 2017
Anzahl Events	93
Saison	Oktober bis Mai

Stand: Saisonende 2022/2023

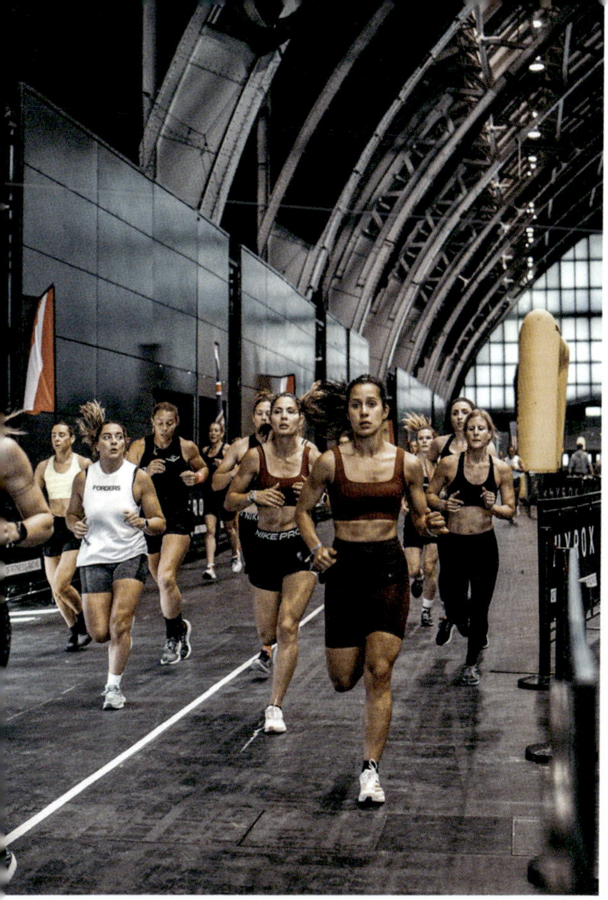
FORDERS
NIKE PRO
HYROX

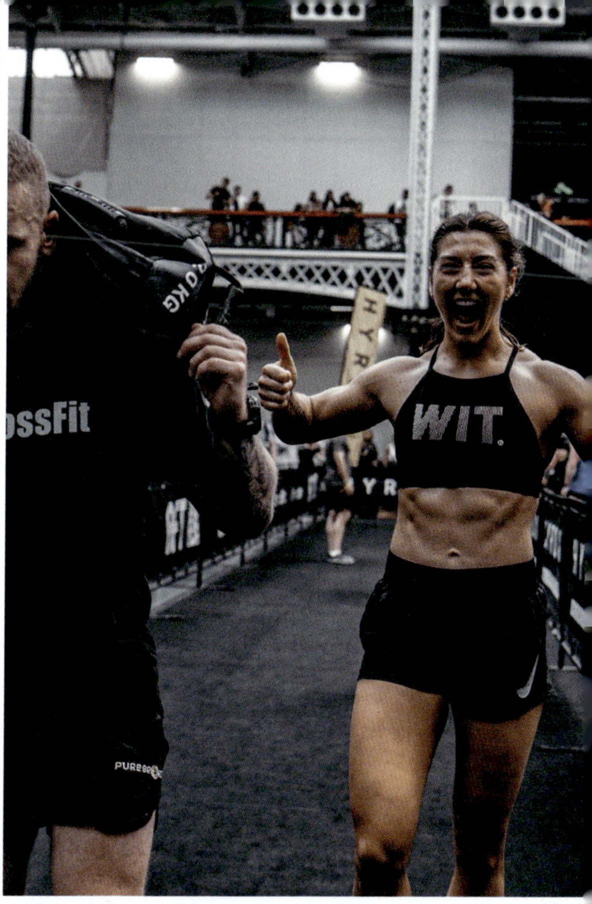
ossFit
WIT.

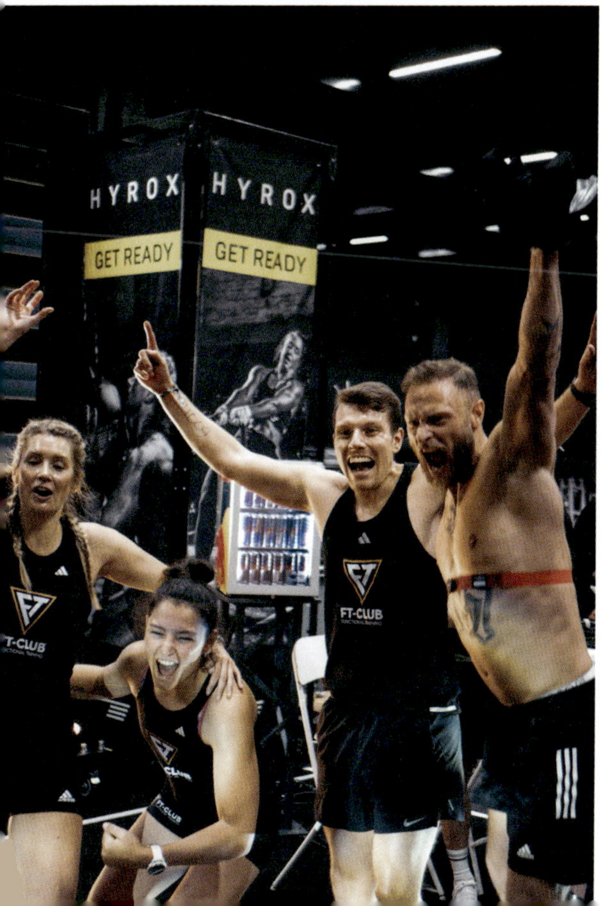
HYROX
GET READY
HYROX
GET READY
FT-CLUB

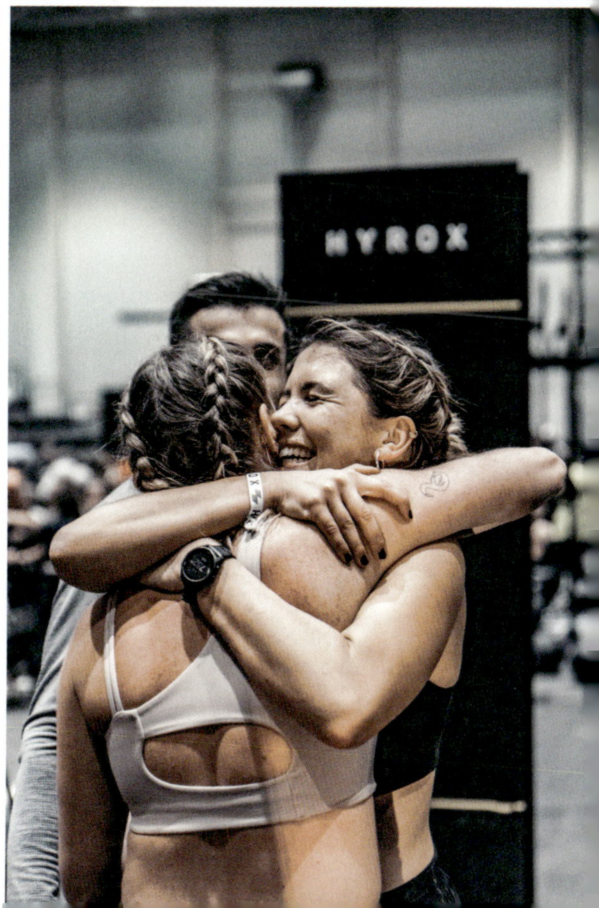
HYROX

HUNTER MCINTYRE – DER WELTMEISTER

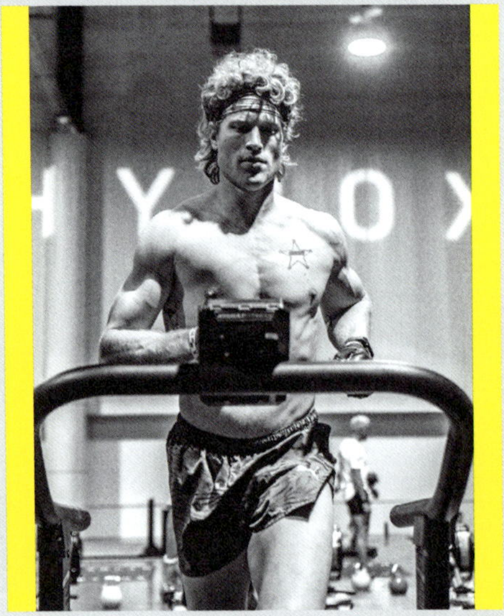

Geburtsdatum: 9.3.1989

Wohnort: Malibu

Job: Profisportler

HYROX-Bestzeit: 54:07 Minuten

Lieblingsstation: alle

Hassstation: keine

Lieblingssport: Laufen

Trainingsphilosophie: Mit Bizeps gewinnt man Rennen.

Instagram: @huntthesheriff

Jeder erfolgreiche Sport hat seinen Superstar, eine Lichtgestalt, die Rekorde bricht und Titel gewinnt, die polarisiert und fasziniert. Für HYROX ist Hunter McIntyre dieser Superstar. Hockey-Olympiasieger und HYROX-Marketingchef Moritz Fürste bezeichnet ihn als »den buntesten Vogel im Sport«, seine Gegner fürchten ihn ob seines überbordenden Selbstvertrauens und der scheinbar mühelosen Spitzenzeiten. McIntyre hat zweieinhalb Minuten Vorsprung auf den Rest der Weltspitze. Seinen Titel wird dem amtierenden Weltmeister also so schnell niemand streitig machen. Doch wie wurde der »Sheriff«, wie er sich nennt, ein solcher Ausnahmeathlet?

McIntyre wuchs an der Ostküste der USA auf. Der Großvater, ein begnadeter Mehrkämpfer, hatte großen Einfluss auf den Jungen, der in der Schule mit der Diagnose ADHS (Aufmerksamkeitsdefizithyperaktivitätsstörung) früh aussortiert und in einen Raum für »besondere Schüler« gesteckt wurde, gemeinsam mit Autisten und Kindern mit

Downsyndrom. Dort wartete er, bis der Schultag endlich vorüber war und er sich im Sport verwirklichen konnte. Mannschaftssport war nichts für ihn, keine Mannschaft war ihm gut genug. Nichts ärgerte McIntyre mehr, als wenn Mitspieler seine Leistung zunichtemachten. Als er ohne Vorbereitung auf Anhieb einen Halbmarathon gewann, war klar: Der Junge hatte ein besonderes Talent.

Im Jugendalter verlagerten sich seine Interessen jedoch. Er suchte das Extrem, schnelle Autos, den schnellen Kick durch Drogen. Als sich eine Tür nach der anderen schloss, erkannte McIntyre, dass Drogen zwar »verdammt viel Spaß machen«, aber eben nur Zeitvertreib sein können und niemals Lebenszweck. Bei einer gerichtlich angeordneten Entzugsmaßnahme in einem Holzfällerbetrieb in Montana reifte der einst dürre 19-Jährige innerhalb weniger Monate zum Mann. Zwölf Stunden täglich schleppte er Baumstämme und schweres Gerät einen Berg rauf und runter. Diesem Berg verdankt er die extreme Kraft und Ausdauer, mit der er seine Konkurrenz heute das Fürchten lehrt. »Als ich aus dem Entzugsprogramm raus war, wollte ich nur noch eins: gewinnen«, so McIntyre. Er erkannte, dass sich viele Türen wieder öffnen, wenn man gut in etwas ist. »Für einen Weltmeister gibt es immer einen Platz am Tisch«, sagt er. Wer sich einen Wert erarbeitet, wird von anderen wertgeschätzt. Und McIntyres Wert war sein sportliches Talent. Es sollte sein Ausweg aus der Perspektivlosigkeit werden. »Es gibt Millionen Ärzte, Ingenieure oder Anwälte, aber nur einen Weltmeister«, so McIntyre, der sein Anthropologiestudium schmiss und sein Leben fortan dem Training widmete.

Ohne Studium war ihm der Weg in die großen US-Sportligen allerdings verbaut, die ihren Nachwuchs meist aus Collegeteams rekrutieren. Er bestritt stattdessen Laufwettbewerbe und meldete sich eines Tages bei einem Hindernislauf an. »Ich spürte sofort, dass ich in diesem Sport nicht nur gut, sondern großartig sein konnte«, erinnert er sich. Wie es der Zufall wollte, richtete die Rennserie in jenem Jahr ihre erste Weltmeisterschaft aus. Also erklärte McIntyre seinen Eltern, dass er nicht mehr aufs College zurückkehren, sondern sich fortan darauf konzentrieren würde, Weltmeister zu werden.

»Das war ein großes Risiko«, sagt McIntyre rückblickend. »Damals gab es keine Sponsoren oder großen Siegprämien. Wenn du deinen Eltern erzählst, dass du dein Studium für etwas abbrichst, das noch gar nicht existiert, dann kommt das erst mal nicht so gut an. Ich habe aber an mich geglaubt – zum Glück, denn innerhalb weniger Monate hatte ich einen Sponsorenvertrag mit Reebok; das hat mein Leben völlig verändert.«

» Wenn ich Weltmeister werden will, muss ich einfach nur antreten!

Wenig später kam er mit HYROX in Kontakt. Die Kombination aus Kraft und Ausdauer war wie für ihn gemacht. »Ich wusste: Wenn ich Weltmeister werden wollte, musste ich einfach nur antreten.« Also trat er an, immer und immer wieder – und ist bis heute Weltmeister.

Du besitzt offensichtlich ein besonderes Talent für HYROX. Was macht dich so herausragend?

Die Zeit als Holzfäller in Montana hat mich definitiv geprägt und mich gleichzeitig fit und stark gemacht. Dadurch bin ich in dieser Art von Wettkämpfen schon etwas Besonderes. Eine weitere wichtige Fähigkeit von mir ist meine mentale Stärke. Im Gym kann jeder ein Weltmeister sein, aber da draußen ist das etwas ganz anderes.

Woher kommt diese mentale Stärke? Ist die angeboren oder kann man sie trainieren?

Es gibt Menschen, die diese mentale Stärke nicht haben und auch nie haben werden. Ich habe verstanden, dass es einen großen Unterschied macht, ob man sich vor einem Ergebnis fürchtet oder nicht. Wenn ich zur WM antrete, kann ich meinen Titel verteidigen oder ihn verlieren. Aber wenn du siegessicher antrittst, wirst du viel stärker performen, als wenn du an dir zweifelst. Von den 14 Kerlen, die gegen mich antreten, glaubt vielleicht einer, dass er mich schlagen kann. Die anderen haben sich schon vor dem Start dazu entschieden zu verlieren. Mentale Stärke ist eine tägliche Entscheidung, kein Muskel, den man trainieren kann.

Du hast deine Rennen also schon gewonnen, bevor sie beginnen?
Ja, immer. Weil ich weiß, dass ich gewinnen kann, gewinne ich auch. Natürlich gibt es keine Garantie, aber allein der Glaube daran, dass ich gewinnen werde, macht mich unendlich stärker als all die anderen, die diesen Glauben nicht haben.

Was macht HYROX so besonders?
Fitness ist in den letzten Jahren sehr populär geworden, aber kein Wettbewerb hatte eine fest definierte Struktur. Die Workouts wurden ständig verändert. Bei HYROX hast du eine garantierte Distanz und garantierte Workout-Stationen. Es gibt also eine Norm, an der man sich messen kann. Und das ist sehr wichtig. Nicht ohne Grund ist Leichtathletik bis heute ein so interessanter Sport. Es gibt einheitliche Vorgaben. So kann man sich gezielt darauf vorbereiten und immer neue Rekorde aufstellen. Klar ist es aufregend, wenn man nicht weiß, was einen erwartet. Aber wenn man den Besten finden will, den Weltmeister, dann braucht es klar definierte Vorgaben.

Welche Ziele hast du bei HYROX als Weltmeister und Weltrekordhalter?
Ich will einen Rekord aufstellen, der für Jahrzehnte gültig ist – wenn nicht für immer. Ohne jemandem zu nahe zu treten – aber der WM-

Titel juckt mich nicht mehr. Ich habe schon neun Stück gewonnen, es spielt keine Rolle, ob ich neun- oder zehnfacher Weltmeister bin. Mir geht es deshalb um Weltrekorde. Bis 35 will ich noch weitermachen und die Welt ein wenig bereisen, dann werde ich zufrieden zurücktreten.

Was würde ein solcher Rekord für die Ewigkeit sein? Eine Zeit unter 50 Minuten? Ist das überhaupt möglich?

(Denkt nach.) Rein rechnerisch sicher schon, aber ich bin mir nicht sicher, ob ich das wirklich schaffen würde. Für 50 Minuten oder weniger müsste ich sehr viel Zeit investieren und mein Körper müsste sich verändern. Meine Bestzeit ist 54:07 Minuten. Wenn ich in jedem Lauf 15 Sekunden schneller wäre, macht das in Summe zwei Minuten, ich wäre also bei 52:07 Minuten. Ich müsste also auch an jeder Station noch einmal 15 Sekunden schneller sein. Das wäre schon möglich, aber ich müsste wirklich eine perfekte Punktlandung hinlegen. Es kommt darauf an, wie viel man wiegt, wie viel Kraft man hat, wie gut die Cardio ist. 51 Minuten, die schaffe ich auf jeden Fall. Die letzte Minute wäre dann aber wirklich tricky. Bei Burpees und Farmer's Carry kann ich etwa kaum noch schneller werden, deshalb trainiere ich Farmer's Carry auch fast nie.

Du trainierst keine Farmer's Carry?

Nein, wozu? Ich kann dort nichts mehr rausholen.

Einst galt eine Stunde als magische Grenze, nun nähern wir uns der 50-Minuten-Marke. Was führt zu solchen Leistungssprüngen?

In jungen Sportarten dauert es ein wenig, bis die Topathleten daran teilnehmen. Sobald die Competition besser wird, werden auch die Zeiten insgesamt besser. Es braucht Pioniere, die Grenzen durchbrechen. Leute wie Megan Jacoby und mich, die aktuell die besten HYROX-Athleten sind. Leute wie Roger Bannister, dem die Vier-Minuten-Meile gelang. Erst dann glauben die anderen Sportler, dass so etwas überhaupt möglich ist, und schaffen es auch.

Dein Motto lautet: Mit Bizeps gewinnt man Rennen. Andere Athleten setzen ihren Fokus vor allem auf die Runs, weil sich an den Workout-Stationen nur begrenzt Zeit rausholen lässt.
Ich bin Weltrekordhalter, seit ich mit diesem Sport angefangen habe. Vielleicht haben die anderen also einfach keine Ahnung.

Du legst den Fokus also bewusst mehr auf Power als auf Cardio?
Ich glaube, es ist besser, einen starken Körper zu haben, der ein hohes Lauftempo durchhalten kann, als einen schnellen Körper zu haben, der irgendwie durch die Kraftstationen durchkommen muss. Megan Jacoby ist die stärkste Frau bei HYROX und ich bin der stärkste Mann – und wir beide führen die Weltrangliste an. Meine Laufzeiten sind auch die besten oder zweitbesten bei jedem Event. Aber an den Workout-Stationen zerstöre ich alle anderen. Das macht sich dann in der Gesamtzeit bemerkbar. Die anderen können also anscheinend nicht richtig rechnen.

1

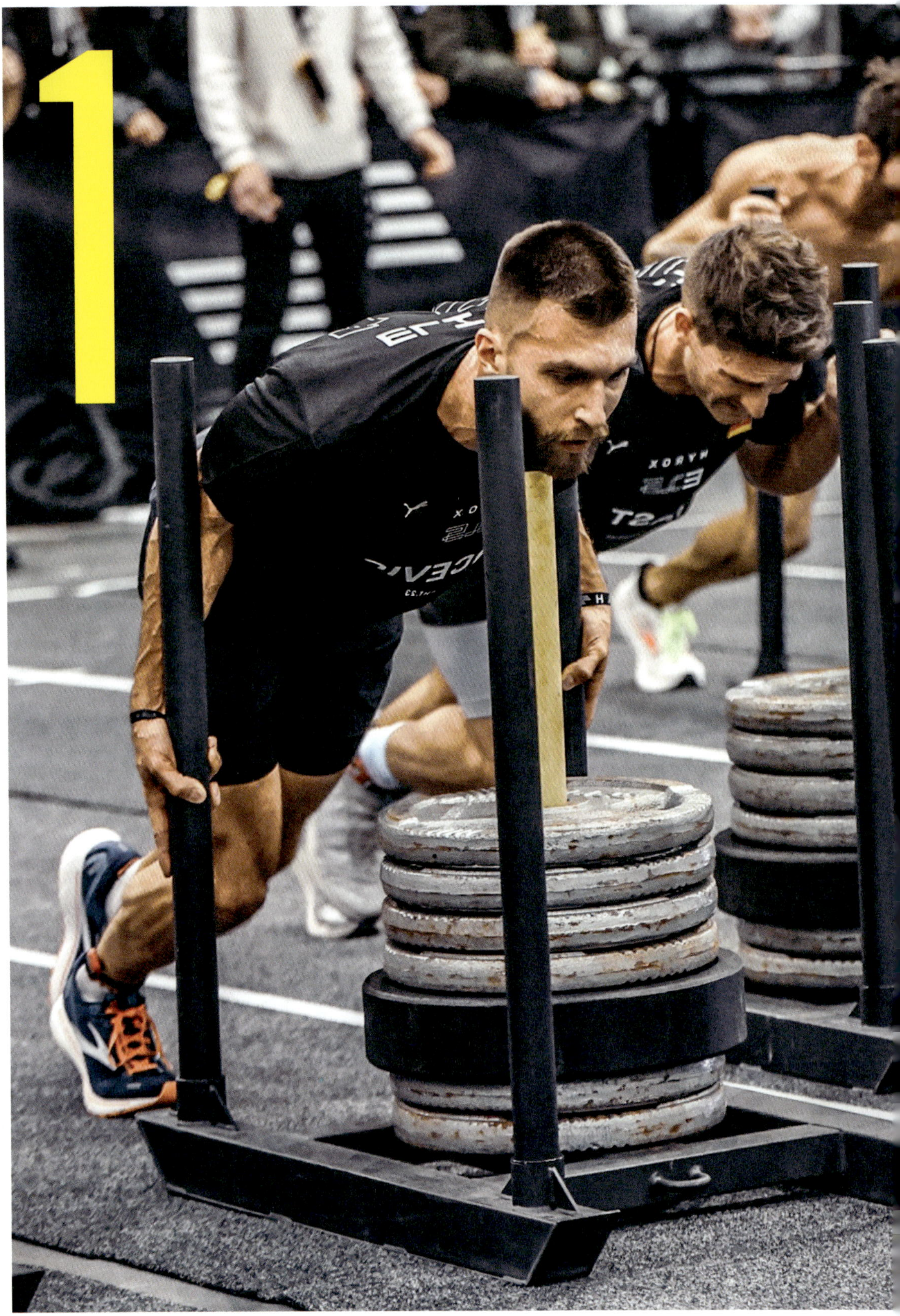

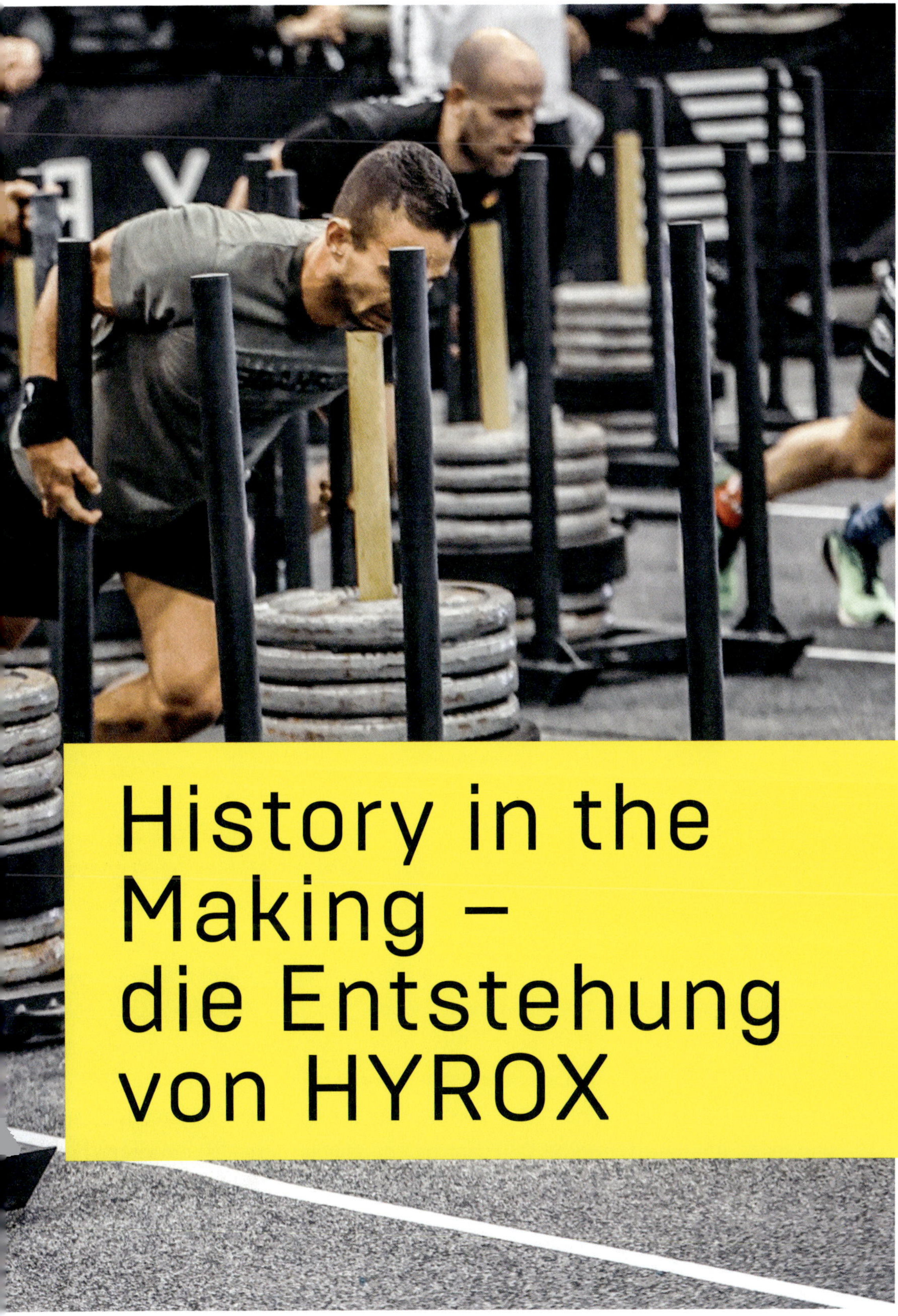

History in the Making – die Entstehung von HYROX

Der Beginn einer Idee

Was wäre Sport ohne Wettstreit? Wohl jeder Athlet hat ihn schon einmal tief in sich drin gespürt, den Drang, sich zu messen und am Ende zu triumphieren – und sei es auch nur über den eigenen Schweinehund. Ob Sieg oder Niederlage, der Wettkampf allein ist die Belohnung für all die zahllosen Stunden Training auf der Laufstrecke, dem Rasenplatz, in der Turn- oder Schwimmhalle oder im Box-Gym. Wer alles im Training gibt, will das Gelernte eines Tages auch unter Realbedingungen testen. Fußballer tun das Woche für Woche, Boxer wenige Male im Jahr und mancher Hobbyläufer vielleicht nur ein einziges Mal im Leben, um den Marathon von der Bucketlist zu streichen. Nur im beliebtesten Sport der Deutschen – Fitness – ist das nicht möglich. Über zehn Millionen Deutsche waren 2022 Mitglied in einem Fitnessstudio.[1] Damit liegt Fitness sogar noch vor dem Volkssport Fußball, sieben Millionen Mitglieder hat der Deutsche Fußball-Bund (DFB). Der harte Kern – immerhin fünf Millionen – trainiert mehrmals wöchentlich.[2] Einen echten Wettbewerb für Fitnesssportler gab es bislang allerdings nicht.

Es gibt Bodybuilding-Wettkämpfe, in denen die Sportler auf der Bühne posieren und ein Punktgericht die Ästhetik ihrer Körper anhand von Masse, Definition und Symmetrie bewertet. Die Meisterschaften sind perfekt inszenierte Schauläufe, der eigentliche sportliche Wettbewerb findet jedoch in der Vorbereitungszeit statt. Die Kraftpakete im Powerlifting und Olympischen Gewichtheben sind absolute Spezialisten, die in zwei oder drei bestimmten Übungen gigantische Gewichte bewegen können. Aber wie fit sind sie wirklich? Beim Tragen der Wocheneinkäufe müssen die Kraftpakete häufig schon auf dem zweiten Treppenabsatz durchschnaufen. So beeindruckend die Leistungen von Gewichthebern auch sind, ihre Meisterschaften sind keine Fitnesswettbewerbe. Und dann gibt es da noch die selbst ernannten fittesten Sportler der Welt: CrossFit-Athleten kommen mit ihren Events einem reinen Fitnesswettkampf tatsächlich am nächsten. Sie messen sich Schulter an Schulter in Fitnessübungen wie Overhead Press oder Pull-ups. Dabei absolvieren sie auf

Zeit ein immer neues »Workout of the Day« – welches das ist, wissen sie vorher allerdings nicht. Eine gezielte Vorbereitung ist so unmöglich. Auch wettkampf- und länderübergreifende Ranglisten oder Rekorde, die aufgestellt und gebrochen werden könnten, gibt es deshalb nicht.

Die Macher hinter HYROX

Den Wunsch, endlich einen eigenen Wettbewerb für Fitnesssportler zu kreieren, trug der Hamburger Christian Toetzke schon einige Jahre mit sich herum, als er 2015 gemeinsam mit Hockeyolympiasieger Moritz Fürste und Werbeexperte Michael Trautmann den Zuschlag erhielt, das Konzept für die Hamburger Bewerbung zur Ausrichtung der Olympischen Sommerspiele 2024 zu erstellen. Ein Bürgerschaftsreferendum entschied sich schließlich gegen die Spiele, das Trio aber blieb zusammen und gründete 2017 das Unternehmen Upsolut Sports. Anfänglicher Schwerpunkt war die Beratung von Sportlern abseits der Fußballbranche. Schnell kam dem findigen Unternehmer Toetzke, der bereits das erfolgreiche Radsportevent Cyclassics erfunden hatte, seine alte Idee wieder in den Sinn, die nun immer konkreter wurde.

Fitness, das bedeutete für Toetzke, Fürste und Trautmann eine Mischung aus Kraft- und Cardiotraining, ohne die praktisch kein Sportler auskommt. Ob Hockeyspieler, Handballer oder Boxer, das Training besteht – neben sportartspezifischen Übungen – immer aus langen Läufen, Intervallen, Sprints und etwas Krafttraining. Und auch Fitnesssportler verbringen in der Regel einen Teil ihrer Trainingszeit auf dem Laufband, Fahrradergometer, Crosstrainer oder der Laufstrecke – und sei es nur, um den Körperfettanteil zu kontrollieren. So reifte langsam die Idee eines Fitness Runs, bei dem die Disziplinen Functional Fitness und Laufen miteinander verknüpft werden. Es sollte ein Wettbewerb werden, an dem jeder teilnehmen kann, wie bei klassischen Endurance-Events. Ziel war ein standardisiertes Rennen mit mess- und vergleichbaren Ergebnissen. Den Entschluss, diese Idee in die Realität umzusetzen, fasste das Trio 2017, nach dem Besuch der Sportmesse FIBO. In einem Vortrag erfuhren sie, dass 52 Prozent der (mehr als zehn Millionen) deutschen Fitnessstudiomitglieder Fitness als ihre Hauptsportart definieren. Das war ein Aha-Moment: Fitness Racing war nicht bloß eine Idee, es gab durchaus einen (großen) Markt dafür.

Die drei waren sich einig: Ihr Ziel lautete nicht weniger, als einen Wettkampf für alle Fitnesssportler zu schaffen. Sie wollten keine kleinen Gym-Challenges, sondern massentaugliche Events für Tausende Teilnehmer – wie bei einem Marathon. Events für jeden eben. Mit der Konzeptionierung wurde Profitrainerin Mintra Tilly beauftragt, die unter anderem bereits an Stützpunkten des Deutschen Olympischen Sportbunds im Einsatz gewesen ist und Elitesoldaten und Eishockeyspieler fit gemacht hat. Der Wettbewerb sollte ein guter Mix aus Kraft und Ausdauer sein, mit einer gesunden Halbmarathonlänge von 70 bis 120 Minuten. Unter Berücksichtigung modernster Trainingsmethodik, gesundheitlicher Aspekte sowie mit jeder Menge Trial and Error entstand so innerhalb weniger Monate aus altbekannten Elementen eine völlig neue Sportart. Ähnlich wie beim Triathlon kombinierten die Macher aus etablierten Disziplinen etwas vollkommen Originäres, das weder reiner Fitnesswettbewerb noch Laufevent war – sondern das erste Fitnessrace der Welt.

CHRISTIAN TOETZKE – DER MACHER

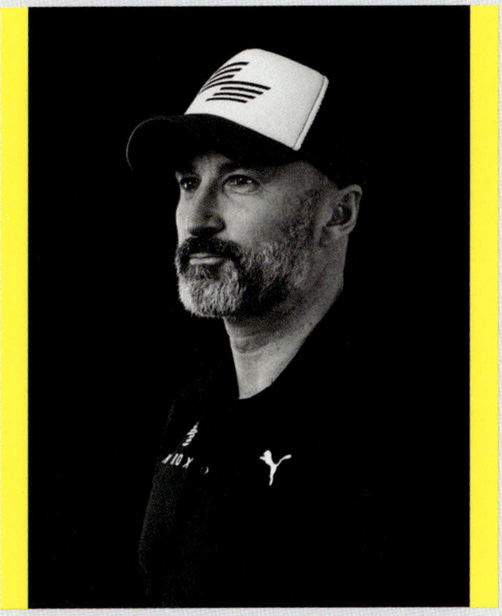

Christian Toetzke ist der Visionär hinter HYROX. Nachdem der Hamburger Unternehmer mehr als 20 Jahre lang Ausdauerevents organisiert und mit dem Cyclassics eines der bekanntesten deutschen Radrennen aus der Taufe gehoben hat, will er nun mit Fitness Racing nicht weniger als einen neuen Wettkampfsport etablieren, so die Aussage von Toetzke zum Konkurrenzdruck durch Nachahmer, der größten Herausforderung, und dem weltweiten Potenzial von HYROX.

Woher kam die Idee zu HYROX?
Auf so eine Idee kommst du nur, wenn du dich 20 Jahre lang mit Mass-Participation-Events wie Marathons beschäftigt hast. Mir persönlich war das Training für solche Lauf- oder Cycling-Events immer etwas zu einseitig.

Obstacle Races sorgen doch seit einigen Jahren für Abwechslung.

Das ist was Neues. Diese Rennen haben ihre Daseinsberechtigung und sind ja auch sehr erfolgreich. Bei OCR fehlt mir aber irgendwie der Wettkampfcharakter. Das ist eher ein Teamerlebnis und weniger ein reglementierter Sport. Ich war immer der Meinung, dass es zwischen all dem eine riesige Lücke gibt: ein Mass-Participation-Event als richtiger Sportwettbewerb mit Zeitmessung und perfektem, ausgewogenem Training.

Ab wann wurde die Idee konkret?

2016 entstand die Idee, eine Kombination aus Laufen und Functional Fitness als Mass-Participation-Event zu organisieren. Die Schnellsten der Welt brauchen eben eine Stunde und die Hobbysportler drei, aber irgendwie schaffen es alle zu finishen. In der Vorbereitung machst du alles: Kraft, Laufen, Functional Fitness. Und trotzdem reicht es aus, 1,5 Stunden am Tag zu trainieren, um im Wettkampf mitzuhalten. 2017 haben wir einen Testwettbewerb gemacht und gemerkt, dass es ein riesiges Potenzial dafür gibt. Also haben wir beschlossen, uns nur noch darauf zu konzentrieren. That's the story!

Es ist erstaunlich, wie schnell sich der Sport seitdem professionalisiert und weiterentwickelt hat. Hättest du damit gerechnet?

Die Grundidee war schon, dass das so passiert. Nach allem, was ich vorher gemacht habe, war ich mir relativ sicher, dass es funktioniert. Dass die Leute das packt. Fest davon ausgehen kann man aber natürlich nicht. Das ist es aber, was ich mit »reglementiertem Sport« meine. Wir sind noch ganz am Anfang der Entwicklung. Fitness Racing ist eine völlig andere Form des Trainings. Es hat sich wissenschaftlich noch keiner so recht damit beschäftigt, wie man am besten trainiert, um das

Optimum aus den Athleten herauszuholen. Da gibt es im Spitzenbereich noch ganz viele Fragezeichen.

Welcher Schritt wird der nächste in dieser Entwicklung sein?
Da wird noch ganz viel passieren. Wir haben inzwischen zwei erfahrene Sportwissenschaftler eingestellt, um zu erforschen, was der perfekte Mix aus Laufen und Krafttraining ist und wie das ideale Programming für eine Wettkampfvorbereitung ermittelt wird. Bislang haben Hunter McIntyre und Co alle ihre eigene Formel, durch Learning by Doing. Wenn man das Ganze künftig professionell sportwissenschaftlich angeht, dann werden da noch ganz andere Zeiten hinten rauskommen, die wir heute noch für unmöglich halten.

Also wird auch die magische Marke von 50 Minuten irgendwann geknackt?
Der Weltrekord liegt aktuell bei 54:07 Minuten. Heute gilt es noch als unmöglich, die 50 Minuten zu schaffen, aber ich bin mir absolut sicher, dass es passieren wird. Es wird junge Spezialisten geben, die nur noch darauf hintrainieren und auch die entsprechenden Voraussetzungen mitbringen. Die wiegen 88 Kilo und haben genug Power, um den Schlitten zu bewegen, zu laufen, aber trotzdem drei Minuten auf 1000 Meter reißen. Das ist eine spezielle Begabung und ein spezielles Training, mit dem man früh anfangen muss. Sobald mehr solcher Spezialisten bei HYROX antreten, werden auch neue Rekorde aufgestellt.

Wie groß kann HYROX werden? Moritz Fürste sieht euch künftig auf Augenhöhe mit Triathlonevents.
Ich sehe uns eher auf Augenhöhe mit Laufevents. Das soll nicht größenwahnsinnig klingen, aber immer mehr Leute, die aktuell nur laufen, werden künftig kombiniert trainieren. Fitness Racing statt nur Laufen.

Es wird mehr Leute geben, die Fitness Racing machen als Laufen gehen. Davon bin ich überzeugt, weil es total Sinn macht: Es ist das gesündere Training, du siehst davon besser aus und du trainierst deinen gesamten Körper ausgewogener.

Wie siehst du die sportliche Zukunft von HYROX? Wird es neue Rennformate oder unterschiedliche Distanzen geben, wie bei Lauf- oder Triathlonevents?

Wir werden an neuen Formen des Wettbewerbs arbeiten, aber es wird keine anderen Distanzen geben. Das sollen andere machen, da glaube ich nicht dran. Ich glaube, dass wir Events mit 30 000 bis 40 000 Teilnehmern haben werden, die wie die großen Marathonevents sind. Mit dem richtigen Venue und der richtigen Stadt können wir das auch schaffen. Das mag vermessen klingen, aber ich glaube, dass wir das Potenzial dazu haben. Beim Laufen gibt es unzählige Distanzen, aber die meisten Teilnehmer, die größte Aufmerksamkeit, das höchste Preisgeld gibt es beim Marathon. Das ist der Goldstandard. Und wir wollen der Marathon des Fitness Racings sein.

» Es wird mehr Leute geben, die Fitness Racing betreiben, als Leute, die laufen gehen.

Auch in Abgrenzung zur Konkurrenz?

Es wird bei anderen Veranstaltern auch andere Distanzen und Wettkampfformate geben, vielleicht mit mehr oder weniger Laufen. Das ist auch okay. Es war klar, dass Konkurrenten und Nachahmer kommen. Das kann man nicht verhindern und es ist irgendwo ja auch eine wahnsinnige Bestätigung für uns. Die würden das nicht machen, wenn sie nicht auch das Potenzial erkennen würden. Unser Vorsprung ist aber so groß, dass uns deswegen nicht bange ist. Am Ende will jeder mal bei HYROX laufen, weil das die größten und besten Events in diesem Genre sind.

Welche großen Herausforderungen gilt es für euch auf diesem Weg noch zu meistern?
Die Events werden wachsen, der Aufwand pro Event – Logistik, Mitarbeiter, Equipment – wird in Zukunft also deutlich zunehmen. Eine wichtige Aufgabe ist deshalb organisches Wachstum. Unsere größte Herausforderung momentan ist es aber, Venues zu finden, in denen wir Events einer solchen Größenordnung überhaupt durchführen können.

Kann man HYROX unendlich skalieren? Du hast von 30 000 bis 40 000 Teilnehmern gesprochen – das wird dann aber ein langes Event.
Im Idealfall kommen wir da hin, dass die Sportler keine Runden mehr laufen, sondern eine acht Kilometer lange Strecke. Dadurch verteilen sich die Athleten besser auf der Strecke, sodass wir substanziell mehr Leute auf einmal starten lassen könnten. Aber noch mal: Dafür braucht es die richtigen Venues. Wenn ich in der Hamburger Messe alle Hallen verbinde, dann habe ich eine acht Kilometer lange Strecke – das geht. Aber das kann ich nur bezahlen, wenn ich auch 30 000 Teilnehmer habe. Deshalb steigern wir die Rundenlänge jetzt sukzessive, von 400 bis 500 Meter erst mal auf 1000 Meter und so weiter. Irgendwann hast du dann gigantische Mass-Participation-Events, für die du im Gegensatz zum Marathon aber nicht die ganze Stadt absperren musst.

Ihr expandiert sehr stark international, dafür gibt es weniger Events in Deutschland. Worauf wird künftig euer Fokus liegen? Bleibt Deutschland der Kernmarkt?
Deutschland wird immer ein wichtiger Markt bleiben, vielleicht aber nicht der Kernmarkt. Es gibt andere Märkte, die schon jetzt viel größer sind. Dennoch wird jedem Markt dieselbe Aufmerksamkeit zuteil, weil es in jedem Markt lokale Teams gibt, die sich nur um ihren Markt kümmern. Wir haben festgestellt, dass es hierzulande gar keinen Sinn

macht, viele kleinere Events zu veranstalten. Denn egal, wo du wohnst, innerhalb von eineinhalb bis zwei Stunden kannst du mit dem Auto einen der aktuell fünf Veranstaltungsorte erreichen. Wir machen deshalb lieber weniger, dafür größere Events. Das Erlebnis für die Athleten ist dann auch viel besser. Wir versuchen, unsere Märkte zu optimieren, indem wir sie geografisch erschließen, also alle Ballungszentren angehen. Klar ist aber auch, dass die Internationalisierung momentan wichtiger ist als nur der deutsche Markt.

Welche Märkte werden perspektivisch am wichtigsten sein?

Ich glaube, Asien wird ein gigantischer Markt werden. Wir hatten beim ersten Event in Singapur direkt 4000 Teilnehmer. Von solchen Zahlen träumen wir in Deutschland. In Asien leben unglaublich viele Menschen und irgendwie treffen wir total den asiatischen Zeitgeist: Indoorveranstaltung, Fitness für den gesamten Körper, Bodyweight, Massenevent. Das ist jetzt natürlich nur Spekulation, aber es ist nicht unwahrscheinlich, dass Asien mittelfristig unser wichtigster Markt wird – noch vor den USA und Europa.

Trial and Error – die Entstehung des HYROX-Formats

Bei der Konzeptionierung des Wettkampfformats stand Tilly – inzwischen Head of Sports und Global Race Director bei HYROX – vor einer ganzen Reihe von Herausforderungen. HYROX sollte von Beginn an als Zuschauersport positioniert werden. Außerdem sollte er für jeden zugänglich, gleichzeitig aber auch für Spitzenathleten eine Herausforderung sein. Tilly musste deshalb massentaugliche Übungen auswählen, die ohne große Vorerfahrung leicht erlernbar sind oder im besten Fall bereits von den Teilnehmern beherrscht werden. Komplexe Verbundübungen wie Squats oder Snatches fielen damit weg. Auch aufgrund der erhöhten Verletzungsgefahr wurden noch viele weitere Übungen disqualifiziert, wie etwa Box Jumps, die ursprünglich einmal Teil des HYROX-Konzepts gewesen waren. Übungen, bei denen das Gewicht progressiv gesteigert wird, kamen aufgrund des Prinzips eines Rennens für alle (»Jedermannrennen«) ebenfalls nicht infrage. Mit welchem Gewicht hätte man etwa einen Bizeps-Curl oder den Overhead Press bestücken sollen, damit ein 60 Kilo und ein 100 Kilo schwerer Mann gleichermaßen etwas damit anfangen können? Dasselbe galt für viele Übungen, die mit dem eigenen Körpergewicht ausgeführt werden, Monkey Bars oder Klimmzüge etwa. Ein weiteres wichtiges Kriterium bei der Auswahl der Übungen war das Beurteilen *(judging)*. Ein Team aus Offiziellen muss schließlich die korrekte und vollständige Ausführung aller Übungen überwachen. Eins-zu-eins-Judging war ausgeschlossen, um die Skalierbarkeit der Teilnehmerzahl zu gewährleisten. Kurzum: Alle Übungen mussten »*accessible*, *judgeable* und für *mass participation* geeignet« sein, so Tilly.

Mit diesen Vorgaben machte sie sich ans Werk und entschied sich für ein Prinzip, mit dem sie bereits während ihrer Zeit beim Deutschen Olympischen Sportbund (DOSB) gute Erfahrungen gemacht hatte: Human movements, sieben natürliche menschliche Bewegungsmuster, die jedem von uns angeboren sind. Diese Bewegungen sind:

1. Drücken
2. Ziehen
3. Kniebeugen
4. Ausfallschritt
5. Vorbeugen
6. Rotation des Rumpfs
7. Lokomotion (Bewegung im Raum)

Tilly erstellte ihr Konzept mit Übungen, die an diese sieben natürlichen Bewegungen angelehnt sind, wie Sled Push und Pull oder Sandbag Lunge. Alle HYROX-Übungen sind deshalb ohne große Vorkenntnisse und Verletzungsgefahr durchführbar. Hinter den Punkt »accessible« konnte Tilly demnach schon mal einen Haken setzen. Mit den anderen Punkten ihres Anforderungskatalogs – Eignung als Zuschauersport und für »mass participation« sowie »judgeability« – gestaltete sich das ein wenig komplizierter.

Um HYROX zum Massenevent zu machen, mussten die Macher sicherstellen, dass so viele Teilnehmer wie möglich gleichzeitig starten können, weil die Dauer des Wettbewerbs ansonsten ausufern würde. Das Problem: Je mehr Teilnehmer gleichzeitig an den Start gehen, umso schwieriger lassen sie sich von Offiziellen kontrollieren. 1000 Beurteiler (Judges), die mitzählen, ob 1000 Starter auch wirklich alle Wiederholungen absolvieren – das war ausgeschlossen. Tilly musste bei der Übungsauswahl also berücksichtigen, dass ein Judge so viele Teilnehmer wie möglich beaufsichtigen kann. Bei allen Stationen außer den Wall Balls wird deshalb statt einer fixen Wiederholungszahl eine bestimmte Distanz vorgegeben, die es zurückzulegen gilt.

Ein weiterer Anspruch der Macher: HYROX sollte ein Zuschauersport sein. Im Gegensatz zu den meisten Endurance-Wettbewerben wie Marathons oder Radrennen, bei denen man die Sportler vor Ort meist nur wenige Augenblicke lang zu sehen bekommt, sollte das Publikum bei jedem Workout danebenstehen und ihre Athleten anfeuern können. So entstand die Idee, Einkilometerläufe auf einer eigens angelegten Rundbahn mit Functional-Fitness-Workouts abzuwechseln, die an Stationen im Innenraum der Laufbahn absolviert werden müssen. Dies hat für Zuschauer gleich zwei Vorteile: Der Wechsel zwischen Runs und Übungen ist kurzweilig und der Wettkampf findet – im Gegensatz etwa zu Halbmarathonevents mit einer ähnlich langen Dauer – auf relativ kleinem Raum statt. Fans und Angehörige können alles überblicken und sind hautnah an den Athleten dran. HYROX ist der perfekte Zuschauersport.

Dem Brainstorming im Büro folgten immer wieder Probeläufe, um die richtige Anordnung der Übungen, die optimale Länge der Runs und des Wettbewerbs insgesamt herauszufinden. Mal war Tilly zu schnell durch, mal waren die Gewichte zu schwer. Aus anfänglich fünf Übungen (zu kurz) wurden deshalb erst zehn (zu lang), dann acht – die perfekte Länge. Die Gewichte für die Wall Balls übernahm sie vom CrossFit, die der Kettlebells und Sandbags waren Erfahrungswerte aus ihrer Arbeit mit Klienten. Einige Wochen später stand das Rennformat. Nun konnte es endlich losgehen!

Kickstart and Setback

Das allererste HYROX-Event fand am 17. November 2017 in Hamburg statt – ein Testlauf, damals noch unter dem Namen Curox. Als ein entfernt ähnlich klingender Hamburger Einlegesohlenfabrikant aufgrund von phonetischer Nähe klagte, mussten Toetzke, Fürste und Trautmann einen neuen Namen für ihr Baby finden und einigten sich nach längerem Überlegen auf HYROX (für »Hybridtraining« und »Roxzone«) – womit am Ende auch alle viel glücklicher waren.

Der Rechtsstreit, inklusive Gerichtstermin nur drei Tage vor dem Debütevent, war nicht die einzige Herausforderung, die das Trio in der Anfangszeit meistern musste. Von vielen Fachmedien und Sportlern wurde HYROX zunächst als neuer Workouttrend à la HIIT oder TRX abgetan oder einfach in die CrossFit-Schublade gesteckt. Zugegeben: Der Vergleich liegt nahe, denn CrossFit ist eine der wenigen Sportarten, in denen schon vor HYROX gezielt hybrid trainiert wurde. Allerdings sind CrossFit-Wettbewerbe in der Regel deutlich kürzer als HYROX und Läufe spielen dabei, wenn überhaupt, nur eine untergeordnete Rolle. Und der wichtigste Unterschied: CrossFit-Athleten können sich aufgrund immer neuer Workouts nicht wettbewerbsübergreifend miteinander vergleichen. HYROX ist dagegen bewusst als Wettkampfsport mit auf absehbare Zeit gleichbleibenden Parametern konzipiert. Die Athleten können sich anhand ihrer Finisher-Zeit untereinander, aber auch an sich selbst messen. Dank Timing-Chip erhältst du sogar die Split-Zeiten jeder einzelnen Station, sodass du deine Stärken und Schwächen detailliert nachvollziehen und optimal daran arbeiten kannst, weil du weißt, an welcher Transition es vielleicht hakt und wo du noch ein paar Sekunden rausholen kannst.

Dass die Hamburger Erfinder so groß denken und HYROX von Beginn an als ernsthafte Konkurrenz zu Triathlon und Co positioniert haben, haben zu Beginn die wenigsten verstanden. Fürste als Gesicht von Upsolut Sports und Head of Sports Tilly mussten deshalb immer wieder erklären, was genau HYROX eigentlich ist. Es war ein Lernprozess, und zwar nicht nur für die Fitness-Community, sondern auch für die Macher selbst, in dessen Zuge auch das eigene Branding überarbeitet wurde. Aus der »Fitness Competition for Everybody« wurde die »World Series of Fitness Racing«, weil HYROX eben nicht nur Fitness, sondern Fitness Racing ist. Lachten anfangs noch Eliteathleten von den Werbebannern, wirbt HYROX inzwischen auch mit Breitensportlern und Athleten mit Handicap. Ein echtes Event für jeden eben.

Der wohl größte Rückschlag für die junge Eventreihe war 2020 die Coronapandemie. Trotz eines in Zusammenarbeit mit dem bekannten Virologen Jonas Schmidt-Chanasit entwickelten, wohldurchdachten Sicherheitskonzepts mit Teststraße untersagte die Stadt Hamburg die Durchführung des Wettbewerbs – obwohl Schmidt-Chanasit berechnet hatte, dass eher das Hallendach einbräche, als dass ein falsch-negativ Getesteter durchrutschen und alle anderen Teilnehmer anstecken würde. Das Unternehmen machte daraufhin aus der Not eine Tugend und betrieb mit dem inzwischen vorhandenen Know-how und Equipment kurzerhand eine Reihe von Testzentren. In den Pandemiejahren 2020/2021 gab es nur vier HYROX-Events, und zwar in US-Bundesstaaten mit wenigen Coronabeschränkungen wie Texas oder Florida. Ohne die Einnahmen aus den Testzentren, so Fürste, hätte HYROX diese Zeit nicht überlebt.

Als sich die Pandemie langsam dem Ende neigte und weltweit endlich wieder Veranstaltungen möglich waren, feierte HYROX ein internationales Comeback: 24 Events rund um den Globus fanden in der Saison 2021/2022 statt, im darauffolgenden Jahr waren es bereits 37. Immer neue Lizenzmärkte kamen hinzu, die Teilnehmerzahlen wuchsen stetig. Corona hatte dem Interesse der Fitness-Community an dem neuen, innovativen Wettkampfformat keinen Abbruch getan. Die HYROX-Community wuchs, vor allem auch durch die sozialen Medien. Athleten teilen ihre Erfolge auf Instagram, geben Trainingstipps auf YouTube. HYROX-Stars wie Hunter McIntyre erreichen auf ihren Kanälen eine halbe Million Menschen. »Ohne Social Media wären wir bei Weitem nicht da, wo wir heute sind«, so Fürste. Wie das so ist, rief dieser Erfolg auch Blender und Nachahmer auf den Plan. Ein amerikanisches Unternehmen, das HYROX für eine stattliche Summe kaufen wollte und dafür eigens mit viel Tamtam nach Hamburg gereist war, verschaffte sich dort einen Überblick über alle wichtigen Eventabläufe und gründete nach diesem kostenlosen Crashkurs kurzerhand ein eigenes Fitnessrennen. Fürste stört das allerdings nicht: »Die machen unser Marketing«, so der zweifache Olympiasieger. »Alle Nachahmer sind aus uns entstanden. Irgendwann wird es zehn verschiedene Fitnessraces geben – und wir wollen die besten sein!«

Auch Konkurrenz aus anderen Bereichen fürchtet Fürste nicht. Die seit Jahren beliebten Extremhindernisläufe (Obstacle Course Races, kurz: OCR), mit denen auch HYROX-Star Hunter McIntyre bekannt geworden ist, verfolgen zwar ein ganz ähnliches Konzept, laut Fürste haben sie aber ein Kontinuitätsproblem: Die Parcours sind unfassbar aufwendig aufzubauen, die Events wetterabhängig. Zudem fehlt wie beim CrossFit auch hier der Aspekt der rennübergreifenden Vergleichbarkeit. Andere Endurance-Wettbewerbe wie Triathlons oder Marathons finden als Outdoorevents in der Regel zwischen April und Oktober statt, HYROX – als reines Indoorevent – zwischen September und Mai (zumindest auf der Nordhalbkugel). Das ist clever und führt dazu, dass viele Triathleten in ihrer Off-Season an HYROX-Events teilnehmen und umgekehrt viele HYROX-Athleten in ihrer Off-Season an Triathlons, Halbmarathons und Co. Auch Profis aus anderen Sportarten setzen längst auf HYROX als Saisonvorbereitung, Vereine aus der Hockeybundesliga etwa oder die deutsche Skinationalmannschaft.

Fast sechs Jahre nach dem ersten Event boomt HYROX global. Großbritannien ist zu einem der bedeutendsten Märkte geworden und im wichtigen US-Markt laufen große Events inzwischen sogar beim mächtigen Sportsender ESPN. Doch das soll erst der Anfang sein, HYROX soll weiterwachsen. »Auf einer Skala von eins bis 100 sind wir aktuell vielleicht bei 30«, so Fürste. Im kommenden Jahr peilt er erstmals 125 000 Teilnehmer an, in zehn Jahren soll sich diese Zahl weltweit verzehnfachen. Das klingt ambitioniert, doch keinesfalls unmöglich. Praktisch täglich gibt es Anfragen potenzieller Lizenznehmer aus neuen Märkten. Griechenland, Dubai, Katar, Israel und verschiedene Länder Lateinamerikas kamen in der Saison 2022/2023 hinzu; mit Japan, Südkorea, Australien, China und Mexiko sind zum Zeitpunkt der Entstehung dieses Buchs die Verträge bereits unterschrieben. Für Fürste ist klar: »Fitness Racing wird eine globale Erfolgsgeschichte werden!«

Werde auch du Teil dieser Erfolgsgeschichte – Hit the Roxzone!

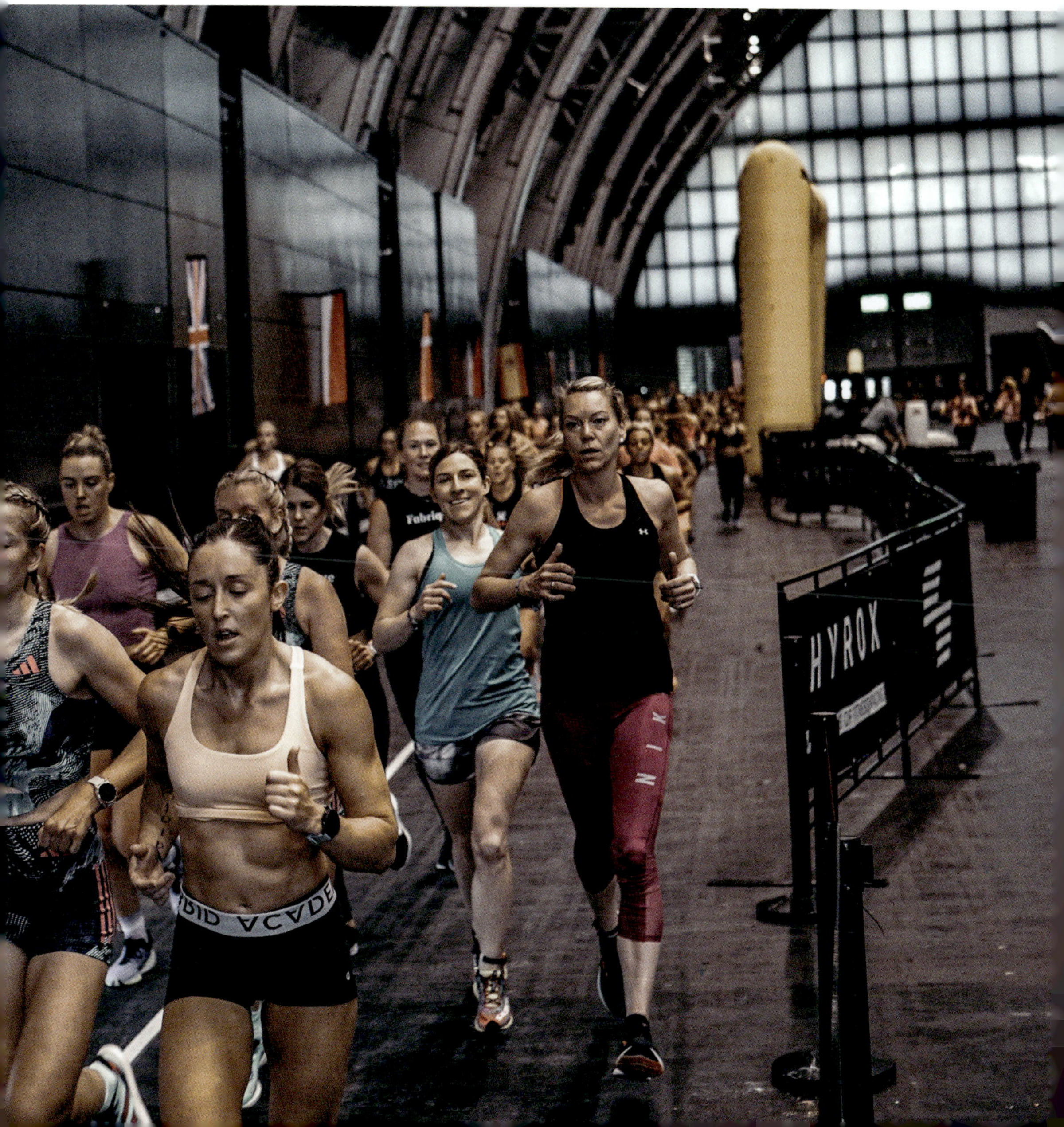

LINDA MEIER – DIE VERFOLGERIN

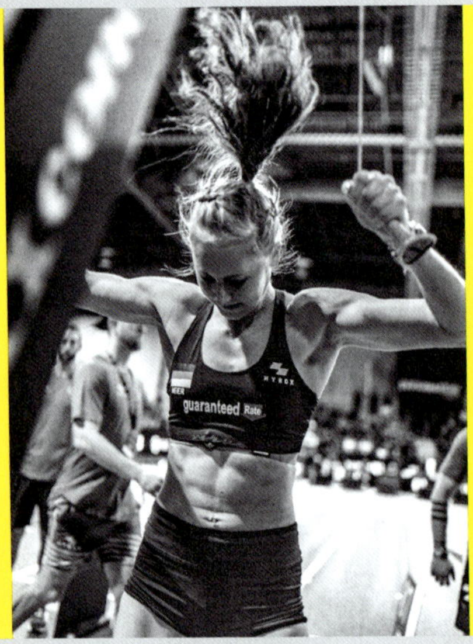

Geboren: 1993

Wohnort: Duisburg

Job: IT-Consultant

HYROX-Bestzeit: 1:02:23 Stunde

Lieblingsstation: Sandbag Lunges

Hassstation: Sled Push

Lieblingssport: Laufen, Tanzen

Trainingsphilosophie: Verliere nicht den Spaß am Training.

Instagram: @lindaaa.jm

Linda Meier ist die beste HYROX-Athletin Deutschlands und gehört zu den zehn schnellsten Frauen der Welt. Weil sie schon immer Kraft- und Lauftraining kombiniert hat, ließ sich die Duisburgerin 2019 zu HYROX überreden – just for fun. Bei ihrem Debüt in Essen qualifizierte sie sich dann direkt für die »Elite 15« in Manchester, damals das Kräftemessen der zwölf weltbesten HYROX-Athletinnen. Bis dahin hatte sie weder je einen Schlitten geschoben noch auf einem Ruderergometer gesessen. Bis heute ist sie voll berufstätig und trainiert nur einmal am Tag, morgens um sechs Uhr vor der Arbeit. Nach der Coronazwangspause schaffte sie den Sprung zur WM in Las Vegas, ihr erstes internationales Event, und wurde Vizeweltmeisterin.

Die Saison 2022/2023 wurde für Meier dann zur regelrechten Berg- und Talfahrt. Nachdem sie im September 2022 im ersten Rennen der Saison Basel mit 1:03:29 Stunde sensationell Weltrekord lief und ihre eigene Zeit wenige Wochen darauf in Amsterdam noch einmal um gut eine Minute verbessern konnte, wurde sie anschließend von einer Reihe Verletzungen aus dem Rennen geworfen: Sechs Monate lang kein Lauftraining, kaum Einheiten im Gym. Im Comeback-Versuch bei den Nordamerikameisterschaften in Chicago blieb sie hinter den Erwartungen zurück, belegte trotz schmerzender Wade immerhin Rang 10, fiel aber für weitere vier Wochen aus. Erst im April in Köln ging sie gut erholt und stärker denn je wieder an den Start. Die Laufpause habe ihr rückblickend gutgetan, so Meier, weil sie gezwungen war, im Gym an ihren Schwächen zu arbeiten. Entsprechend gut kam sie ins Rennen und belegte Platz zwei hinter Schweizer Powerhouse Mirjam van Rohr. Damit war sie qualifiziert für den großen Jahresabschluss bei der WM in Manchester. Gegen die Weltelite wie Lauren Weeks und Megan Jacoby war dort allerdings nichts zu holen. Meier blieb mit 1:06:58 Stunde deutlich hinter ihrer persönlichen Bestzeit und kam nur auf Rang 11. Anschließend resümierte sie: »Seit der Verletzung stimmt mein Mindset nicht mehr, deshalb sind mir viele Fehler passiert.« Ihren Spaß an HYROX hat die wohl erfolgreichste Hobbyathletin der Welt dennoch nicht verloren. In der Off-Season will sie nun ihren Akku aufladen und kommende Saison neu angreifen, nur dieses Mal nicht als Vizeweltmeisterin und Weltrekordhalterin – sondern als Verfolgerin.

» An HYROX bin ich körperlich und mental gewachsen.

Dein allererster Wettbewerb war 2019 direkt HYROX. Ein Aha-Moment für dich?

Total! Ich habe mich da sofort wiedergefunden. Dass man mit so vielen Leuten auf der Strecke ist und jeder jeden supportet, das kann man nicht mit einem 10K-Lauf vergleichen. Das hat mir sofort sehr viel Spaß gemacht und für mich stand fest: Das mache ich noch mal. Leider kam dann erst mal Corona.

Nach Corona ging es direkt an die Weltspitze, inklusive Weltrekord 2022. Ab wann war dir klar, dass HYROX für dich mehr sein kann als eine reine Spaßveranstaltung?
Ich glaube, so richtig klar ist mir das immer noch nicht. (lacht) Manchmal frage ich mich schon, wie es möglich ist, dass ich in dieser Elite 15 mithalten kann – ich mache das ja nicht hauptberuflich. Für mich ist HYROX immer noch ein Hobby, wenn auch ein ambitioniertes. Die meisten in der Elite sind Vollprofis. Ich habe nicht mal einen Physio, kann weniger gut regenerieren. Vielleicht verletze ich mich deshalb auch öfter.

Wäre eine Profikarriere eine Option für dich?
Nein, definitiv nicht. Dafür mag ich meinen Job viel zu sehr. Für mich ist Sport ein Hobby und Ausgleich, der Spaß steht im Vordergrund. Als Profi würde der Spaß wahrscheinlich verloren gehen, denn dann wäre ich auf Siege und Preisgelder angewiesen. Und ich kann nur so lange gut sein, wie ich Spaß an der Sache habe.

Von der Gejagten – als Weltrekordhalterin – bist du nun zur Jägerin geworden. Megan Jacoby hat als erste Frau HYROX in unter einer Stunde gefinisht. Kannst du da rankommen?
Ich glaube, Megan Jacoby ist momentan wirklich auf einem anderen Level. Es wird schwer, da ranzukommen – da bin ich realistisch. Sie ist Profi und trainiert zweimal am Tag, die Kapazitäten habe ich einfach nicht.

Also sind sie und McIntyre auf lange Sicht erst mal unschlagbar?
Jeder kann einen schlechten Tag haben, wenn etwa der Körper oder das Mindset nicht mitspielen. Zu schlagen ist also jeder. Auch Lauren

Weeks sollte man nicht unterschätzen. (Anm. d. Autors: Tatsächlich hat Weeks, die aktuelle Nummer zwei der Weltrangliste, Jacoby bei der WM in Manchester geschlagen.)

Jacoby und Weeks sind die beiden einzigen Frauen, die je unter einer Stunde gelaufen sind. Was ist bei den Zeiten noch drin?
Ich glaube, da gibt es kein Limit. Ich dachte damals auch, mein Weltrekord würde eine Weile stehen, er wurde aber schon nach wenigen Wochen wieder gebrochen. In dieser Saison fielen die Rekorde praktisch im Wochentakt. Diese Zeiten hätte ich zu Beginn der Saison nicht für möglich gehalten.

Moritz Fürste sagt, in einigen Jahren ist HYROX so groß wie Triathlon. Welche Entwicklung hältst du für möglich?
Ich kann mir gut vorstellen, dass es tatsächlich eine solche Dimension annimmt. Aktuell sieht man, dass es zwar weniger Events in Deutschland gibt, dafür mehr global. Es wird sicher irgendwann wie beim Ironman sein, dass man pro Land nur wenige, dafür große Events mit über 10 000 Startern hat. In Hamburg waren ja schon mehr als 6000 dabei.

2

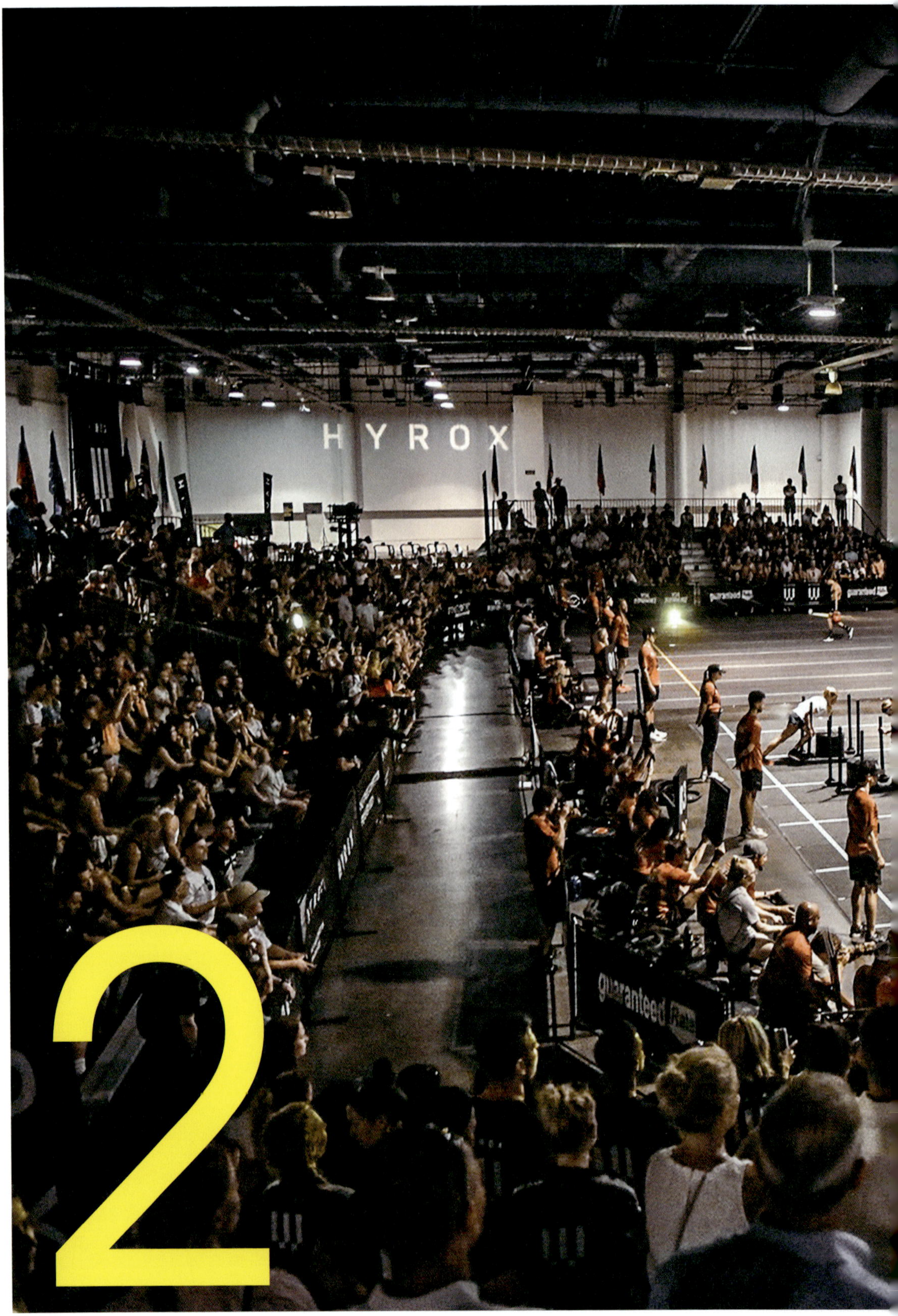

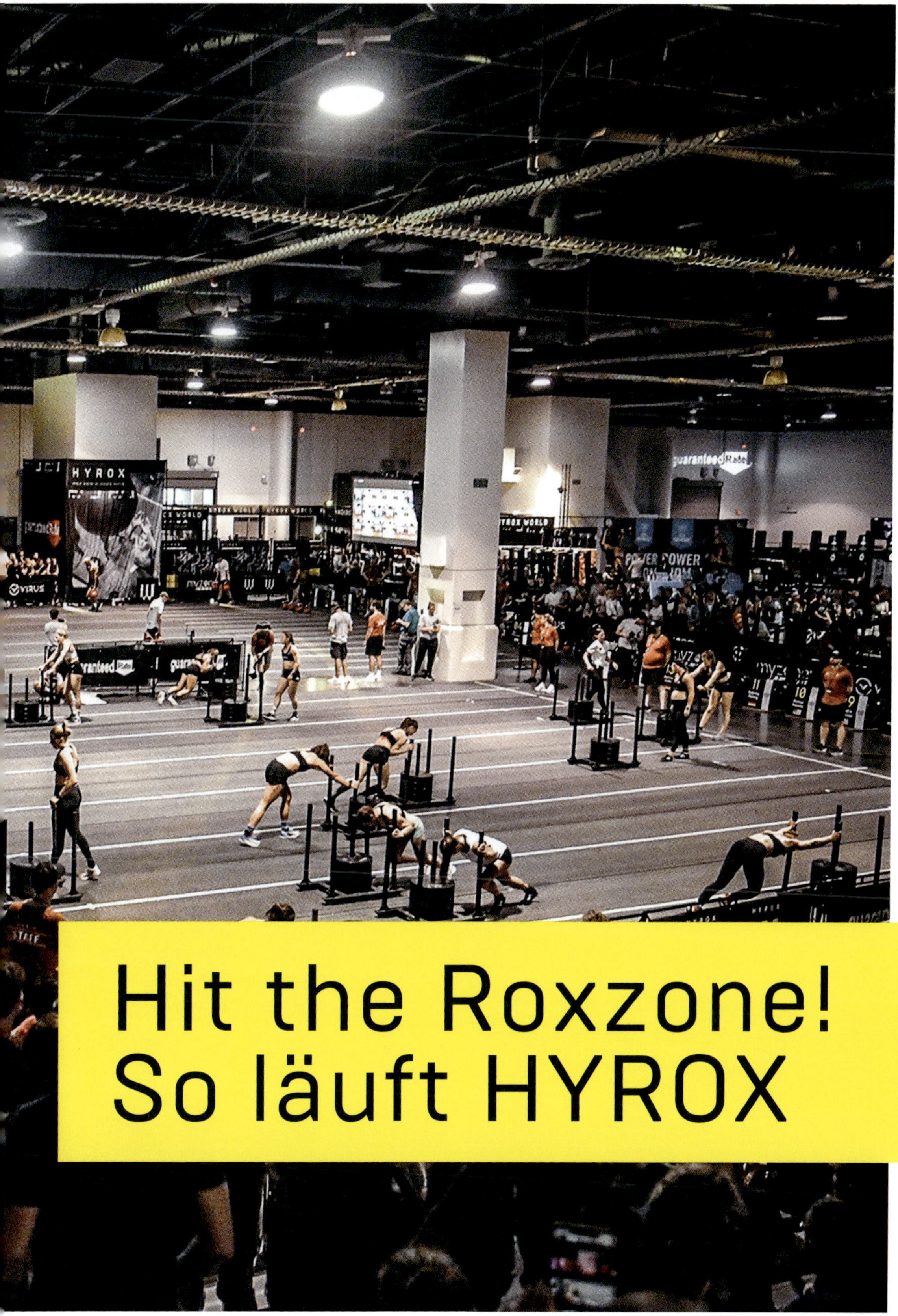

Hit the Roxzone! So läuft HYROX

Das HYROX-Setup und was du sonst noch wissen solltest

Die Roxzone ist die ultimative Teststrecke für deine Fitness und mentale Stärke: eine – in der Regel runde – Laufstrecke, in deren Mitte, durch Absperrgitter getrennt, die acht Workout-Stationen auf dich lauern wie ein Raubtier auf seine Beute. Auf den nächsten Seiten erfährst du, wie die Roxzone aufgebaut ist, wie du sie am besten meisterst und was es bei deinem ersten (oder vielleicht nächsten) HYROX alles zu beachten gibt. Eine detaillierte Beschreibung aller acht HYROX-Übungen findest du ab Seite 102.)

Acht Runs, acht Übungen, die größte sportliche Herausforderung deines Lebens – das erwartet dich in der Roxzone. Los geht es mit dem ersten Run über 1000 Meter. Gestartet wird alle zehn Minuten in mehreren Durchgängen, sogenannten »Waves«, um Gedränge beim Start und an den Stationen zu vermeiden. Immerhin nehmen an HYROX im Schnitt 3000 Sportler teil, in Hamburg waren es zuletzt 6000, in Großbritannien sogar schon 10 000. Zwischen 30 und 55 Athleten starten in der Regel pro Wave, bei Doubles und Relays (Staffeln) sind es meist bis zu 20 Teams, sodass sich nie mehr als 250 Athleten gleichzeitig in der Roxzone befinden.

START

↓

1 km RUN

01

1 km RUN

02

1 km RUN

03

1 km RUN

04

1 km RUN

05

1 km RUN

06

1 km RUN

07

1 km RUN

08

FINISH

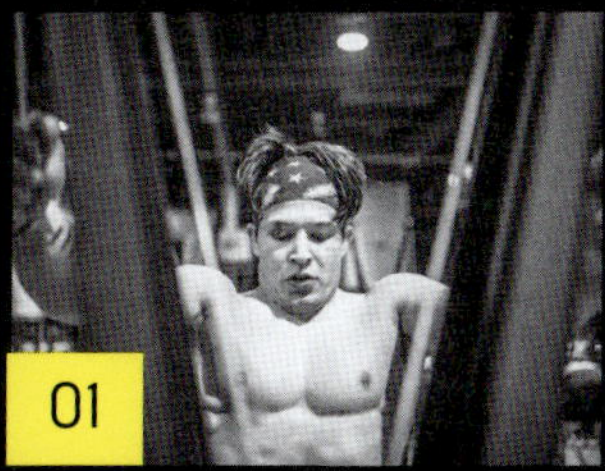

01

1000 m Ski Erg

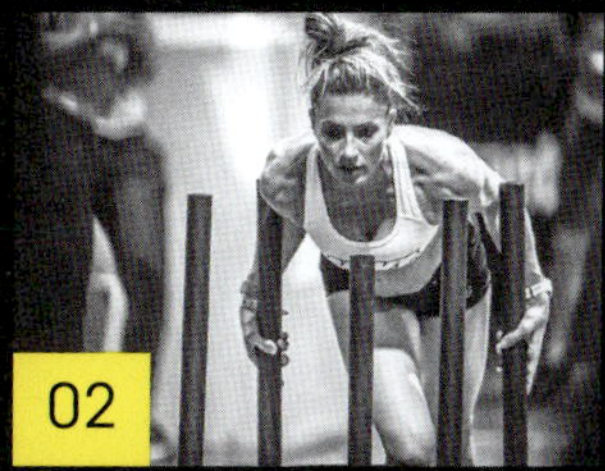

02

50 m Sled Push

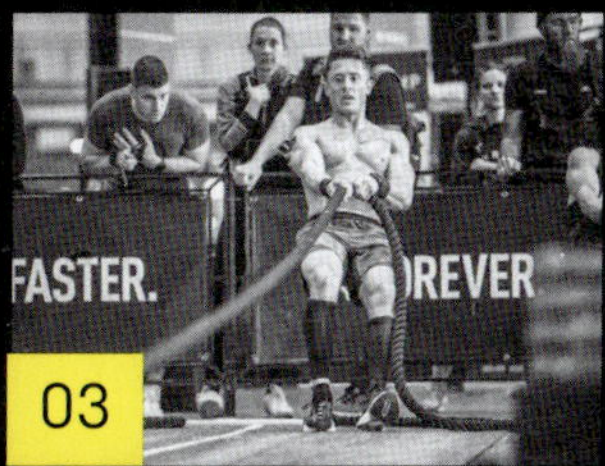

03

50 m Sled Pull

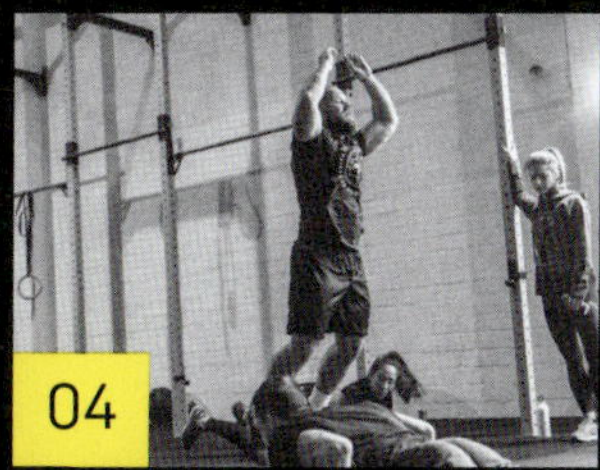

04

80 m
Burpee Broad Jumps

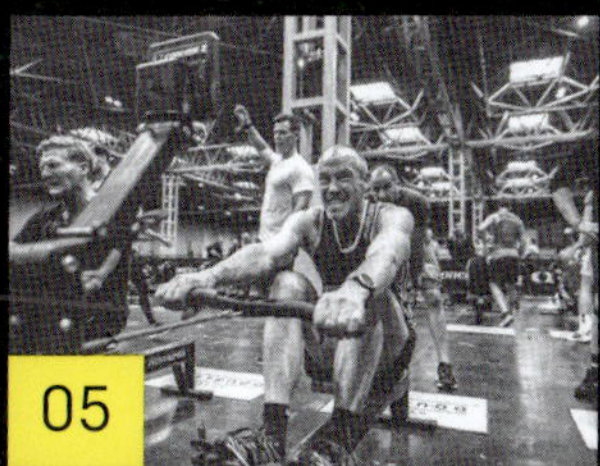

05

1000 m Rowing

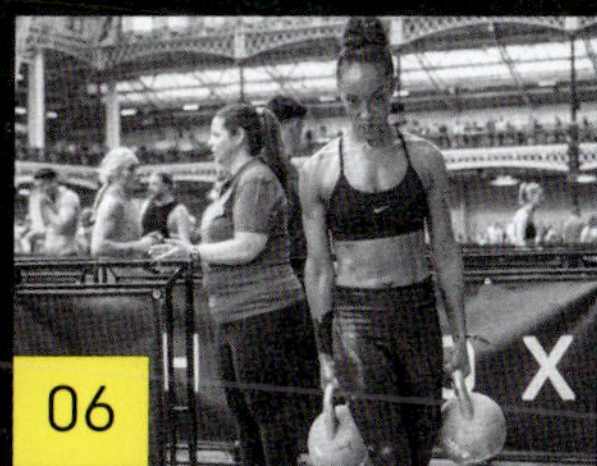

06

200 m Farmer's Carry

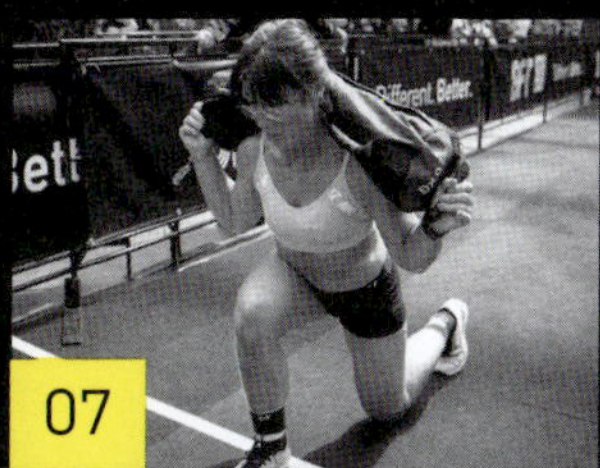

07

100 m Sandbag Lunges

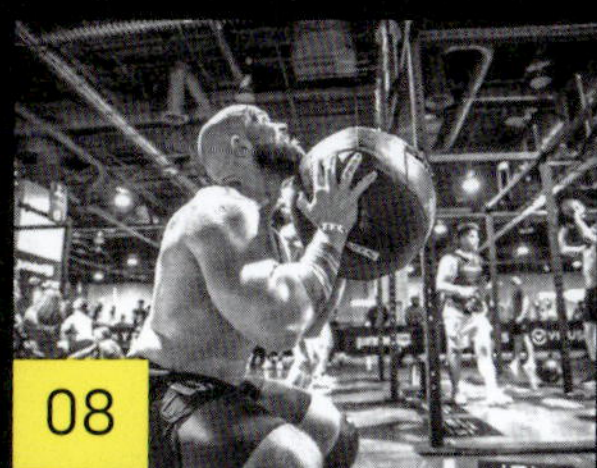

08

75 | 100 Wall Balls

Station 1: Ski Erg

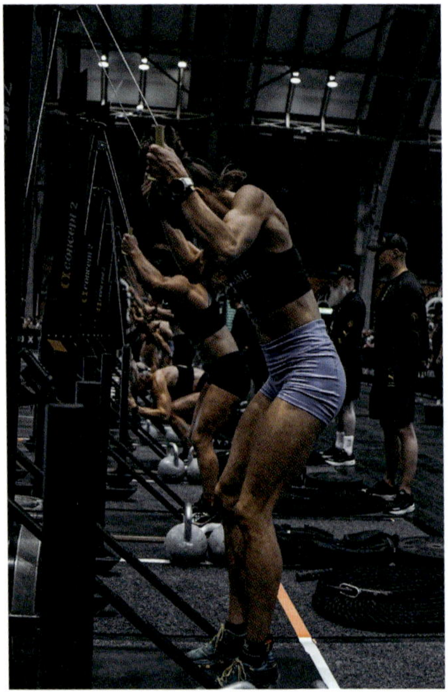

Nach dem Lauf erwartet dich als Erstes das Ski-Ergometer, noch eine der harmloseren Stationen. 1000 Meter gilt es an der Zugmaschine zurückzulegen, die Belastung ist moderat. Erst mal reinkommen und nicht überpacen, rät Linda Meier und Mintra Tilly ergänzt: »Bremse dich – du hast noch sieben Stationen vor dir!«

Station 2: Sled Push

Nach dem zweiten Run wird es sofort brutal: Der Sled Push ist eine der meistgefürchteten Übungen und Teil der »Big Five«, wie Tilly sie nennt – die fünf »Make or Break«-Übungen, an denen sich das Rennen entscheiden kann. (Die anderen vier sind Sled Pull, Burpees und die Kombination aus Lunges und Wall Balls.) Um hier gut durchzukommen, musst du gezielt für die Übung trainiert haben und deinen Körper gut kennen. Denn den bis zu 202 Kilo schweren Schlitten die geforderten 50 Meter weit zu schieben, ist eine extreme Kraftanstrengung und eine massive Belastung für Nervensystem und Muskeln, die schon hier übersäuern. Bei den Frauen wiegt der Schlitten 102 Kilo (Open Class) oder 152 Kilo (Pro), bei den Männern 152 Kilo (Open Class) oder 202 Kilo. Besonders fies: Das beim Sled

Push aufgebaute Laktat trägst du den gesamten restlichen Wettkampf über mit dir herum. Wenn du hier zu schnell bist, hast du am Ende des Rennens nichts mehr im Tank. Lukas Storath rät deshalb, wie bei einem Marathon strategisch zu planen und dir deine Kräfte einzuteilen. »Arbeite mit gleichmäßigem Tempo und schiebe eine Bahn, möglichst ohne zu stoppen, durch«, meint Tilly. Wichtig: Fokus nicht verlieren und keine Panik bekommen, auch wenn der Schlitten sich erst mal nicht bewegt, meint Meier. Zunächst durchatmen und es dann mit einer anderen Grifftechnik noch einmal versuchen.

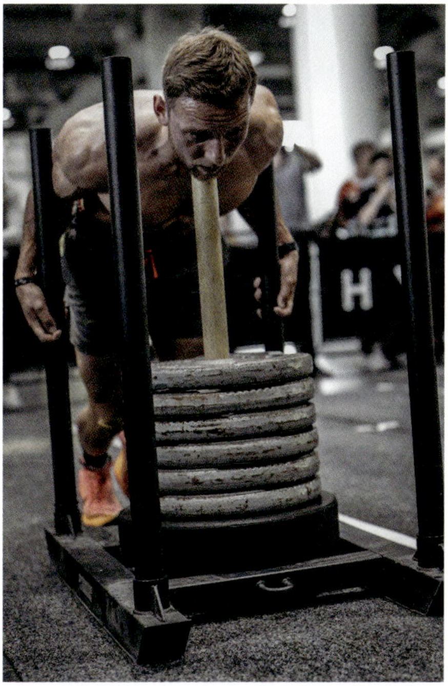

Station 3: Sled Pull

Einen weiteren Run später musst du erneut an den Schlitten. Beim Sled Pull wird er allerdings nicht geschoben, sondern mithilfe eines Taus gezogen, wieder 50 Meter weit. Auch das ist eine heftige Powerübung, die deinen gesamten Körper taxiert. Tilly hatte in ihrer Konzeption eigentlich vorgesehen, dass die Athleten an dieser Station ihre Beine entlasten sollen – tun sie aber nicht. Viele laufen beim Ziehen in kleinen Schritten rückwärts, weil der Schlitten einfach zu schwer ist. 78 Kilo oder 103 Kilo wiegt er bei

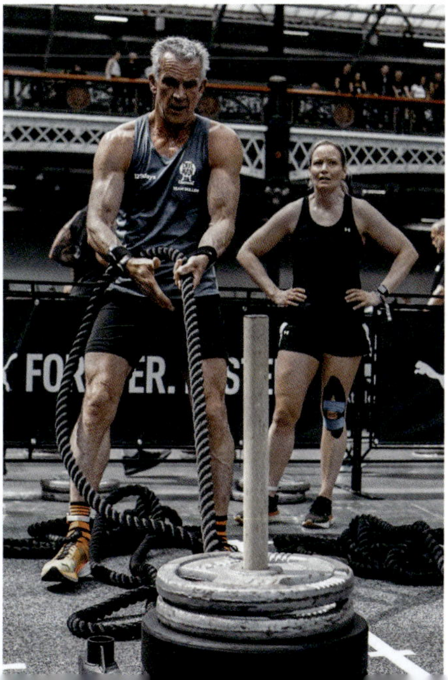

den Frauen, 103 Kilo oder 153 Kilo bei den Männern. »Die Übung ist hart, aber da musst du durch«, ist Tillys trockener Kommentar dazu.

Station 4: Burpee Broad Jumps

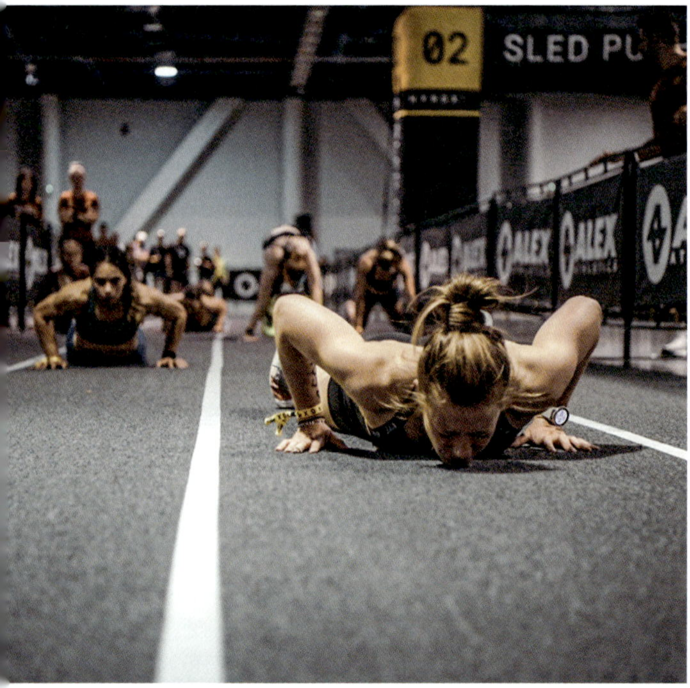

Station Nummer vier sind die Burpee Broad Jumps. Hier wird ohne Widerstand, nur mit Bodyweight gearbeitet, was die Übung allerdings nicht leichter macht. Insbesondere nach brutalen Stationen wie Sled Push und Pull (sowie natürlich den Runs) dürfte dein Puls hier bereits rasen, sodass die Burpees zum extremen Endurance-Test werden. Auch hier zählt nicht die Anzahl der Wiederholungen, stattdessen musst du eine Distanz von 80 Metern zurücklegen. Deshalb ist es wichtig, dass du nicht besonders hoch, sondern besonders weit springst, denn je weiter deine Sprünge sind, umso weniger anstrengende Burpees musst du machen. Meier rät: »Gut pacen und nicht nach vorn schauen, sonst können einem die 80 Meter schon mal Angst machen. Wenn du einmal deine Geschwindigkeit gefunden hast, geht es. Mache keine Pausen und führe alle Burpees in einem Fluss aus.«

Station 5: Rowing

Nach dem bereits fünften Run erwartet dich wieder eine etwas moderatere Station, das Ruderergometer (Rowing). 1000 Meter musst du darauf zurücklegen. Laut HYROX-Pionier und Coach Lukas Storath ist das Row Erg zwar eine Übung zum »Erholen« (mit ganz großen Anführungszeichen), dennoch solltest du in der Lage sein, sie schnell zu absolvieren, um keine wertvollen Sekunden zu verlieren. »Hier kommt es auf effiziente, ergonomische Bewegungen an«, rät Tilly.

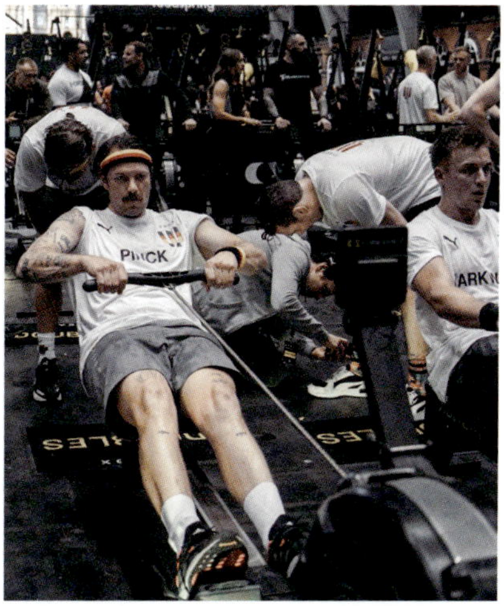

Station 6: Farmer's Carry

Nachdem du am Row Erg schon kräftig zupacken musstest, wird deine Griffkraft bei Übung sechs – Farmer's Carry – noch einmal so richtig auf die Probe gestellt. Frauen müssen 16 Kilo oder 24 Kilo schwere Kettlebells 200 Meter weit tragen, bei den Männern wiegen die Dinger 24 Kilo oder 32 Kilo. Absetzen ist erlaubt, wenn du eine gute Zeit erreichen willst, solltest du aber durchziehen. Tillys simpler, aber sinnvoller Rat: »Nimm die Dinger und lauf, so schnell du kannst!«

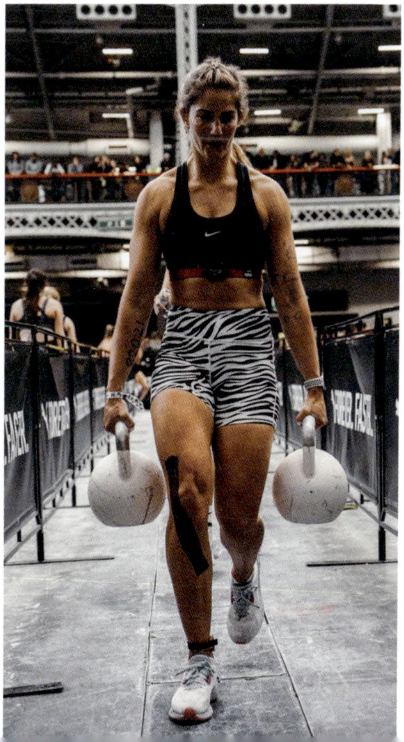

Station 7: Sandbag Lunges

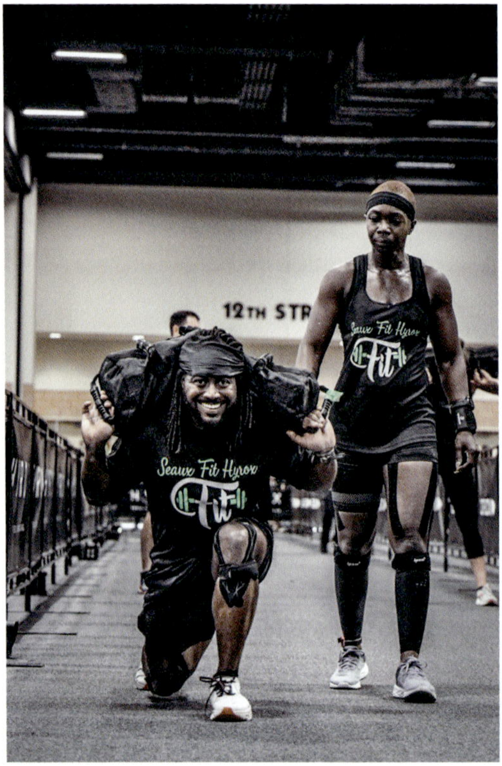

Zurück vom vorletzten Lauf steht der erste Teil einer mörderischen Kombi für die Beine an: Sandbag Lunges. Als wären 100 Meter Ausfallschritte nicht schon hart genug, müssen Frauen dabei einen 10 Kilo oder 20 Kilo schweren und Männer einen 20 Kilo oder 30 Kilo schweren Sandsack auf den Schultern mitschleppen. Deine Beine werden brennen, einige Athleten bekommen hier Krämpfe. Arbeite daher smart und nicht zu schnell. Meier rät zu einem gleichmäßigen Tempo und findet die Übung kurz vor Schluss noch einmal richtig »nett«. Die Position im Wettkampf wurde von Tilly bewusst gewählt. Nach den Lunges steht der letzte Run an und dann folgen die Wall Balls, die beide ebenfalls stark auf die Beine gehen. »Beine haben eine große Bedeutung für ausgewogene Fitness, im Training wird aber viel zu häufig der Oberkörper gewichtet«, findet Tilly. Ihr Tipp für die Lunges: »Falls du Pausen brauchst, mach Zwischenschritte. Ansonsten: Good luck!«

Station 8: Wall Balls

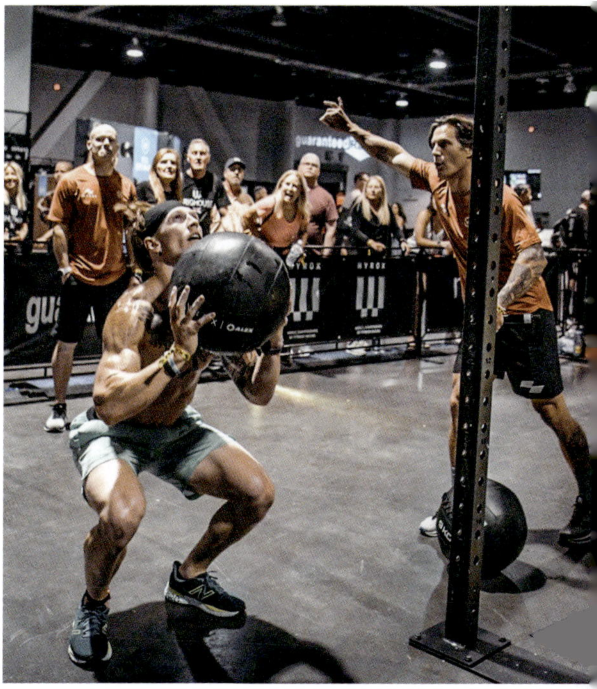

Nachdem die letzten 1000 Meter auf der Laufstrecke hinter dir liegen, steht zum Schluss die absolute Killerübung an: Wall Balls. Frauen in der offenen Klasse müssen einen vier Kilo schweren Medizinball 75-mal an die drei Meter hohe Zielscheibe werfen, für die Pros sind 100 Wiederholungen mit sechs Kilo Pflicht. Bei den Männern wiegen die Medizinbälle für diese Übung sechs oder neun Kilo. »Der Angstgegner«, findet Meier. »Allein die Zahl 100 ist für die Psyche brutal. Mache so wenige Pausen wie möglich, denn umso schneller bist du im Ziel. Hier geht es nicht mehr um Spaß, sondern ums Durchziehen. Die Würfe unbroken, also am Stück zu machen, ist echt schwer.« Tilly rät zu einem realistischen Gameplan und insbesondere Anfängern dazu, besser mehr als zu wenig Pausen zu machen. Sie rät zu 5er-Sätzen.

DU BRAUCHST EINEN GAMEPLAN

HYROX-Coach Lukas Storath betont immer wieder, wie wichtig die richtige Strategie ist: »Es ist unmöglich, das gesamte Rennen hindurch Vollgas zu geben«, mahnt er. »Finde im Training heraus, in welchen Phasen du dich ›erholen‹ kannst, etwa bei den Runs oder beim Rudern.« Erholen bedeutet in diesem Zusammenhang natürlich nicht zurücklehnen und durchatmen, sondern ein wenig die Intensität herausnehmen, um Kraft für brutale Übungen wie die Wall Balls zu sammeln.

Plan and execute – so meisterst du HYROX

Der richtige Gameplan beginnt schon vor dem eigentlichen Rennen. Anmeldung, die richtige Startzeit, Ankunft am Austragungsort, gemeinsam mit Tausenden Teilnehmern. Gerade beim ersten Mal kann HYROX eine ganz schöne Reizüberflutung sein. Und auch im Rennen selbst ist es wichtig, gut vorbereitet und konzentriert heranzugehen. Die Abfolge Run–Übung–Run–Übung klingt simpel, aber selbst erfahrene Profis suchen schon mal nach der richtigen Workout-Station oder laufen, wie Linda Meier, eine Runde zu viel oder zu wenig. Zwar sind die Übungen und Distanzen fest vorgegeben, aber je nach Austragungsort kann deine Laufstrecke unterschiedlich lang sein, sodass du vielleicht drei, vielleicht aber auch vier Runden laufen musst, um die 1000 Meter vollzumachen. Laufass Meier ist nach ihrer ungeplanten Zusatzrunde zwar trotzdem noch Zweite geworden, es dürfte allerdings schwer werden, ihr das nachzumachen. Mache dich deshalb vorher mit dem Ablauf des Events, dem Streckenverlauf und der Anordnung der Übungen vertraut.

Schützenhilfe bekommst du dabei vom Veranstalter. Nach der Anmeldung erhältst du neben deiner Startnummer und Startzeit nämlich auch einen Race Guide, in dem alle relevanten Informationen zum Rennen zusammengetragen sind. Darunter sind Basic Facts wie Adresse und Anfahrt zum Veranstaltungsort, alle wichtigen Zeiten, der Aufbau der Roxzone, Partnergyms für eine letzte Trainingseinheit vor dem Wettkampf, jede Menge Organisatorisches und – ganz wichtig – ein Link zum »Technical Briefing« mit Hinweisen zum Rennablauf. Du solltest diesen Race Guide unbedingt lesen, selbst wenn du schon mehrere HYROX-Wettbewerbe bestritten hast – allein schon, um dich mit dem individuellen Aufbau der Roxzone vertraut zu machen.

Ebenfalls wichtig ist es, rechtzeitig zu erscheinen. Wie bereits erwähnt, ist der Andrang bei HYROX-Events gewaltig. Circa zwei Stunden vor den ersten Starts erhältst du an der Anmeldung deinen Timing-Chip und ein farbiges Race-Armband, an dem die Judges deine Starterklasse erkennen und dir schnellstmöglich deine Gewichte zuordnen können. Dabeihaben solltest du neben dem QR-Code deiner Anmeldung Workout-Bekleidung, Wasser und – falls nötig – Bandagen, Handschuhe, Carb-Gels und Snacks. Solltest du eine frühe Startzeit haben (die ersten Läufe – meist Doubles – beginnen gegen neun Uhr), kannst du bereits beginnen, dich in der Warm-up-Area aufzuwärmen. Angesichts der Extrembelastung, die vor dir liegt, ist gründliches Aufwärmen deines gesamten Körpers äußerst wichtig! 10 Minuten vor dem Start versammeln sich alle Athleten deiner Wave in der Pre Race Area – dem Starttunnel, in dem eine unvergleichliche Atmosphäre aus Vorfreude, Kampfgeist und Aufregung herrscht. Gänsehaut pur!

Während des Wettkampfs gibt es Aid-Stationen, an denen du Wasser und Energydrinks tanken kannst. Bedenke aber, dass auch das Zeit kostet, und wäge ab, ob es wirklich nötig ist. Dasselbe gilt für den Verzehr von Energy-Gels und Snacks, die zwar nicht angeboten werden, die du dir aber selbst mitbringen kannst. Der einzige Rat, den praktisch alle Experten für das Rennen selbst haben: Konzentriere dich nur auf dich selbst und schaue nicht nach links und rechts. Lasse dich nicht demotivieren, wenn dich der Nebenmann bei den Burpees überholt, und versuche nicht, mit der drahtigen Läuferin neben dir auf der Strecke mitzuhalten, wenn du ihre Pace eigentlich gar nicht mitgehen kannst. Das führt nämlich nur dazu, dass du zu früh ausbrennst und es schlimmstenfalls nicht bis ins Ziel schaffst. Ziehe eisern und fokussiert dein Ding durch wie im Training – der Rest kommt von selbst. Dass dich die Atmosphäre und die Anfeuerungsrufe der Zuschauer pushen und

BETRETEN VERBOTEN!

Betritt die Roxzone auf keinen Fall schon vor Rennstart, sonst beginnt dein Timing-Chip bereits zu zählen! »Ist schon einigen Athleten passiert, die nur mal die Strecke checken wollten«, so Mintra Tilly.

du deshalb etwas mehr Gas gibst als in der Vorbereitung, ist normal – aber übertreibe es nicht! Das Rennen ist lang und vor allem die letzten Stationen Lunges und Wall Balls kosten noch einmal ordentlich Körner. Und egal, wie erschöpft du bist, schummeln ist nicht! Die Judges achten sehr genau darauf, dass du ausreichend Meter machst und die regelkonformen Bewegungsstandards einhältst, also etwa deine Knie bei Lunges oder die Brust bei Burpees den Boden berühren. Verstößt du nach zwei Verwarnungen erneut gegen die Regeln, wird das mit einer Distanzstrafe von fünf Metern (Single) beziehungsweise zehn Metern (Double) geahndet. Das alles klingt brutal. Dennoch liegt die Finisher-Quote bei HYROX-Events bei fast 99 Prozent – auch bei Rennen mit 4000 Teilnehmern und mehr. Und das, obwohl sich unter den Startern nicht nur Spitzenathleten befinden, sondern auch Breitensportler, Senioren und Menschen mit Handicap. Wie ist das möglich?

Der Fitnesswettkampf für alle

Bei HYROX nehmen sie das mit der Bezeichnung »Jedermannrennen« wirklich ernst: Ob alt oder jung, Profisportler oder Adaptive Athlete, wirklich ausnahmslos jeder kann an den Start gehen und nicht nur teilnehmen, sondern echte Erfolge feiern. Das hat zwei Gründe. Erstens: HYROX wurde als Rennen mit einer gesunden Halbmarathonlänge zwischen 70 und 120 Minuten konzipiert. In der Praxis kannst du dir aber so viel Zeit lassen, wie du möchtest. Der querschnittsgelähmte Maurice-André Iseli kam bei seinem ersten HYROX nach über drei Stunden ins Ziel und Senior Klaus-Dieter Rösener brauchte bei der WM 2019 allein für die Wall Balls 48 Minuten! Grund Nummer zwei: die unterschiedlichen Leistungsklassen und Rennformate Single Open und Pro, Double und Relay. Bei HYROX wird Wert darauf gelegt, dass das Teilnehmerfeld etwa zu gleichen Teilen aus Frauen und Männern besteht, die natürlich mit unterschiedlichen Gewichten arbeiten. Hinzu kommt die Unterteilung in Open und Pro Division. Die offene Klasse ist eine zwar herausfordernde, aber dennoch machbare Fitnesschallenge, die mit ein wenig Vorbereitung und Willensstärke jeder schaffen kann (wenn auch mit grauenhaftem Muskelkater in den Tagen danach), während der Pro-Wettbewerb selbst erfahrenen Topathleten an die Substanz geht. Die folgende Tabelle gibt dir einen Überblick der Workouts in der Open Division und in der Pro Division.

Workout	Women	Men	Women Pro	Men Pro
Ski Erg	1000 Meter	1000 Meter	1000 Meter	1000 Meter
Sled Push 50 Meter	102 Kilo	152 Kilo	152 Kilo	202 Kilo
Sled Pull 50 Meter	78 Kilo	103 Kilo	103 Kilo	153 Kilo
Burpee Broad Jumps	80 Meter	80 Meter	80 Meter	80 Meter
Rowing	1000 Meter	1000 Meter	1000 Meter	1000 Meter
Farmer's Carry 200 Meter	2 x 16 Kilo	2 x 24 Kilo	2 x 24 Kilo	2 x 32 Kilo
Sandbag Lunges 100 Meter	10 Kilo	20 Kilo	20 Kilo	30 Kilo
Wall Balls	75 Wdh. mit 4 Kilo	100 Wdh. mit 6 Kilo	100 Wdh. mit 6 Kilo	100 Wdh. mit 9 Kilo

Alle Teilnehmer absolvieren dieselben Übungen. Wie du der Tabelle entnehmen kannst, sind die Gewichte von Killerstationen wie Sled Push oder Sandbag Lunges bei den Pros aber 50 Prozent schwerer als in der Open Division. Falls du dir unsicher bist, in welcher Klasse du starten solltest, gibt es auf der HYROX-Website einen Fragebogen mit entsprechender Empfehlung. Tilly rät: Um als Mann in der Pro Division zu starten, solltest du mindestens 80 Kilo Squats, 70 Kilo Bankdrücken, drei Strict Pull-ups und 20 Push-ups schaffen. Teilnehmen darf grundsätzlich jeder, der mindestens 16 Jahre alt ist. Gelistet werden alle Ergebnisse anschließend in der Gesamtwertung und nach Altersklassen sortiert. So gibt es etwa

Altersklassen von 16 bis 24 Jahre, von 25 bis 29 Jahre und so weiter, bis hin zu 70+. Bei Double und Relay wird zur Bestimmung der Altersklasse das Gesamtalter der Gruppe durch die Anzahl der Teilnehmer geteilt. Jenseits der 60 Jahre gibt es keine Pro Division mehr. Wer in der Altersklasse bei der WM antritt und Weltmeister werden will, muss aber mit Pro-Gewichten arbeiten. Für die Weltmeisterschaften qualifizieren sich die besten Athleten in jeder Altersgruppe. Wie viele Qualifikationsplätze es in deinem Rennen gibt, entnimmst du dem Race Guide. In der Regel qualifiziert sich nur der Erstplatzierte, in einigen Altersgruppen dürfen auch Platz zwei und drei zur WM.

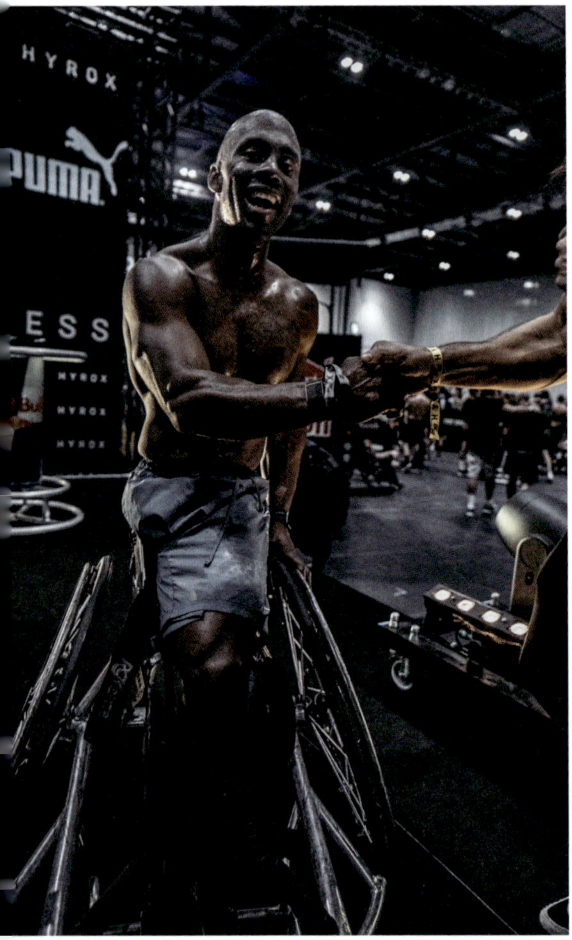

Zur Weltmeisterschaft darfst du übrigens auch mit einem Partner im Doppel fahren, wenn ihr als Team schnell genug seid. Die Rennformate Double und Relay eignen sich perfekt, um HYROX kennenzulernen und gemeinsam mit Freunden Sport zu treiben. Beim Doppel lauft ihr als Zweierteam gemeinsam, nur jeweils einer arbeitet aber an den Workout-Stationen. So hat der andere ein wenig Zeit zum Durchatmen und ihr könnt euch die Übungen nach euren individuellen Stärken aufteilen. Gemeinsame Starts sind so selbst bei deutlichen Leistungsunterschieden eines Duos kein Problem. Im Mixed Double (Mann und Frau) ist etwa denkbar, dass der Mann schwere Powerübungen wie Sled Push übernimmt, während die Frau ihn

Tylor Saunders, dessen rechtes Bein von Geburt an fehlt, wurde vom semiprofessionellen Basketballspieler zum stahlharten Competition-Junkie und hat schon mehrere HYROX bestritten.

bei Burpees und Wall Balls entlastet. Gearbeitet wird in gemischten Teams mit den Gewichten der Open Division Männer/Pro Division Frauen. Ihr könnt aber auch als reines Frauen- oder Männerteam antreten. Das Format ist extrem beliebt und eine regelrechte »Einstiegsdroge« für viele Athleten: Mehr als 50 Prozent aller HYROX-Teilnehmer laufen im Double. »Die Einstiegsbarriere ist niedrig«, meint Moritz Fürste. »Viele beginnen mit einem Partner oder Kumpel und treten dann beim nächsten Mal allein an.«

Ähnlich funktioniert das Relay-Format: In einer Viererstaffel läuft jeder Starter zweimal 1000 Meter und absolviert zwei Workouts – welche das sind, bestimmt ihr selbst. Auch hier könnt ihr als Frauen-, Männer- oder Mixed-Staffel antreten. Ab Saison 2023/2024 ist zudem eine eigene Adaptive Division geplant, mit einem auf komplexe Weise diversifizierten Ruleset, das Athleten mit verschiedensten Handicaps einen fairen und spannenden Wettkampf und WM-Qualifikationen in ihrer jeweiligen Wertungsklasse ermöglichen soll. Geplant sind aktuell elf verschiedene Kategorien, etwa »seated with hip function«, »seated without hip function«, »no core function« und so weiter. Grund für die Einführung der neuen Division war die

SIZE DOES MATTER!

Bei einem HYROX-Rennen sind alle erdenklichen Körperformen dabei. Zwar sieht der Großteil der ambitionierten Starter recht athletisch aus, es gibt aber auch drahtige Läufertypen und Teilnehmer mit Übergewicht oder großen Muskelbergen. Obwohl der ideale HYROX-Starter laut Proficoach Lukas Storath ein 75 Kilo schwerer Triathlet wäre, gibt es auch Zwei-Meter-Hünen, die trotz ihrer mehr als 100 Kilo Kampfgewicht die Runs bewältigen und an den Workout-Stationen dann von ihrem extremen Power-Output profitieren. Nicht nur das Gewicht, auch die Größe spielt eine Rolle für das Rennen: Große Menschen haben bei Burpees einen weiteren Weg nach unten, dafür müssen sie den Medizinball bei den Wall Balls weniger hoch stoßen und haben einen besseren Hebel beim Rudern.

Tatsache, dass die Community der Adaptive Athletes mehr und mehr wächst und viele Sportler mit Handicap, wie Iseli oder der beinamputierte Tyler Saunders, ohnehin an HYROX teilgenommen haben. Die Adaptive Athletes sollen weiterhin gemeinsam mit den Sportlern aus der regulären Open Division starten. Das inklusive Konzept von HYROX ist einzigartig. Aber gibt es auch Menschen, für die das Rennen nicht geeignet ist?

Für stark übergewichtige Menschen ist die Teilnahme aufgrund der hohen Gelenkbelastung nicht unbedingt zu empfehlen, meint Renndirektorin Mintra Tilly. Ihnen rät sie dazu, ihr Körpergewicht zunächst mit einer gelenkschonenden Sportart wie Schwimmen zu reduzieren, bevor sie in eine intensive HYROX-Vorbereitung starten. Aber: Grundsätzlich ist Übergewicht kein Problem, viele schwerere Teilnehmer bewältigen einen Teil der Strecke einfach im Gehen – es gibt schließlich kein Zeitlimit. Ein Starter hat auf diese Weise einmal vier Stunden gebraucht – und sich damit großen Respekt der anwesenden Fans und Sportler verdient!

Bist du nun auch heiß auf deinen ersten HYROX? In den folgenden beiden Kapiteln erfährst du, wie du dich perfekt auf deinen Fitness Run vorbereitest.

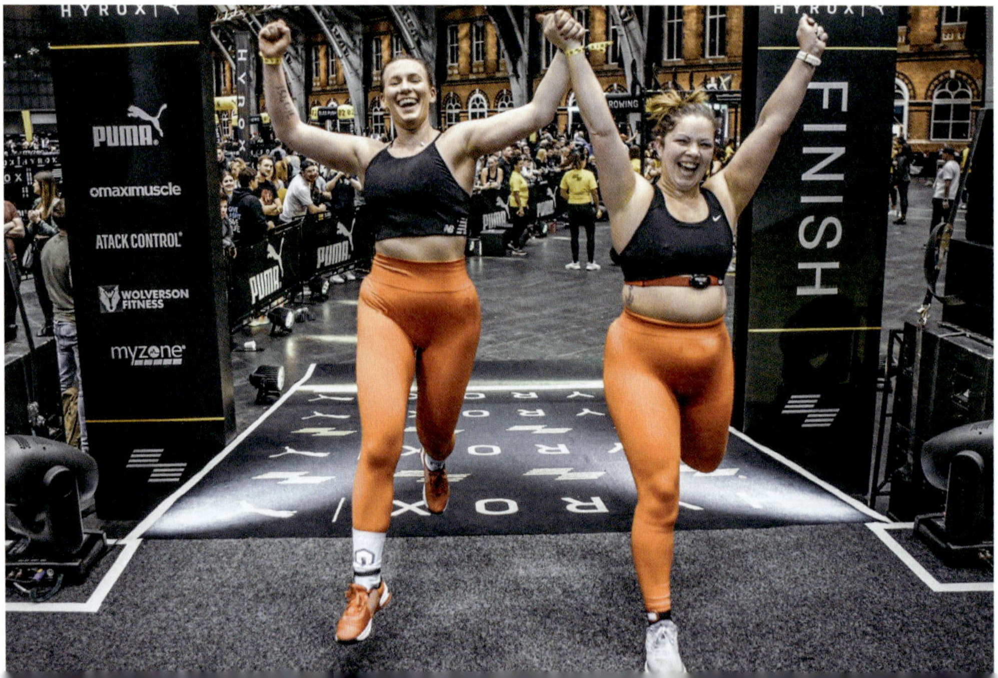

MAURICE-ANDRÉ ISELI – DER KÄMPFER

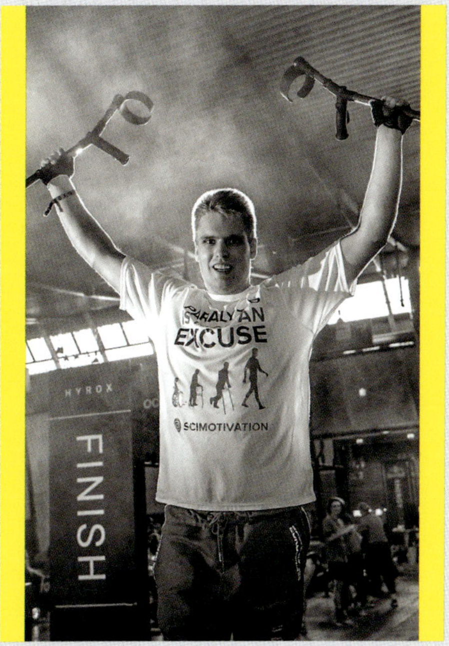

Wohnort: Kempten, Allgäu

Job: Webdesign-Genie, Handel mit Reha-Geräten

HYROX-Bestzeit: 2:11 Stunden

Lieblingsstationen: Rudern und Ski-Erg

Hassstationen: Burpees und Farmer's Carry

Lieblingstraining: Wandern

Trainingsphilosophie: Mach das Training zehnmal schwerer, um es im Wettkampf zehnmal leichter zu haben.

Instagram: @scimotivation

Viele Jahre lang war Fliegen die große Leidenschaft des Allgäuers Maurice-André Iseli. Heute ist es Laufen. Seit einer missglückten Landung beim Gleitschirmfliegen im Oktober 2020 ist Iseli querschnittsgelähmt. Diagnose: Lendenwirbelbruch; Paraplegie unterhalb der Lendenwirbelsäule L1, heißt das in der Fachsprache. Iseli ist vom Bauch abwärts gelähmt. Auf der *ASIA Impairment Scale*, dem international anerkannten Standard zur Klassifikation von Rückenmarksverletzungen, fällt er unter Kategorie B, die zweitschlechteste. Seine unteren Extremitäten besitzen noch sensible, doch keinerlei motorische Funktionen, das heißt, er hat minimales Gefühl in den Beinen, kann sie aber nicht bewegen.

Sofort nach dem Unfall hatte Iseli gespürt, dass etwas Schlimmes passiert war. Im Klinikum in Murnau kam dann die Schockdiagnose: Er würde nie wieder gehen können. Ein »extrem schmerzhafter Moment«, wie er heute sagt. Dennoch fand er sich, unterstützt durch Psychologen, schnell mit seiner neuen Situation ab. Er wollte, statt zu jammern, weitermachen und nahm sich trotz pessimistischer Prognose der Ärzte vor, nicht sein ganzes Leben im Rollstuhl zu sitzen. »Ich habe mir gesagt, ich gebe jetzt drei bis fünf Jahre Vollgas und schaue, was ich erreichen kann. Auch wenn es nie wieder wird wie zuvor, habe ich wenigstens Einfluss auf mein Schicksal.« Einfach war das nicht. Lokomotionstraining ist eigentlich nur für Patienten ab ASIA-C-Kategorie vorgesehen, Iseli bekam deshalb anfangs keinen Therapieplatz. Sein Umfeld riet ihm, sich mit der Behinderung abzufinden: »Das wird eh nichts, den Rollstuhl wirst du nie wieder los.« Doch Iseli blieb hartnäckig und freute sich selbst über kleinste Fortschritte. »Auch wenn die Arbeit umsonst gewesen wäre, wollte ich mir später nicht vorwerfen müssen, nicht alles versucht zu haben«, erinnert er sich. Diesen anfänglichen Optimismus haben viele, geben sich aber, wenn sich nach drei oder vier Monaten keine schnellen Erfolge einstellen, häufig komplett auf. Doch Iseli blieb stark und suchte sich als Vorbild einen anderen Gleitschirmflieger, der einst ebenfalls in Murnau behandelt wurde und inzwischen wieder laufen konnte. Das war eine der wenigen Heldengeschichten, denn geschätzt können nur zwei Prozent aller Querschnittsverletzten je wieder gehen. Und gehen bedeutet bei den meisten: zehn Meter mit einem Physiotherapeuten und Gehwagen. Iseli wollte mehr. Nachdem er in Murnau drei Monate lang für den Rollstuhl fit gemacht wurde, kam er ins Neuro-Robotik-Zentrum in München, wo er seinem Körper mithilfe eines »Lokomaten« wieder das Gehen beibrachte, und das vier Wochen lang zweimal zwei Stunden täglich. Die Maschine bewegt die Beine der Patienten auf einem Lauf-

» Paralysis is not an excuse!

band. Die Fortschritte waren winzig, doch Iseli spürte: Wenn du dich reinhängst, dann geht da was!

Doch die Krankenkasse bezahlte die Therapie nicht und täglich nach München zu pendeln – ein bis zwei Jahre lang, wie die Ärzte es vorhersagten –, konnte Iseli sich nicht leisten. Also kaufte er sich stattdessen selbst einen Lokomaten, stellte ihn in seinen Schuppen und trainierte fortan drei Stunden täglich damit. Mit Erfolg: Nach zweieinhalb Monaten kam die Motorik in seinem Hüftbeuger zurück, er konnte ein Bein leicht anheben und wieder krabbeln – ein enormer Fortschritt für einen Querschnittsgelähmten.

2021 kam Iseli über das Internet in Kontakt mit Neurofit, einer privaten Reha-Einrichtung in den USA für die Behandlung von Querschnittsgelähmten, die ihm ein großes Versprechen machte: »Du kannst krabbeln? Komm zu uns, wir bringen dich wieder zum Gehen.« Iseli hielt das für Aufschneiderei, aber war interessiert. In Deutschland gab es keinen einzigen Therapeuten, der dies auch nur versucht hätte. Erfolge anderer Patienten überzeugten ihn schließlich und so flog der Kemptener mitten in der Coronazeit mit einem medizinischen Ausnahmevisum und unter massivem bürokratischem Aufwand nach Florida. Sein Aufenthalt dort sollte zum Gamechanger werden. Elf Wochen lang kümmerten sich täglich zwei bis drei Therapeuten drei Stunden lang nur um ihn. Die Methoden waren abenteuerlich. Erst schnallte man ihm kiloschwere Gewichte an die Füße, nur um sie danach wieder abzunehmen und dem Körper so die Bewegung zu erleichtern. In jener Zeit machte er buchstäblich seine ersten Schritte, wenn auch noch mit viel Kompensation durch Arme und Oberkörper. Doch es war ein Lichtblick. Iseli hatte erkannt, was möglich ist. »Es wird nicht schnell gehen, aber du wirst mit Krücken laufen können«, versprachen die Experten.

In den vergangenen zwei Jahren hat Iseli täglich drei bis vier Stunden trainiert und die Kompensation durch den Oberkörper Stück für Stück abgebaut. Physio- und Ergotherapie in Deutschland brachten nur geringe Fortschritte, weshalb er im August 2021 ein weiteres Mal für fünf Wochen in die USA ging, mit atemberaubendem Ergebnis: Erstmals lief Iseli ganze zwei Kilometer auf Krücken. Nach seinem nächsten Trip zu Neurofit im April 2022 schaffte er sogar fünf. Er brauchte für die Strecke drei Stunden und machte unzählige Pausen. Aber es gab ihm einen immensen Push. Inzwischen hatte er gelernt, selbstständig wieder aufzustehen, und musste beim Training daheim nicht mehr ständig von einem befreundeten Physiotherapeuten begleitet werden, der ihn hochheben konnte. Ein Teil seiner Muskulatur in den unteren Extremitäten war wieder da, wenn auch noch sehr schwach. Er begann nun, nicht mehr nur in der Ebene zu üben, sondern wagte sich an Steigungen, Bordsteinkanten, Treppen und kleinere Hügel und wurde im Alltag immer stabiler. Seine Fortschritte erkaufte Iseli sich mit unzähligen Stürzen. Schon bald war er im Allgäuer Bergland unterwegs. Die Natur seiner Heimat – sie war neben der Therapie in den USA der wichtigste Faktor für seine beeindruckende Entwicklung. Im Fitnessstudio trainierte er mit extrem leichten Gewichten und bis zu 500 Wiederholungen, um neue Reize für seine schwachen Nerven zu setzen. Im Herbst 2022 setzte Iseli sich in den Flieger zu seinem vorerst letzten Trip in die USA und – ohne es zu wissen – zu seinem ersten HYROX.

Nachdem er in der Reha erneut gigantische Fortschritte gemacht hatte und den Rollstuhl fortan zu Hause lassen konnte, meldete er sich zu zwei Sportereignissen an, die für einen Querschnittsgelähmten unmöglich erscheinen: In Chicago stieg er beim Skyrise die 105 Stockwerke des Willis Towers hinauf (eine ganz furchtbare Idee, wie er heute lachend zugibt) und finishte in 1:40 Stunde seinen allerersten – wenn auch abgespeckten – HYROX. Beim Gang über die Ziellinie warf er demonstrativ seine Krücken weg und hob die Arme zum Sieg. Den dazugehörigen Instagram-Post widmete er all den Ärzten, die vorhergesagt hatten, er würde nie wieder laufen können. Seitdem geht es weiter voran. Seinen Alltag bestreitet Iseli überwiegend mit Krücken, kurze Strecken schafft er auch ohne. Es heißt: Wenn eine Funktion zwei Jahre nach dem Unfall nicht zurück ist, kommt sie nie mehr. Das stimmt offensichtlich nicht. Iseli schafft immer weitere Strecken immer schneller, nimmt regelmäßig an Sportveranstaltungen teil. Nach mehreren HYROX-Teilnahmen, 100-Kilometer-Radrennen und einem Viertelmarathon ist sein nächstes Ziel nun der Halbmarathon. Auf Instagram motiviert er Tausende Menschen, erhält Zuspruch aus aller Welt. Drei Jahre nach seinem Unfall ist Iseli mit sich und seiner Situation im Reinen. »Ohne diesen Unfall hätte ich nie so viele Leute inspirieren können, niemand würde mir Aufmerksamkeit schenken. Ich wäre Durchschnitt«, findet er. Andere Querschnittsverletzte zu motivieren, ihr Schicksal nicht tatenlos zu akzeptieren, ist zu seiner Lebensaufgabe geworden. Viele Gelähmte könnten mehr erreichen und zumindest einen gewissen Grad Funktionalität – und damit Lebensqualität – wiedererlangen, wenn sie nicht blind auf das Urteil der Ärzte hören würden, die viel zu oft pauschal negative Prognosen ausstellen, findet Iseli. Sie müssten nur fleißig mit erfahrenen Physios daran arbeiten. »Ich habe das Beste aus meiner Situation gemacht und bin dadurch eine Inspiration für Tausende.«

Sein langfristiges Ziel ist es, dauerhaft auf die Krücken verzichten und frei gehen zu können. Darauf trainiert er hin, jeden Tag mehrere Stunden. Auch wenn es extrem anstrengend ist: Einen Kilometer am Stück schafft er bereits. Und auch fliegen will er wieder. Noch im Krankenhaus in Murnau hat er sich Bilder von Gleitschirmfliegern ausdrucken und mitbringen lassen – als Motivation. Sein altes Equipment hat er noch im Schrank, mit dem Trike war er bereits in der Luft. »Wenn es sicher möglich ist«, so Iseli, »werde ich wieder auf den Berg gehen.«

Wie absolvierst du die HYROX-Übungen an den Stationen?
Ich laufe eine Runde weniger als reguläre Athleten. Sind also drei Runden vorgegeben, laufe ich nur zwei. Beim Ski Erg gibt es keine größeren Adaptionen, weil die Bewegung hauptsächlich aus Oberkörper und Rumpf kommt. Bei Sled Push und Pull habe ich inzwischen eine 25-Kilo-Platte weniger als die Frauen auf dem Schlitten. Das sind 50 beziehungsweise 75 Kilo – es ist also schon ordentlich schwer. Dafür habe ich bei uns im Gym wochenlang nur Schlitten geschoben. Bei den Burpee Broad Jumps springe ich mit den Krücken bis zum Turning Point. Dort gehe ich zehnmal runter in den hohen Stütz und springe anschließend wieder zurück. Bei den Lunges versuche ich, so tief wie möglich runterzugehen. Auf diese Weise werde ich in Zukunft erst einmal weitermachen.

Ab der Saison 2023/2024 soll es eine eigene Kategorie für »Adaptive Athletes« geben.
Als ich aus Chicago zurückkam, habe ich Kontakt zu HYROX Germany aufgenommen und ein mögliches Ruleset für HYROX in Frankfurt im Dezember 2022 besprochen. Das war der erste HYROX in Deutschland, an dem ich teilgenommen habe. Das fanden alle super, deshalb hat das HYROX-Team auf Basis unseres Gesprächs beschlossen, eine ganze Adaptive Division zu gründen. Das finde ich megacool und werde gern ein Teil davon sein. Ich werbe jetzt schon fleißig Athleten an.

Welches Ziel verfolgst du bei HYROX?
Die Woche nach HYROX ist die Hölle, da habe ich überall extremen Muskelkater. Vor allem ist HYROX ein unglaublich tolles Training für mich, das ich mir im Fitnessstudio – ohne Event und ohne Zuschauer – so nie antun würde. Außerdem ist es für mich immer wieder eine Inspiration, wenn ich nach jedem Event Hunderte Nachrichten und Kommentare von Leuten bekomme, die schreiben: »Wenn du das schaffst, kann ich das auch!« Das ist auch ein Ziel von mir. Und aktuell geht's mir natürlich

um die Zeiten: In Frankfurt, bei meinem ersten »richtigen« HYROX, habe ich noch über drei Stunden gebraucht. In Stuttgart habe ich mich auf 2:40 Stunden runtergearbeitet, in Karlsruhe auf 2:28 Stunden und jetzt in Köln habe ich nur noch 2:11 Stunden gebraucht.

Wie bereitest du dich auf HYROX vor?
Ich trainiere ohnehin sehr funktionell, also eigentlich HYROX-spezifisch. Laufen ist bei mir das Wichtigste, denn je schneller ich laufe, umso besser wird meine Zeit. Bei den Workouts kann ich nicht so viel rausholen. Ich habe mit 0,1 Kilometer/Stunde auf dem Laufband angefangen, mittlerweile bin ich bei vier bis fünf Kilometer/Stunde auf der Strecke. Jeder Stundenkilometer mehr bedeutet 20 bis 30 Minuten Zeitverbesserung! Meine Hauptstrategie ist es deshalb, mehr und schneller zu laufen, und das mit weniger Druck auf den Schultern. Hände und Schultern tun nach einer gewissen Zeit sonst einfach extrem weh. Meist trainiere ich dann auf einer Laufbahn und laufe zehn Kilometer im Kreis – manchmal in einer Challenge gegen andere, etwa jemanden, der sich den Fuß gebrochen hat. Da gucken die Leute nicht schlecht, wenn zwei Leute auf Krücken ständig im Kreis rennen! (lacht) Ich mache drei, vier extreme Laufeinheiten pro Woche. Das sind dann fette Aktionen, die meist aus einer witzigen Idee heraus entstehen, etwa um den Sonthofener See herumlaufen oder im Klettwald die schwersten Routen klettern. Für meine Kraft habe ich ein Rudergerät daheim, einen Ski-Ergometer habe ich mir auch zugelegt und ich habe eine Beinpresse im Keller. An diesen Geräten und im Fitnessstudio trainiere ich sehr viel all jene Dinge, die für HYROX wichtig sind. Und an den Wochenenden fahre ich auf Sportevents.

Hast du ein sportliches Ziel abseits von HYROX?
Ich werde bald einen Halbmarathon durchziehen. Und irgendwo in meinem Hinterkopf schwebt schon die Idee, mal einen ganzen Marathon zu laufen. (lacht) Die Reise wird also weitergehen!

3

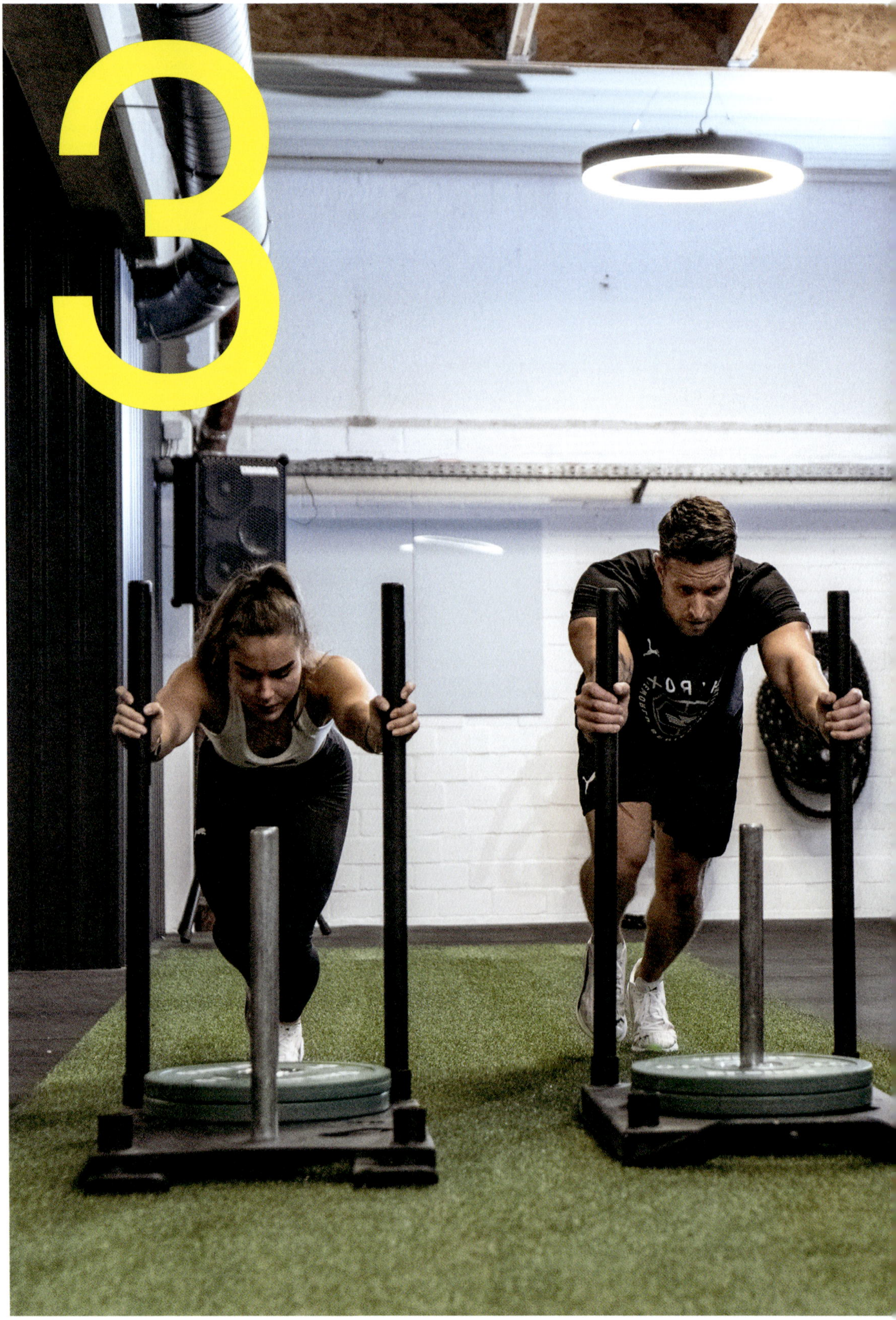

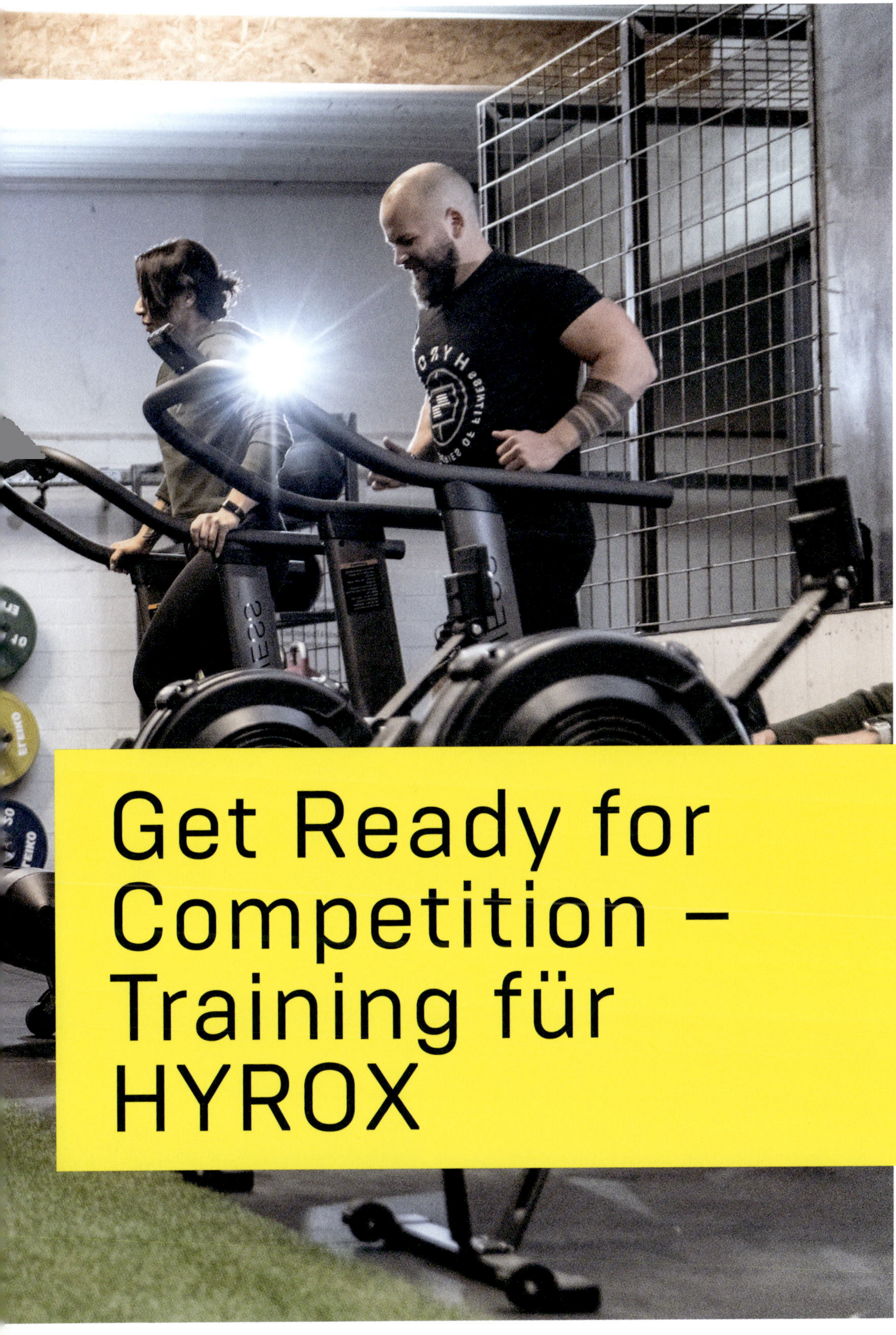

Get Ready for Competition – Training für HYROX

Eine perfekte Vorbereitung ist essenziell

HYROX ist als Jedermannrennen konzipiert. Das bedeutet: Jeder kann mitmachen, auch ohne große Vorkenntnisse. Wie bei anderen Rennformaten dieser Art – Marathons, Triathlons etc. – gilt allerdings auch hier: Wer mit einer guten Zeit finishen will, der müsse sich gezielt auf das Rennen vorbereiten, selbst topfitte Triathleten oder bärenstarke Kraftsportler, sagt Head of Sports Mintra Tilly. Diese Vorbereitung findet üblicherweise im Fitnessstudio und auf der Laufstrecke stand, kann im äußersten Notfall aber auch komplett ohne Geräte erfolgen (mehr dazu später im Abschnitt »No equipment? No excuse!« auf Seite 147). Seit dem ersten Event 2017 hat sich die HYROX-Vorbereitung der Spitzenathleten stark weiterentwickelt. Champions wie Lukas Storath oder die aktuelle Nummer eins, Hunter McIntyre, trainierten anfangs noch ohne Gewichtschlitten und HYROX-spezifische Übungen. Das hat sich längst geändert. Alle ambitionierten Teilnehmer trainieren inzwischen so spezifisch wie möglich. Viele Gyms haben Kooperationen mit HYROX abgeschlossen und bieten die entsprechenden Workout-Stationen an. Und immer mehr Personal Trainer werben mit HYROX-Trainingsplänen oder ganzen Trainingscamps – so wie Storath, der heute zu den gefragtesten HYROX-Coaches der Welt zählt und eine eigene Schlittenbahn im Garten hat.

Das Besondere an einer HYROX-Vorbereitung ist das Zusammenspiel aus Kraft und Ausdauer, die unterschiedlichen Belastungen an den verschiedenen Workout-Stationen. Wie ein Zehnkämpfer musst du dich auf mehrere Disziplinen vorbereiten, die sich in Ausführung, Belastungsdauer und -intensität komplett voneinander unterscheiden, und gleichzeitig auch noch schnell laufen können! Was es im Zehnkampf außerdem nicht gibt, ist der pausenlose Wechsel zwischen aerober und anaerober Belastung. Diese Übergänge stellen eine zusätzliche Herausforderung für den Körper dar, auf die du dich im Training unbedingt vorbereiten musst!

Aerobe und anaerobe Belastung sowie Schwellentraining

Dein Körper gewinnt Energie aus der Verbrennung von Kohlenhydraten und Fetten. Abhängig von der Art der körperlichen Belastung funktioniert dieser Energiestoffwechsel auf unterschiedliche Weise – entweder aerob (mit Sauerstoff) oder anaerob (ohne Sauerstoff).

Aerobe Belastung

Beim Verbrennen von Kohlenhydraten und Fetten wird Sauerstoff verbraucht. Das ist bei niedriger Belastung im hohen Wiederholungsbereich der Fall, bei der vor allem langsam zuckende Muskelfasern vom Typ I (Slow-twitch-Fasern) zum Einsatz kommen, etwa bei langsamem Dauerlauf. Diese Muskelfasern benötigen Sauerstoff zur Energiegewinnung, den sie aus dem Blut aufnehmen.

Anaerobe Belastung

Bei hoher Belastungsintensität kommen die schnell zuckenden Typ-II-Muskelfasern (Fast-twitch-Fasern) zum Einsatz. Ihr Energiebedarf ist derart hoch, dass er durch aeroben Energiestoffwechsel allein nicht gedeckt werden kann. Die zusätzlich benötigte Energie wird durch Milchsäuregärung aus Kohlenhydraten gewonnen (für die Energiegewinnung aus Fett ist immer Sauerstoff nötig). Dabei übersäuert deine Muskulatur schnell und wird weniger leistungsfähig. Anaerobe Belastung kannst du also nur über einen kurzen Zeitraum hinweg aufrechterhalten, der sich durch gezieltes Training (sogenanntes Schwellentraining) verlängern lässt. Beispiele für eine so hohe Belastung sind intensives Krafttraining oder Sprints.

Schwellentraining

Weil das anaerobe System deine Muskulatur, je nach Intensität der Belastung, nur etwa 10 bis 90 Sekunden mit Energie versorgen kann und deine Muskulatur danach schlappmacht, ein HYROX-Rennen aber mindestens eine Stunde dauert, musst du im Training zunächst an deiner aeroben Ausdauer arbeiten. Du wirst im Rennen aber an einigen Stationen auf jeden Fall in den anaeroben Bereich kommen, bei brutalen Übungen wie etwa Sled Push. Auch daran musst du deinen Körper im Training also gewöhnen, ebenso daran, bei gleich hoher Intensität erst später die anaerobe Schwelle zu erreichen. Man spricht dann vom sogenannten »Schwellentraining«.

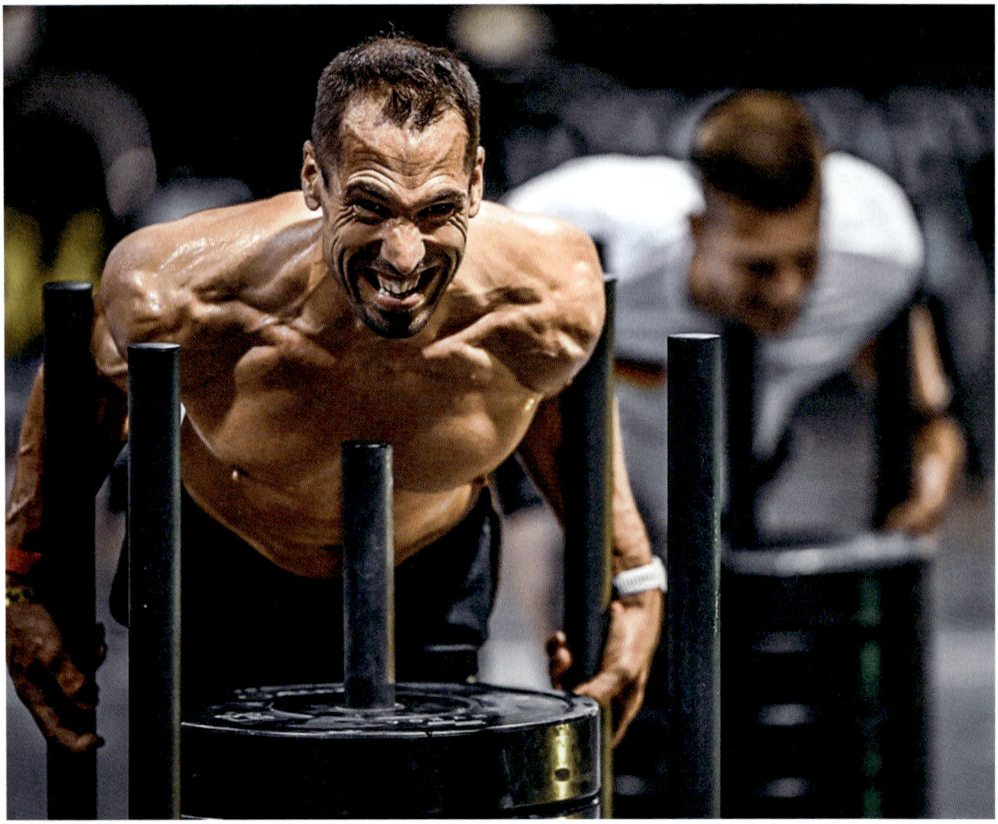

Hybridtraining – das sagt die Wissenschaft

Da du im Rennen Ausdauer- und Kraftleistung kombinieren musst, um ans – beziehungsweise ins – Ziel zu kommen, solltest du dies auch im Training tun. Nun ist es aber so, dass in der Fitnessszene viele Jahre lang das Dogma galt: Kraft und Ausdauer, die trainiert man nicht zusammen! Grund dafür war vor allem die Befürchtung, dass Krafttraining die Ausdauerleistung schmälern könnte und umgekehrt, sodass ein Sportler am Ende in beiden Disziplinen nur Mittelmaß bleibt. Dies wurde auch in mehreren wissenschaftlichen Untersuchungen nachgewiesen, etwa 1990 in einer 20-wöchigen Studie in den USA, in deren Rahmen 14 untrainierte Männer entweder auf dem Fahrradergometer, an einer Kraftmaschine oder mit beiden Geräten trainieren mussten. Das Ergebnis: Beim kombinierten Training waren die spezifischen Fortschritte in Kraft und Ausdauer jeweils weniger groß als in den Gruppen, die nur eines von beiden trainierten.[3] Die meisten Fitnesssportler brachten ihre Gym-Sessions und Läufe deshalb jahrzehntelang brav in getrennten Einheiten unter und beschränkten Cardiotraining auf das notwendige Minimum.

HYROX Head of Sports und Race Director Mintra Tilly hat bei der Konzeption des Rennens keine Studien gecheckt, sondern sich auf ihre eigenen »Feldstudien« mit Eishockeybundesligisten und Special Forces der U.S. Army verlassen. Sie sagt: Krafttraining lässt sich sehr wohl mit Ausdauer- und Kraftausdauertraining kombinieren, sobald in einem dieser Bereiche ein bestimmtes Grundniveau erreicht ist. Tilly hält nicht viel von alten Dogmen, sondern passt das Training ihrer Klienten lieber maßgeschneidert an deren Anforderungen an. Und da sich diese ständig verändern, muss auch das Training immer wieder neu gestaltet werden. Diesen relativ neuen, adaptiven Trainingsansatz, der situationsabhängig wöchentliche und in einigen Fällen sogar tägliche Veränderungen des Trainingsprogramms vorsieht, bezeichnen wir als »Fluid Periodization« (auf Deutsch etwa »dynamische Periodisierung«).

Den Begriff Periodisierung kennst du vielleicht bereits, zum Beispiel aus dem Fitnessbereich. Dort ist es üblich, das Training in bestimmte Zyklen einzuteilen, etwa eine Muskelaufbauphase mit stetig steigenden Gewichten und eine anschließende Definitionsphase mit weniger Gewichten und steigenden Wiederholungszahlen. Auch in vielen anderen Sportarten ist Periodisierung ein fester Bestandteil der Trainingsmethodik. Grundsätzlich geht es dabei um das Verändern von Trainingsvariablen, um einen Sportler gezielt auf eine bestimmte Anforderung vorzubereiten, damit er das Maximum seines Leistungspotenzials abrufen kann.

Fluid Periodization geht noch einen Schritt weiter und verändert diese Variablen nicht nach einem vorgegebenen Muster, zum Beispiel einem festen Zeitplan, sondern regelmäßig basierend auf den individuellen Voraussetzungen und dem aktuellen Leistungsstand des Sportlers. Eine Studie mit 61 College-Footballspielern in den USA hat gezeigt, dass mithilfe dieses dynamischen Periodisierungsansatzes deutliche Leistungssteigerungen bei gleichzeitig geringerem Trainingsvolumen erzielt werden können.[4] Es ist also durchaus möglich, Kraft und Ausdauer zusammen zu trainieren, ohne dass sich beide gegenseitig kannibalisieren – wenn man es richtig macht. Neuere sportwissenschaftliche Untersuchungen bestätigen das und belegen, dass sogenanntes »Concurrent Training«, also hybride Einheiten, die Kraft und Ausdauer trainieren, die Leistung in beiden Feldern keinesfalls verschlechtert und oftmals sogar verbessert – vorausgesetzt, das Training wird anhand des individuellen Trainingsstands richtig geplant. Eine Metaanalyse der Uni Potsdam aus dem Jahr 2018 hat gezeigt, dass hybrides Training sogar einen potenzierenden Effekt haben kann, sich beide Trainingsformen also positiv ergänzen.[5] So verbesserten jugendliche Sportler im Rahmen sportwissenschaftlicher Studien damit nicht nur ihre Ausdauer, sondern steigerten auch die Kraft in ihren Beinen. Zu ähnlichen Ergebnissen kamen die Potsdamer Forscher jüngst auch in einer weiteren Metastudie zu Menschen mittleren Alters und Senioren, und zwar unabhängig vom Geschlecht.[6]

Die Frage darf also nicht lauten, ob du Kraft und Ausdauer kombinieren solltest, sondern wann und wie du sie kombinieren solltest, um maximalen Nutzen daraus zu ziehen. Wenn du bei null beginnst, wirst du natürlich nicht in der Lage sein, Kraft und Ausdauer gleichzeitig aufzubauen, sondern solltest deinen gesamten Fokus zunächst nur auf eine der beiden Komponenten richten, bis du ein stabiles Fundament errichtet hast. Sobald dieses Fundament steht, kannst du weitere Komponenten ergänzen und deinen Trainingsplan entsprechend anpassen, bis du schließlich beide Komponenten in einer Einheit kombinieren kannst. In welcher Reihenfolge du das tust, spielt dabei übrigens keine Rolle. Jegliche Kombination aus Kraft- und Ausdauertraining, unabhängig von der Abfolge, kann die Leistungsfähigkeit steigern und die Muskelmasse vergrößern, wie Forscher der Rutgers University in New Jersey 2014 herausgefunden haben.[7]

Ein vereinfachtes Beispiel: Nehmen wir an, du konzentrierst dich zu Anfang auf den Aufbau von Grundlagenausdauer und trainierst dafür sechsmal pro Woche. Sobald du fit genug bist, um etwa einen Halbmarathon zu laufen, genügen vielleicht drei bis vier Einheiten pro Woche, um dieses Niveau zu halten. Die zwei bis drei frei gewordenen Einheiten kannst du dann nutzen, um an deiner Kraft zu arbeiten. Weltrekordhalterin Megan Jacoby etwa war von Kindesbeinen an Läuferin und gewann 20 Jahre lang 10K-, 5K- und Sprintwettbewerbe. Inzwischen gehört sie zu den stärksten HYROX-Athletinnen. Nur weil Laufen ihre Stärke war, konnte sie den Fokus verstärkt auf das Krafttraining legen und dort in kürzester Zeit massive Zuwächse erzielen. Und der Weltranglistenerste Hunter McIntyre – einer der stärksten HYROX-Athleten – sagt: »Periodisierung ist alles! Ich habe mir vor Jahren die perfekte Formel überlegt: Wenn man Jahr für Jahr fünf bis zehn Prozent Kraft zulegt und den Rest des Jahres über an seiner Ausdauer arbeitet, dann wird man mit der Zeit insgesamt besser.«

Sobald du in beiden Komponenten ein solides Fundament besitzt, kannst du auch beginnen, sie in Trainingseinheiten miteinander zu kombinieren. Aber: Wenn du zu früh beides zusammen trainierst, bist du vom Krafttraining zu schwach, um schneller laufen zu lernen, und vom Laufen zu platt, um schwerer heben zu können. Hybrides Training ist daher erst in den letzten Wochen deiner Vorbereitung sinnvoll, in denen du nicht mehr primär deine Kraft- und Ausdauerwerte verbesserst, sondern deinen Körper vor allem an die Anforderungen des Rennens gewöhnst. Insbesondere in den ersten Wochen hängt die Struktur deines Trainingsplans also davon ab, welches Fundament du als Erstes gießen möchtest – Kraft oder Ausdauer – und worauf du in der Grundlagenarbeit zunächst deinen Hauptfokus setzt. Wie ein Trainingsplan strukturiert sein sollte und wie du die entsprechenden Anpassungen vornimmst, erfährst du in Kapitel 4 »Training Camp« ab Seite 129.

Der Großteil der HYROX-Teilnehmer besitzt in der Regel bereits ein stabiles Fundament. Viele kommen aus dem Fitnessbereich, andere aus dem Laufsport, Triathlon oder Hindernislauf. Sie alle haben eine Stärke und müssen ihr Niveau nur noch halten, während sie sich eine weitere Stärke aneignen. Dies hatte Tilly auch im Kopf, als sie das HYROX-Konzept entwarf. Sie machte sich keine Sorgen, ob Kraft und Ausdauer zusammenpassen. Im Gegenteil: Ihr Ziel war es, bewusst Läufer zu mehr Kraftsport und Pumper zu mehr Ausdauersport zu bewegen. Das setzt – von HYROX mal ganz abgesehen – neue Reize für den Körper und hilft beim Überwinden von Plateaus. Viele Sportler würden häufig nur das trainieren, was ihnen Spaß macht, meint Tilly. Für einen ausgewogen trainierten Körper müsse man jedoch auch an seinen Schwächen arbeiten. Für HYROX musst du deshalb alles trainieren und zum perfekten Allrounder werden.

Bislang geben die HYROX-Ergebnisse der Renndirektorin recht. Das Rennen gibt es zwar erst seit 2017, das »Trainingsalter« der Teilnehmer – die Zeit, die sie hybrid trainieren – ist also noch nicht so hoch, aber die Finisher-Zeiten sind bereits deutlich besser geworden. Die Elite brauchte anfangs etwas über eine Stunde für das Rennen. Als Lukas Storath diese Schallmauer 2018 durchbrach und als erster Athlet in unter 60 Minuten finishte, war das eine Riesensache. Inzwischen laufen alle Top-Pros unter einer Stunde und Weltrekordhalter Hunter McIntyre nähert sich mit 54:07 Minuten der 50-Minuten-Marke. Auch in der Open Class sind die Zeiten besser geworden. Lief diese Gruppe für alle früher um die 1:30 Stunde, sind es inzwischen nur noch 1:25 Stunde. Die Zeiten gehen runter, das heißt, die Leistungskurve steigt. Hybrides Training funktioniert also durchaus – zumindest für einen hybriden Sport wie HYROX. Sicher wird mit hybridem Training niemand den Berlin Marathon gewinnen, Olympiasieger im Gewichtheben werden oder Muskeln aufbauen wie ein Bodybuildingprofi. Aber für eine HYROX-Vorbereitung ist es unerlässlich. Und auch anekdotische Evidenz aus den HYROX-Partnergyms zeigt: Sportler, die hybrid trainieren, werden rundum fitter und athletischer.

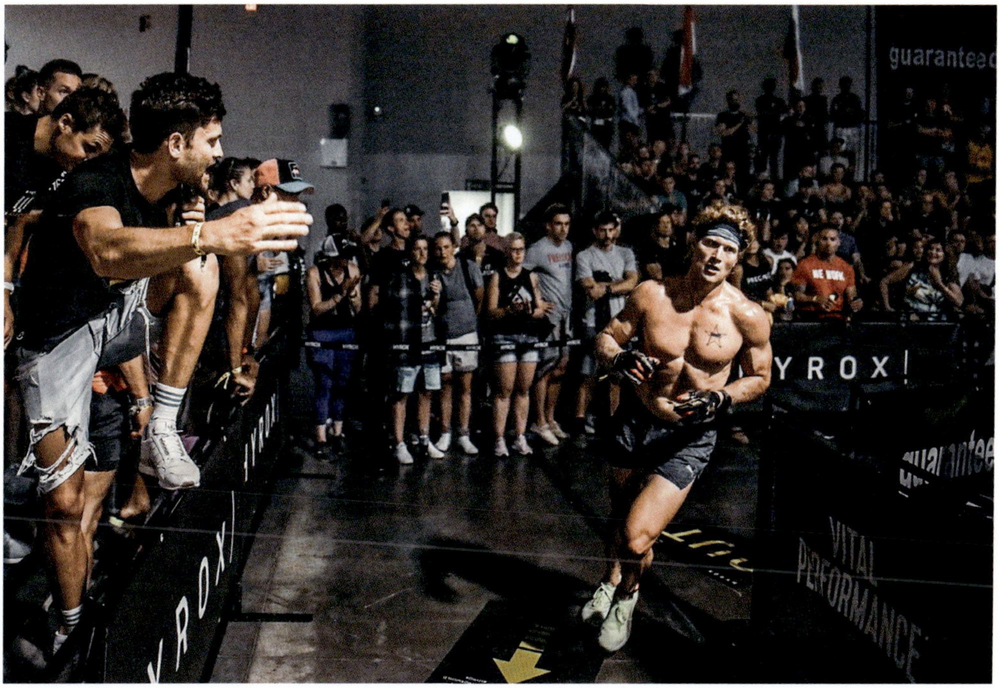

Viele Teilnehmer bringen bereits eine gute Grundlagenausdauer mit, sodass die Läufe zwischen den Stationen gut zu meistern sind. Ansonsten heißt es: Ausdauer trainieren!

Die Basics

Wissenschaftliche Studien, Erfahrungswerte, Feedback aus der Szene und nicht zuletzt das rasant steigende Niveau der Athleten in den Rennen zeigt: Hybrides Training steigert die Leistung und ist für eine HYROX-Vorbereitung ebenso unabdingbar wie isoliertes Kraft- und Ausdauertraining. Hinzu kommen Kraftausdauer-, Schnellkraft- und Schwellentraining, Compromised Running und ... aber eins nach dem anderen. In diesem Abschnitt lernst du, was all diese Trainingsformen voneinander unterscheidet, wofür sie gut sind und wie du sie am besten in deine Trainingswoche integrierst.

Endurance Training

Für einen HYROX-Event brauchst du vor allem eines ganz viel: Ausdauer. Einen großen Teil deines Trainings wird deshalb die Arbeit an deiner aeroben Leistungsfähigkeit – insbesondere der Grundlagenausdauer – ausmachen. Das hilft dir, deine Muskulatur, die du im Kraftteil deiner Vorbereitung trainierst, effizienter mit Sauerstoff zu versorgen und so über die Dauer des Wettkampfs hinweg länger leistungsfähig zu sein.

Deine Grundlagenausdauer trainierst du am einfachsten durch Laufen – dafür brauchst du weder teures Equipment noch besondere Vorkenntnisse und es ist total HYROX-spezifisch. Ziemlich genau die Hälfte eines HYROX-Rennens wirst du schließlich mit Laufen beschäftigt sein. Viele Profis, wie Lukas Storath, sind außerdem der Meinung, dass sich dort die meiste Zeit herausholen lässt, weshalb er sogar einen eigenen Lauftrainer engagiert hat, der sonst kenianische Dauerläufer trainiert, die einen Marathon in unter 2:08 Stunden laufen. So weit musst du nicht gehen, dem Lauftraining wird aber dennoch eine sehr große Bedeutung in deiner HYROX-Vorbereitung zukommen. Linda Meier hält die Freude am Laufen gar für eine Grundvoraussetzung für Erfolg. »Wenn dir Laufen keinen Spaß macht, wird es schwer, an die Spitze zu kommen«, so die Vizeweltmeisterin von 2022. »Laufen ist so wichtig, dass du zumindest ein bisschen Spaß daran haben musst, sonst machst du es halbherzig.«

Du wirst im Rennen acht Runs von je einem Kilometer Länge absolvieren, hinzu kommt das Hin- und Herlaufen zu den Geräten in der Roxzone, was in Summe noch mal einen guten halben Kilometer ausmacht. Falls du bereits Lauferfahrung besitzt und den einen oder anderen Halbmarathon oder 10K-Lauf hinter dir hast, dann dürfte das Training für diese Distanz kein Problem für dich darstellen. Wenn du an längere Läufe allerdings nicht gewöhnt bist, dann solltest du dich im Training besser langsam steigern. Läufst du zu früh zu viel, riskierst du Verletzungen – insbesondere dann, wenn dein Körper von all den anderen intensiven Workouts bereits geschwächt ist. Dein Körper muss sich an die enorme Belastung langer Runs für Gelenke und Muskulatur erst langsam gewöhnen. Ein entsprechendes Fundament aufzubauen, dauert laut HYROX-Coach Storath mindestens vier Monate. Zum Vergleich: Superstar Hunter McIntyre hat in seinem Leben schon zwischen 40 000 und 50 000 Laufkilometer absolviert.

Deine Laufeinheiten sollten aus langsamen Dauerläufen bei 60 bis 70 Prozent deiner maximalen Herzfrequenz sowie kürzeren, intensiveren Einheiten wie Sprints und Intervallen bestehen, bei denen deine Herzfrequenz während der Belastungsphasen bei 85 bis 95 Prozent des Maximalwerts liegt. Je näher das Rennen rückt, umso HYROX-spezifischer solltest du auch dein Lauftraining gestalten, indem du etwa Intervalle mit deinem beabsichtigten Renntempo absolvierst. Das müssen nicht unbedingt achtmal 1000 Meter sein. Laufspezialistin Linda Meier etwa variiert ihre Intervalle und läuft gern fünf- bis sechsmal 1000 Meter, aber auch mal 16-mal 400 Meter. Einen längeren Lauf pro Woche solltest du außerdem stets einplanen, um deine Grundlagenausdauer auf einem guten Niveau zu halten. Dieser lange Lauf sollte laut HYROX-Coach Storath stets etwas länger sein als die geplante HYROX-Zielzeit. Wer 1:20 Stunde schaffen will, sollte also 1:30 Stunde trai-

SO ERMITTELST DU DEINE MAXIMALE HERZFREQUENZ (HFMAX)

Dein persönlicher HFmax-Wert ist wichtig, um den idealen Pulsbereich für deine Trainingseinheiten zu bestimmen. Es gibt verschiedene Möglichkeiten, deine maximale Herzfrequenz zu ermitteln. Die einfachste (aber ungenauste) ist folgende Formel:

220 minus Lebensalter in Jahren = HFmax

Bei dieser Formel werden verschiedene wichtige Faktoren wie Fitnessstand, Körpergewicht oder Erholungsgrad nicht berücksichtigt, weshalb du damit lediglich einen groben Richtwert erhältst. Mit diesem Richtwert kannst du als ambitionierter Hobbyathlet prima arbeiten. Profis sollten ihre HFmax aber genauer ermitteln, etwa mithilfe einer modernen Pulsuhr, eines Functional-Threshold-Power-Tests, bei dem du 20 Minuten lang auf einem Ergometer Vollgas gibst, oder durch eine Leistungsdiagnostik.

nieren. Linda Meier rät zu 15 bis 17 Kilometern bei ganz moderatem Tempo. Storath lässt seine Klienten mindestens 25 Laufkilometer pro Woche absolvieren, einen Teil davon auf dem Ergometer. Das schont die Gelenke und entlastet den Körper, was die Verletzungsgefahr minimiert. Denn auch wenn HYROX natürlich ein Endurance-Event ist und die Hälfte jedes Rennens aus Laufen besteht, heißt das nicht, dass dein Ausdauertraining ausschließlich aus Laufen bestehen muss. Viele Profis nutzen für ihre langen aeroben Einheiten sogar ausschließlich Fahrradergometer oder Rudergeräte und laufen nur in ihren kurzen, schnellen Einheiten.

Mehr Speed durch Intervallläufe und Sprints

Deine HYROX-Vorbereitung sollte aus zwei verschiedenen Formen des Lauftrainings bestehen: aus moderat intensiven Dauerläufen im niedrigen Pulsbereich, mit denen du deine Grundlagenausdauer schulst und deinen Körper an lange Belastungen jenseits von einer Stunde gewöhnst, und aus kurzen, hochintensiven Läufen im hohen Pulsbereich, mit denen du dein Tempo verbesserst und die Schwelle zwischen aerobem und anaerobem Training nach oben verschiebst, sodass du im Wettkampf länger mit hoher Intensität arbeiten kannst, bevor deine Muskulatur übersäuert. Um deine HYROX-Zeit zu verbessern, solltest du auf Intervallläufe also auf keinen Fall verzichten.

Beim Intervalltraining wechseln sich schnelle Läufe mit hoher Intensität und langsame Trabphasen ab. Die Trabphasen bilden die Erholungspausen und sind stets kürzer als die Belastungsphasen. Lass dich vom Wort »Erholungspausen« aber nicht täuschen, denn diese Trabphasen sind bewusst kurz gehalten und reichen nicht aus, um dich vollständig zu erholen. So wird dein Körper gezielt in eine Sauerstoffschuld gezwungen, wodurch dein aerober Energiestoffwechsel mit der Zeit effizienter arbeitet und sich deine anaerobe Schwelle nach oben verschiebt. Die Dauer der Belastungsphasen ist abhängig von deinem Ziel und dem angestrebten Tempo. Denn: Wichtig ist, dass du dein angestrebtes Tempo während aller Belastungsphasen beibehältst und nicht langsamer wirst. Im ersten Durchgang, wenn du noch erholt bist, wird dir das natürlich leichter fallen als im letzten Durchgang. Als Gradmesser für dein optimales Tempo dient deine angepeilte HYROX-Rundenzeit für einen 1000-Meter-Run. Bei 1000-Meter-Intervallen solltest du diese Zeit verwenden, bei kürzeren Intervallen entsprechend etwas weniger. Falls du nicht einschätzen kannst, welche Zielzeit für dich realistisch ist, nimm vorher an einem 10K-Lauf teil, die regelmäßig in ganz Deutschland stattfinden, oder laufe einfach privat 10 Kilometer. Dein Durchschnittstempo ist eine realistische HYROX-Rundenzeit.

Am besten machst du deine Intervallläufe auf einer Laufbahn, da diese in der Regel genormt und auf dem inneren Ring genau 400 Meter lang sind. So lassen sich deine Lauf- und Trabphasen einfacher timen. Bei der Struktur deiner Intervalle sind deiner Fantasie grundsätzlich keine Grenzen gesetzt, wichtig ist nur, dass deine Intervalleinheit insgesamt nicht länger als 20 bis 30 Minuten ist. Danach wirst du nämlich zu erschöpft sein, um dein Zieltempo noch halten zu können. Folgende Kombinationen sind für eine HYROX-Vorbereitung sinnvoll. Es sind aber auch andere Kombinationen denkbar:

- 20 x 200 Meter Tempo, 100 Meter Trab
- 6 bis 12 x 400 Meter Tempo, 200 Meter Trab
- 5 bis 10 x 800 Meter Tempo, 400 Meter Trab
- 4 bis 8 x 1000 Meter Tempo, 400 Meter Trab

Neben Intervallläufen solltest du auch kurze Sprints von höchstens 100 Metern Länge in deine Tempoeinheiten einbauen. Denn: Bei längeren Intervallläufen kannst du nicht dein maximales Tempo geben. In Sprints schon. Absolviere nach dem Aufwärmen einfach fünf Sprints á 20 Sekunden, mache dazwischen aber ausreichend lange Pausen von drei bis vier Minuten. Im Anschluss kannst du noch ein paar moderat-intensive Intervallläufe dranhängen.

Der Zweck von Tempoläufen ist, nicht nur an deiner Schnelligkeit zu arbeiten, sondern auch deine anaerobe Schwelle nach oben zu verschieben. Wie bereits erläutert, kannst du nur im aeroben Bereich über lange Zeiträume hinweg leistungsfähig sein, also maximal mit »Schwellentempo« laufen – der Geschwindigkeit, die gerade unterhalb der anaeroben Schwelle liegt. Verschiebst du deine anaerobe Schwelle jedoch nach oben, kannst du intensiver trainieren, ohne den aeroben Bereich zu verlassen. Im Rennen wirst du die anaerobe Schwelle beim Laufen aufgrund der zusätzlichen Belastung durch die Workout-Stationen schneller erreichen als im reinen Lauftraining. Deshalb ist gezieltes Schwellentraining in Form von Intervallläufen und Sprints ein wichtiger Bestandteil deiner Vorbereitung – genauso wie das sogenannte Compromised Running.

Compromised Running

Wie zu Beginn des Kapitels bereits erwähnt, ist eine Besonderheit bei HYROX, dass sich aerobe und anaerobe Belastung ständig abwechseln. Es wird deshalb nicht ausreichen, nur reine Laufeinheiten zu absolvieren, in denen du zwischen deinen 400- oder 1000-Meter-Tempoläufen locker traben und deinen Puls zumindest ein bisschen runterbringen kannst. Im Rennen wirst du diese 1000 Meter nämlich nach brutalen Stationen wie Sled Push oder Lunges laufen müssen, die Lunge, Muskulatur und nicht zuletzt den »inneren Schweinehund« enorm fordern. Du beginnst deine Runs also bereits erschöpft, was einen ganz massiven Unterschied ausmacht. Deine Muskulatur wird nach den Workout-Stationen erschöpft und mit Blut vollgepumpt sein, wodurch Arme und Beine schwer werden. Hinzu kommt die psychologische Herausforderung, erschöpft und mit brennenden Muskeln zu laufen. Deshalb ist es wichtig, dass du das sogenannte Compromised Running (auf Deutsch etwa »erschöpft laufen«) trainierst und deinen Körper an Runs mit schweren Beinen gewöhnst, etwa durch kombinierte Einheiten mit aerober und anaerober Belastung.

Compromised-Running-Einheiten bestehen aus Läufen, denen eine oder mehrere andere Aktivitäten vorausgehen. Bei gleichbleibender Intensität der Läufe wird deine Zeit dabei spürbar schlechter werden. Vereinfacht gesagt: Du wirst dich fühlen wie bei einem Tempolauf, deine Zeiten werden aber an einen Dauerlauf erinnern. Es gibt mehrere Varianten von Compromised-Running-Training: kurze, intensive Einheiten, mit denen du an deinem Tempo arbeitest, und längere, weniger intensive Einheiten im aeroben Bereich. Hier ein paar Beispielworkouts:

Tempoworkout
4 Runden
1200 Meter Run (mit Schwellentempo)
1:30 Minute Burpees

Powerworkout
5 Runden
50 Meter Sled Push (mit 80 Prozent des HYROX-Gewichts)
800 Meter Run

oder

3 Runden
40 Meter Sled Push (mit HYROX-Gewicht)
500 Meter Run (mit Renntempo)

Aerobes Workout
90 Minuten
2000 Meter Rudern
1600 Meter Run
2000 Meter Ski Erg
1500 Meter Run

Führe Compromised-Running-Workouts möglichst ohne Pausen aus. Jede noch so kleine Unterbrechung, in der du durchatmen oder die Beine ausschütteln kannst, trägt dazu bei, bei den Runs weniger erschöpft zu sein. Ziel dieser Workouts ist es aber, bei den Läufen so erschöpft wie möglich zu sein. Diese Einheiten werden brutal – dafür werden dir die Runs im Wettkampf etwas leichter fallen.

Idealerweise solltest du deine Compromised-Running-Workouts HYROX-spezifisch gestalten, also die Art der Übungen sowie Trainingswiderstand, Wiederholungen und Distanzen auf das anstehende Rennen zuschneiden. Grundsätzlich kannst du aber alles Mögliche mit Läufen kombinieren, zum Beispiel Squats oder Push-ups. Aber weil eben diese Art von Training so HYROX-spezifisch ist, neigen viele Athleten dazu, in ihrer Vorbereitung zu stark darauf zu setzen. Tu das nicht! Eine bis maximal zwei Compromised-Running-Einheiten pro Woche genügen völlig. Compromised

Running ist wichtig, denn es macht dich zäher – aber du wirst davon weder stärker noch schneller. Ebenso wichtig ist es deshalb, in isolierten Einheiten gezielt an deiner Kraft, Ausdauer und Kraftausdauer zu arbeiten. Auch von kompletten HYROX-Simulationen über die volle Renndistanz von acht Kilometern (beziehungsweise achtmal 1000 Metern) raten praktisch alle Experten ab, die Belastung wäre für den Körper einfach zu groß. So etwas solltest du höchstens ein- bis maximal zweimal in deiner Vorbereitung tun und anschließend ausreichend regenerieren (siehe hierzu Seite 149). Simuliere stattdessen nur einen partiellen HYROX-Lauf, zum Beispiel drei Stationen plus drei Runs (ähnlich wie in den Beispielworkouts beschrieben), oder absolviere vor deiner Laufeinheit einfach eine kurze Krafteinheit.

Wie viele Laufeinheiten du pro Woche absolvierst, ist individuell verschieden und hängt von deinem Trainingsfokus ab, der wiederum von deiner Erfahrung, deinem Trainingsstand, deiner Trainingsphilosophie und natürlich deinem Zeitbudget bestimmt wird. Profi Lukas Storath etwa schrubbt neben seiner Teilzeitstelle bei der Polizei noch zehn Trainingseinheiten pro Woche mit fünf bis sechs Laufeinheiten. Laufspezialistin Linda Meier dagegen ist voll berufstätig und macht sechs Trainingseinheiten pro Woche, darunter zwei Laufeinheiten – eine Intervalleinheit und ein langer Lauf – und ein HYROX-spezifischer Mix aus Runs und Fitnessübungen.

EINZELKÄMPFER VERSUS TEAMPLAYER

Ob du allein oder in der Gruppe trainierst, hängt ganz von deinen persönlichen Vorlieben ab. Wenn es dich motiviert, dich mit anderen zu messen, dann sind Einheiten in der Gruppe durchaus sinnvoll. Lukas Storath pusht sich vor allem auf der Laufstrecke gern mit starken Läufern. Andere wiederum trainieren lieber allein. Schwere Kraftübungen solltest du aber in jedem Fall mit einem Partner ausführen. Und wenn du im Double oder Relay startest, solltest du mit deinen Teamkollegen zumindest einmal gemeinsam trainiert haben, um die Koordination untereinander abzustimmen.

Strength Training

Krafttraining ist ein weiterer wichtiger Bestandteil deiner HYROX-Vorbereitung. Besonders die schweren Schlitten lassen sich nur bewegen, wenn du über ein gewisses Kraftfundament verfügst. Aber auch für alle anderen Stationen benötigst du ein Mindestmaß an Power. (Tipps zum Bezwingen der Schlitten und aller anderen Workout-Stationen findest du in Kapitel 2 ab Seite 40.) Wenn du wenig Vorerfahrung in anderen Sportarten besitzt oder ein Ausdauersportler bist, ist es deshalb wichtig, zunächst einmal ordentlich Kraft aufzubauen. Und selbst wenn du aus dem Kraftsportbereich kommst, kann es nicht schaden, deine Kraftwerte noch zu steigern. Denn wie sagt der amtierende Weltmeister Hunter McIntyre so schön? »Mit Bizeps gewinnt man Rennen!«

Um Kraft aufzubauen, musst du vor allem schwere Grundübungen wie Bench Press, Squat, Deadlift, Overhead Press und Pull-up ausführen, und zwar mindestens einmal pro Woche. Diese reinen Krafttrainings unterscheiden sich von Kraftausdauer-Workouts und HYROX-spezifischen Einheiten, in denen du später die entsprechenden Workout-Stationen und den Wechsel zwischen Kraft und Ausdauer simulierst (mehr dazu in den folgenden Abschnitten »Strength Endurance Training« ab Seite 93 und »HYROX-spezifisches Training« ab Seite 98). Beim Krafttraining arbeitest du mit 85 bis 100 Prozent deiner Maximalkraft und absolvierst wenige Wiederholungen mit hohen Gewichten. Konkret bedeutet das für HYROX-Athleten: Pro Übung führst du insgesamt weniger als zehn Gesamtwiederholungen in allen Sätzen aus. Also etwa drei Sätze á drei Wiederholungen Squats oder vier Sätze á zwei Wiederholungen Deadlifts. So kannst du mit maximal hohem Widerstand arbeiten und das Gesamtvolumen des Trainings wird trotzdem nicht zu hoch, was deinen Körper für den Rest der Workouts zu sehr schwächen würde. Weil die muskuläre Belastung bei derart schwerem Training sehr hoch ist, darfst du zwischen den Sätzen lange pausieren – drei bis fünf Minuten. Wichtig: Bei Grundübungen mit schweren Gewichten solltest du stets mit einem Partner zusammenarbeiten, der deine Ausführung überwacht und gegebenenfalls eingrei-

SO BESTIMMST DU DEINE MAXIMALKRAFT

Maximalkraft bezeichnet die größtmögliche Kraft, die ein Muskel (oder eine Muskelgruppe) gegen einen Widerstand erbringen kann. Im Fitnessbereich spricht man vom Repetition Maximum (RM), 1RM bezeichnet das Gewicht, mit dem du nur eine einzige saubere Wiederholung einer bestimmten Übung schaffst. Dieser Wert entspricht deiner Maximalkraft. Sie wird durch die Größe der beteiligten Muskeln sowie durch die Anzahl und das Zusammenspiel der aktivierten Muskelfasern bestimmt. Diese intramuskuläre Koordination kann durch Basiskrafttraining verbessert werden. Um deine Maximalkraft zu bestimmen, gibt es zwei Möglichkeiten:

1. **Du probierst aus, mit wie viel Gewicht du eine saubere Wiederholung schaffst.** Diese Methode ist besonders für Einsteiger nicht (!) zu empfehlen, da das Verletzungsrisiko dabei nicht unerheblich ist. Du solltest sie außerdem **ausschließlich** mit einem erfahrenen Partner ausprobieren, der dich im Notfall beim Stemmen des Gewichts unterstützen kann. Wärme dich vorher unbedingt ausreichend auf!
2. **Du berechnest deine Maximalkraft mithilfe des sogenannten Wiederholungsmaximums.** Diese Methode ist deutlich sicherer als die erste. Verwende ein Gewicht, mit dem du 20 saubere Wiederholungen schaffst. Anschließend kannst du deine Maximalkraft anhand folgender Tabelle berechnen:

Wiederholungen	% der Maximalkraft
1	100
2	95
3–4	90
5–6	85
7–8	80
9–10	75
11–13	70
14–16	65
17–20	60

fen kann, falls du eine Wiederholung nicht schaffst; sonst drohen schwerste Verletzungen!

Du solltest dir darüber im Klaren sein, dass der Aufbau von Kraft in der Regel mehrere Monate erfordert, insbesondere wenn du bereits über ein gewisses Fundament verfügst oder grundsätzlich schwerer Kraft aufbaust, etwa weil du schon älter bist. Falls du gerade erst mit dem Krafttraining beginnst, wirst du dagegen schnell größere Fortschritte spüren. An deinen Kraftwerten solltest du also immer arbeiten, auch außerhalb deiner HYROX-Vorbereitung. In den zwölf Wochen vor dem Rennen kannst du nur ein gewisses Grundfundament schaffen und deinen Körper mithilfe der Kraftworkouts an die enorme Belastung des Wettkampfs gewöhnen. Du wirst aber nicht vom Lauch zum Hunter McIntyre werden – dessen erstaunliche Kraftwerte sind das Ergebnis von jahrelangem Training (und jeder Menge Holzhacken in den Bergen von Montana, wie er im Interview auf Seite 12 verrät).

Schnellkraft

Während Maximalkrafttraining darauf abzielt, ein möglichst hohes Gewicht bewältigen zu können, geht es beim Schnellkrafttraining darum, einen größtmöglichen Impuls zu erzeugen. Du trainierst also deine Fähigkeit, eine Bewegung so schnell und explosiv wie möglich auszuführen, sodass du etwa den Medizinball an der Wall-Balls-Station maximal beschleunigen kannst, damit er höher fliegt. Man unterscheidet zwischen azyklischen (einmaligen) und zyklischen (mehrmaligen) Bewegungsimpulsen, Letztere sind für deine HYROX-Vorbereitung wichtig. Trainiert wird mit 8 bis 15 Wiederholungen und mittlerem Gewicht. Wichtig ist, dass du den positiven Teil der Bewegung so explosiv wie möglich ausführst und den negativen Teil langsam.

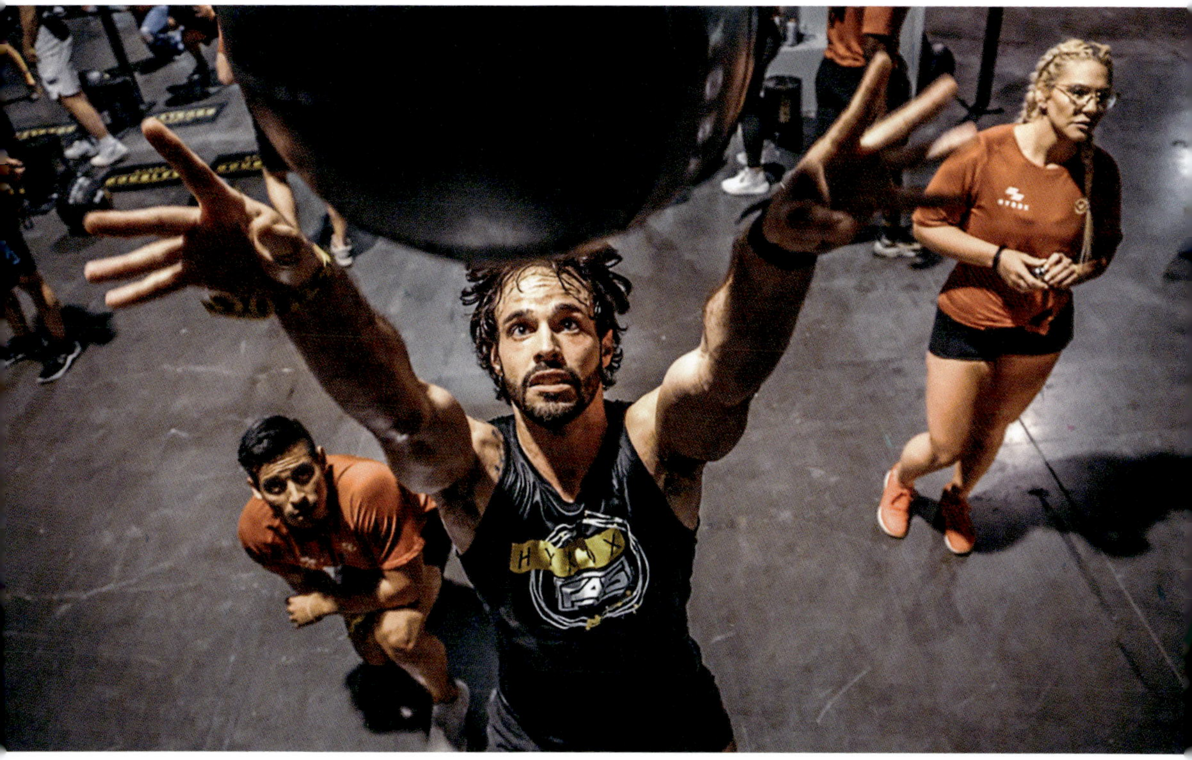

Muskelaufbau

Dich nur mit reinen Bodybuilding-Workouts auf HYROX vorzubereiten, wäre keine gute Idee. Denn im Bodybuilding steht der Aufbau von Muskulatur im Vordergrund, nicht zwingend der Aufbau von Kraft und auf keinen Fall das Verbessern deiner Ausdauer, da zu viel Cardiotraining dem Muskelaufbau entgegenwirken würde (weshalb Functional-Fitness-Athleten in der Regel auch weniger massig sind als Bodybuilder). Dennoch kann es nicht schaden, ab und an eine Hypertrophieeinheit für Muskelaufbau einzuschieben, in der du deine Muskeln auch mal isoliert trainierst (etwa die Schultern oder Arme) und im mittleren Wiederholungsbereich von acht bis zwölf arbeitest. Lukas Storath tut das vor allem in der Off-Season, um zwei, drei Kilo Muskelmasse zuzulegen, von denen er bei Powerübungen wie Sled Push profitiert. Auch Linda Meier trainiert ab und zu ganz klassisch, einfach weil es ihr

Spaß macht. Der psychologische Faktor Spaß ist für Motivation und Trainingserfolg nicht zu unterschätzen. Eine solche Einheit sorgt außerdem für Abwechslung und setzt neue Reize in Muskulatur und Nervensystem.

Idealerweise besteht ein solches Muskelaufbau-Workout aus einer großen Verbundübung wie Squat, Bench Press oder Deadlift plus vier bis fünf weiteren Übungen, unter denen auch Isolationsübungen wie Bizeps-Curl oder Beinstrecken sein können. Absolviere von der Verbundübung sechs bis zehn Wiederholungen, von den Isolationsübungen acht bis zwölf. Baue solche Einheiten eher in der ersten Hälfte deiner HYROX-Vorbereitung ein und führe nur maximal eine Einheit alle zwei Wochen durch.

Die wichtigsten Powerübungen

Wenn du aus dem Fitnesssport kommst und regelmäßig das Gym besuchst, dann sollten dir die »Big Three« längst ein Begriff sein: Die Grundübungen Bankdrücken (Bench Press), Kreuzheben (Deadlift) und Kniebeuge (Squat). Sie sind gewissermaßen die Heilige Dreifaltigkeit des Krafttrainings und in Kombination sogar eine eigene Wettkampfdisziplin, der Kraftdreikampf (Powerlifting). Es handelt sich bei dem Trio um Verbundübungen, bei denen also mehrere Gelenke und Muskeln zusammenarbeiten, um das Gewicht zu bewältigen (im Gegensatz zu Isolationsübungen wie etwa dem Bizeps-Curl, bei denen nur ein Gelenk und eine oder wenige Muskelgruppen beteiligt sind). Aus diesem Grund lassen sich dabei besonders hohe Gewichte bewegen und damit besonders viel Kraft aufbauen, weshalb sie das Fundament deines Krafttrainings bilden sollten.

Neben den großen Drei gibt es noch weitere Verbundübungen, die in deinen Workouts nicht fehlen sollten, wie Overhead Press (Schulterdrücken, Military Press) oder Pull-up. In diesem Abschnitt stellen wir dir die wichtigsten Powerübungen für deine HYROX-Vorbereitung und ihre Ausführung vor.

Bench Press

1. Lege dich mit dem Rücken auf eine Bank. Stelle die Füße hüftbreit geöffnet und fest auf dem Boden auf. Dadurch generierst du Kraft, um die Hantel später explosiv nach oben zu drücken. Ziehe die Schulterblätter zurück, um ein natürliches Hohlkreuz zu erzeugen, wodurch du stabiler liegst. Versuche, die Langhantel mit beiden Händen zu »verbiegen«, wenn du sie aus der Halterung hebst. Dadurch spannst du deinen Latissimus an, der stark an der Übung mitwirkt, und es hilft dir, deine Ellenbogen eng am Körper zu lassen. Senke die Hantel bis kurz unterhalb deiner Brustwarze ab.

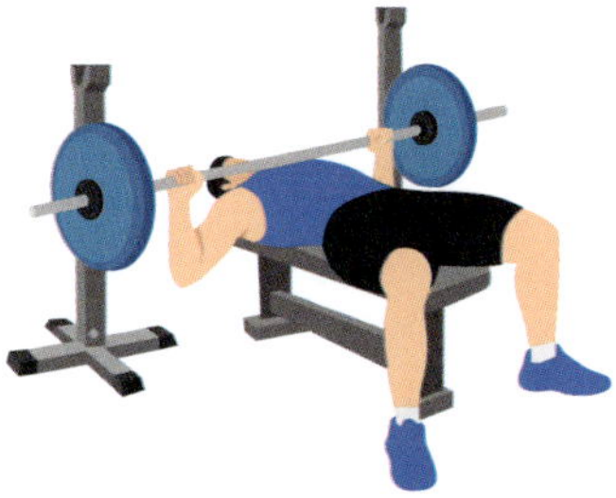

2. Atme während des Absenkens tief in den Bauch, um Stabilität in Hüfte und Wirbelsäule zu schaffen und das Risiko einer Bandscheibenverletzung zu minimieren. Drücke die Hantel kraftvoll nach oben, bis die Ellenbogen fast komplett gestreckt sind, und senke sie anschließend langsam wieder ab.

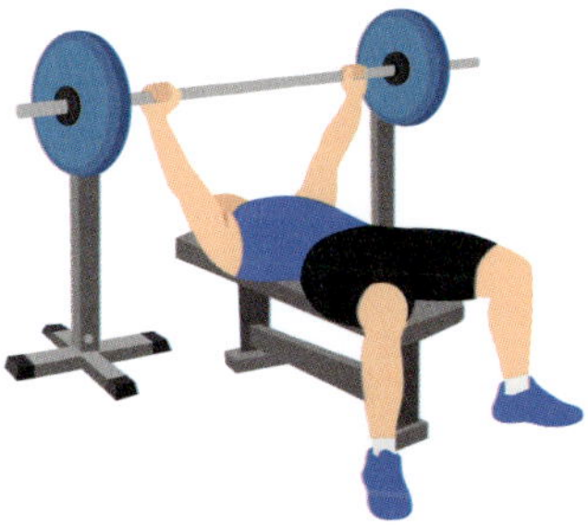

Das bringt's

- Kräftigt Brustmuskeln, großen Rückenmuskel (Latissimus), Schultermuskeln, Trizeps und Handbeuger.
- Schwere Drückübungen können deine Leistung bei Sled Push und Wall Balls verbessern.

Deadlift

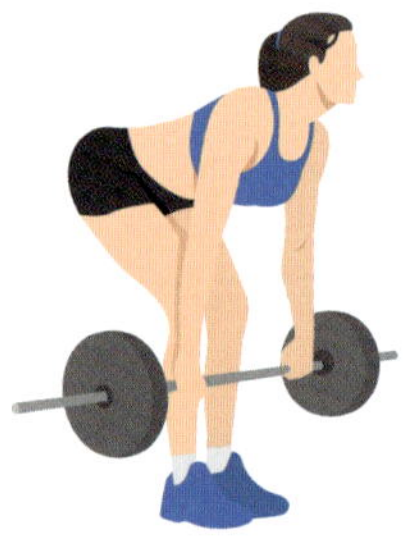

1. Platziere eine Langhantel vor dir auf dem Boden. Greife die Hantel so, dass sich die Hände direkt neben den Knien befinden, die Arme sind gestreckt, die Füße stehen in schulterbreitem Abstand zueinander unterhalb der Stange. Senke das Gesäß nach hinten ab, beuge die Knie und strecke die Brust raus. Der Rücken ist gerade. Hole tief Luft, spanne den gesamten Körper an und nimm die Langhantel auf, indem du dich über die Fersen abdrückst und dich komplett in den Stand aufrichtest. Die Stange wird dabei nah am Körper geführt. Atme während der Bewegung aus und achte auf einen geraden Rücken und gestreckte Arme.

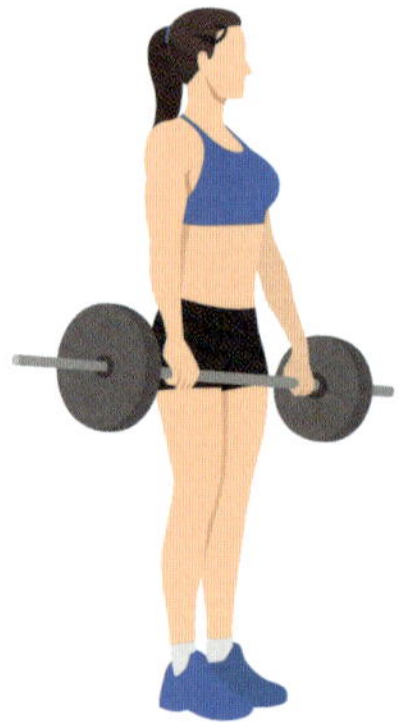

2. Behalte in der aufrechten Position die Spannung in Core und Gesäß bei. Senke mit dem Einatmen die Hantel langsam bis knapp unterhalb der Knie ab. Dabei beugst du die Knie leicht und schiebst das Gesäß weit nach hinten. Die Arme bleiben während der gesamten Bewegung gestreckt, der Rücken ist gerade und der Nacken lang. Achte beim Aufrichten wieder darauf, dass du die Stange nah am Körper führst.

Das bringt's

- Kräftigt die Rumpfmuskeln, insbesondere die Rückenmuskulatur, Gesäßmuskeln, Hamstrings, Unterarme und verbessert die Griffkraft.
- Kreuzheben kann deine Leistung bei Ski Erg, Sled Pull, Rowing, Sandbag Lunges und Farmer's Carry verbessern.

Squat

1. Platziere die Langhantel auf einer für dich passenden Höhe im Rack und nimm darunter einen aufrechten, etwas weiter als schulterbreiten Stand ein. Positioniere dich so, dass sich die Hantel nicht auf deinem Nacken, sondern auf Trapezmuskel und Schultern darunter befindet, und greife sie mit beiden Händen. Hebe die Hantel aus dem Ständer und gehe einen Schritt nach hinten. Spanne deinen Rumpf an, um genügend Stabilität im Oberkörper zu haben, und halte den Rücken gerade.

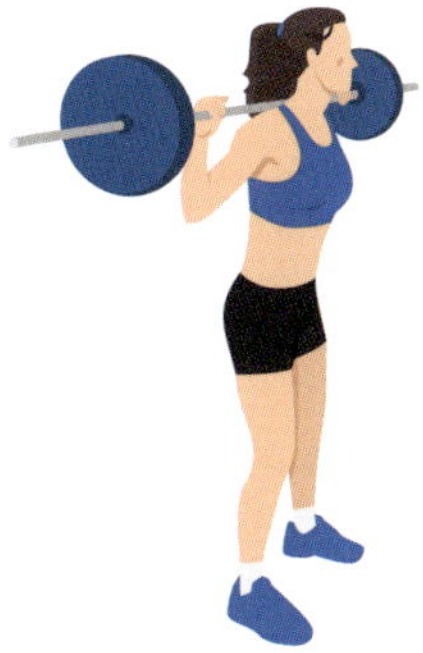

2. Senke dein Gesäß in Richtung Boden ab, indem du deine Knie beugst und den Oberkörper leicht nach vorn neigst. Atme dabei tief ein, um deinen Rumpf zu stabilisieren. Achte die gesamte Zeit über auf einen geraden Rücken. Deine Knie sollten in dieselbe Richtung wie deine Füße zeigen. Lasse die Fersen fest auf dem Boden. Stoppe die Bewegung, sobald deine Oberschenkel waagerecht sind, und drücke dich explosiv zurück in den Stand.

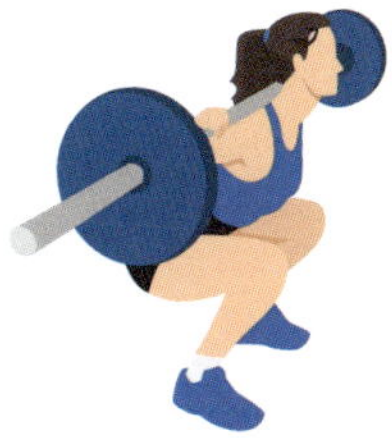

Das bringt's

- Kräftigt vordere und hintere Oberschenkelmuskulatur (Quadrizeps und Hamstrings), Adduktoren, Gesäßmuskeln und Rückenstrecker.
- Schweres Beintraining kann deine Leistung bei Sled Push und Pull, Burpee Broad Jumps und Sandbag Lunges verbessern.

Overhead Press

1. Platziere die Langhantel im Rack und stelle dich aufrecht vor die Stange. Sie sollte etwa auf Brusthöhe sein. Greife die Stange etwas weiter als schulterbreit, komme etwas unter die Stange, die Knie sind jetzt leicht gebeugt, schiebe die Ellenbogen nach unten und leicht nach vorn, sodass die Stange auf Schulterhöhe an deiner Brust liegt. Hebe sie aus dem Rack und mache einen Schritt nach hinten. Die Stange liegt jetzt in deinen Händen, die Ellenbogen zeigen so weit wie möglich nach vorn.

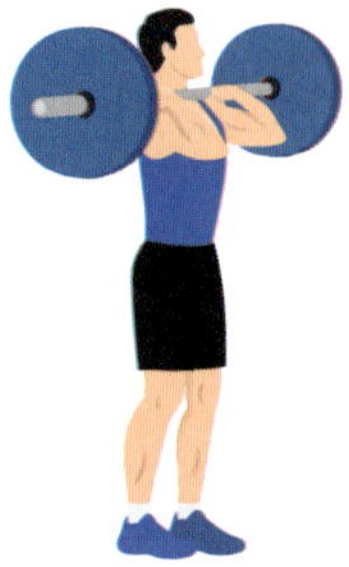

2. Hole tief Luft. Atme kraftvoll aus und drücke gleichzeitig das Gewicht über deinen Kopf, sodass die Arme gestreckt sind. Vermeide dabei ein Hohlkreuz und spanne Rücken- und Rumpfmuskulatur an, um stabil zu stehen. Senke die Hantel anschließend langsam wieder auf Schulterhöhe ab.

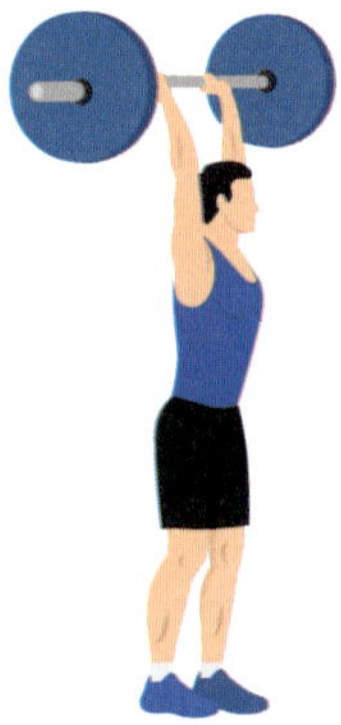

Das bringt's

- Kräftigt vordere, mittleren und hinteren Schultermuskel, Trizeps und oberen Anteil des Trapezmuskels.
- Drückübungen können deine Leistung bei Sled Push und Wall Balls verbessern.

Hinweis: Wenn du ohne Rack trainierst, solltest du als Zwischenbewegung den Clean, also das explosive Anreißen und Umsetzen, beherrschen, um die Stange vorn auf den Schultern abzulegen.

Pull-up/Chin-up

1. Greife eine Klimmzugstange entweder etwas weiter als schulterbreit von oben (für Pull-ups) oder schulterbreit von unten (für Chin-ups) und lasse dich mit gestreckten, angespannten Armen frei hängen.

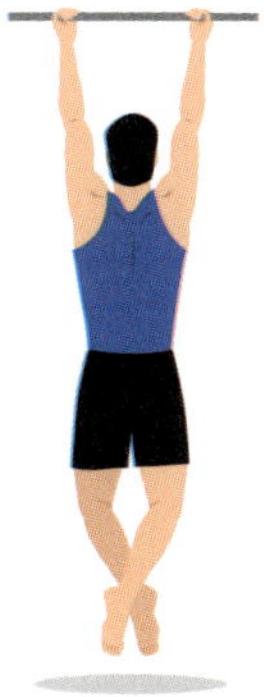

2. Spanne deinen Körper an und ziehe dich mit der Kraft deiner Rücken- und Armmuskulatur nach oben, bis dein Kinn die Stange passiert hat. Atme dabei aus. Senke dich langsam wieder ab, aber halte die Spannung in der Rückenmuskulatur, vor allem im Latissimus, dem großen Rückenmuskel. Atme dabei ein.

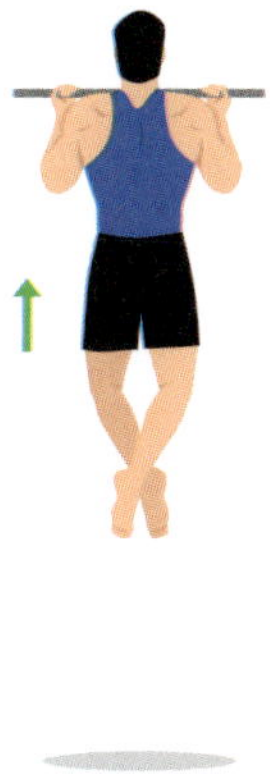

Das bringt's

- Kräftigt Latissimus, Trapezius, mittleren und hinteren Schultermuskel, Bizeps, Unterarme und verbessert die Griffkraft.
- Klimmzüge können deine Leistung bei Ski Erg, Sled Pull, Rowing und Farmer's Carry verbessern.

WEITERE ÜBUNGSVORSCHLÄGE

Es existieren unzählige weitere Bein-, Zug- und Drückübungen, die sich für das HYROX-Training eignen. Sie an dieser Stelle alle zu detailliert zu beschreiben, würde den Rahmen dieses Buchs sprengen. Online finden sich jedoch viele gut gemachte Übungsbeschreibungen. Eine Auswahl sinnvoller Übungen sind diese hier:

Beine	Pull	Push
» Bulgarian Split Squat » Front Squat » Lunges	» Langhantel-Rudern » Kurzhantel-Rudern » T-Hantel-Rudern	» Incline Bench Press » Dumbbell Press » Close-grip Bench Press

Workouts planen

Nachdem du nun die wichtigsten Powerübungen kennengelernt hast, erfährst du in diesem Abschnitt, wie du daraus effektive Workouts zusammenstellst. Einfach alle Übungen nacheinander durchzuziehen, ist nicht empfehlenswert, die körperliche Belastung bei einem solchen Gesamtvolumen wäre schlicht so hoch, dass du für deine anderen Workouts kaum noch Energie hättest. In unserem Beispielworkout beginnst du deshalb mit einer Hauptübung, die du mit maximal schwerem Gewicht und niedrigen Wiederholungszahlen ausführst. Anschließend folgt je eine Hilfsübung für Push und Pull mit etwas moderaterem Gewicht und höheren Wiederholungszahlen sowie je eine Übung für den Core und eine für die Griffkraft. Dein Core sorgt für Stabilität im Rumpf und damit im gesamten Körper. Er ist bei allen Stationen unerlässlich und kann vor allem beim Schlitten ein echter Gamechanger sein, so HYROX-Coach Storath. Griffkraft brauchst du vor allem für die Farmer's Carrys, aber auch für Sled Pull, Rowing und Ski Erg.

Im Idealfall kannst du zwei Krafteinheiten in deiner Trainingswoche unterbringen. Du würdest dann jede Einheit mit einer anderen Hauptübung beginnen und auch die anschließenden Hilfsübungen variieren. Auf diese Weise beanspruchst du deinen Körper möglichst umfassend und sorgst für die nötige Abwechslung. Falls du nur eine Krafteinheit pro Woche schaffst, absolvierst du die beiden Hauptübungen im wöchentlichen Wechsel (Woche A: Deadlift, Woche B: Squat). Als Hauptübungen haben wir Deadlift und Squat gewählt, weil HYROX vor allem die Beine und die Zugkraft im Oberkörper fordert. Wähle von den Hilfsübungen in der folgenden Tabelle jeweils eine pro Einheit aus.

Hauptübung	Deadlift oder Squat	maximal 10 Wdh. Insgesamt (z. B. 3 x 3, 4 x 2, 5 x 2 oder 3 x 2 + 2 x 1)	
Hilfsübung 1: Push	Bench Press oder Overhead Press	2–3 Sätze	8–15 Wdh.
Hilfsübung 2: Pull	Pull-up oder Chin-up	2–3 Sätze	8–15 Wdh.
Core	Med Ball Sit-up oder Crunch	2–3 Sätze	10–20 Wdh.
Griffkraft	Maxhangs	3–5 Sätze	10 Sek. Hängen, 2–3 Min. Pause

Du kannst auch andere Übungen für Push, Pull und Core wählen, die nicht in der Tabelle aufgeführt sind. Wichtig ist nur, dass es sich bei Push und Pull um Verbundübungen handelt (etwa Barbell Rows für Pull und Dips für Push). Es ist wichtig, dass du viel variierst, um deinen Körper ständig neu zu stimulieren. Dennoch sollten Pull-ups und Chin-ups eine regelmäßig wiederkehrende Konstante in deinen Workouts sein, da sie gleichzeitig Zug- und Griffkraft trainieren und dich dadurch perfekt auf Übungen wie Ski Erg, Sled Pull, Rowing und Farmer's Carry vorbereiten. Bei den Maxhangs lässt du dich mit gestreckten Armen von einer Klimmzugstange herabhängen, und zwar jeweils für zehn Sekunden. Falls dir das zu leichtfällt, nutze ein Zusatzgewicht, etwa indem du einen entsprechenden Gewichtsgürtel verwendest oder dir eine Kurzhantel zwischen die Füße klemmst. Weil das Hängen an der Klimmzugstange den meisten recht leichtfallen dürfte, raten wir zum sogenannten Towel Hang, bei dem du ein Handtuch um die Stange schlingst und dich an beiden Enden festhältst. Diese Grifftechnik ähnelt auch eher der beim Sled Pull. Pausiere nach jedem Hang zwei bis drei Minuten, damit du genügend Griffkraft für den nächsten Satz hast. Falls du nicht so lange warten willst, kannst du die Hangs auch abwechselnd mit der Push-Übung ausführen.

Strength Endurance Training – Kraft und Ausdauer

Bei HYROX kommt es nicht nur auf Ausdauer und Kraft, sondern vor allem auch auf Kraftausdauer an, denn spätestens bei der zweiten Station – dem Sled Push – dürften deine Muskeln beginnen zu brennen. Wenn dein Körper bislang nur 30 Sekunden lange Sätze Bench Press und 40 Sekunden lange Sätze Squats gewohnt war, wirst du an den Stationen schnell einbrechen. Die Bestzeit für 1000 Meter Ski-Erg liegt aktuell bei 44 Sekunden, für Sled Push bei gut 1:09 Minute, für Wall Balls sogar bei 1:29 Minute. Hinzu kommt, dass du nach den Stationen nicht pausieren kannst, wie nach einem regulären Satz im Gym, sondern direkt auf die Laufstrecke musst – und danach an die nächste Station. Deine Muskulatur wird also über mindestens eine Stunde durchgehend gefordert. Darauf musst du sie vorbereiten. Und das tust du durch deutlich höhere Wiederholungszahlen als bei deinem Basiskrafttraining.

Indem du mehr Wiederholungen jeder Übung ausführst, wird mehr Blut in deine Muskulatur gepumpt, was eine stärkere Kapillarisierung zur Folge hat. Das heißt: Es werden mehr feine Blutgefäße – die sogenannten Kapillaren – angelegt, wodurch deine Muskeln zunehmend stärker durchblutet und deshalb besser mit Nährstoffen und vor allem Sauerstoff versorgt werden können. Gleichzeitig werden Laktat und andere Nebenprodukte der Milchsäuregärung schneller abtransportiert, sodass sich deine anaerobe Schwelle nach einigen Wochen des Trainings nach oben verschiebt und du länger im aeroben Bereich trainieren kannst. Hinzu kommt, dass du deinen Körper an das Training mit übersäuerter Muskulatur – und den damit verbundenen Schmerz – gewöhnst und auch im anaeroben Bereich länger Leistung bringen kannst, was bei einer intensiven, gut einstündigen Dauerbelastung wie bei HYROX von großer Bedeutung ist.

Während du im Basiskrafttraining pro Satz maximal fünf bis sechs Wiederholungen ausführst, sind es im Kraftausdauertraining 20 bis 40. Auch die Anzahl der

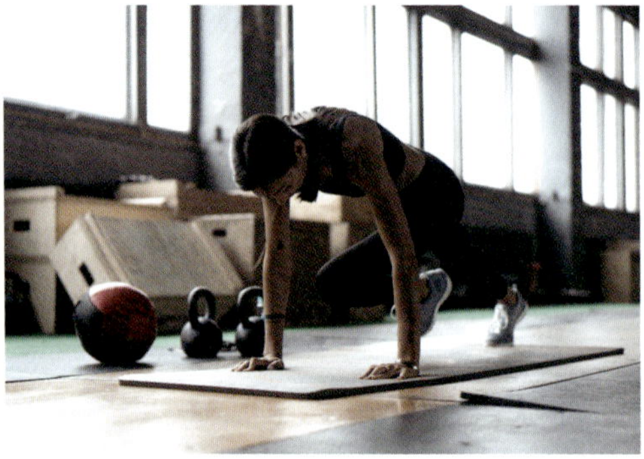

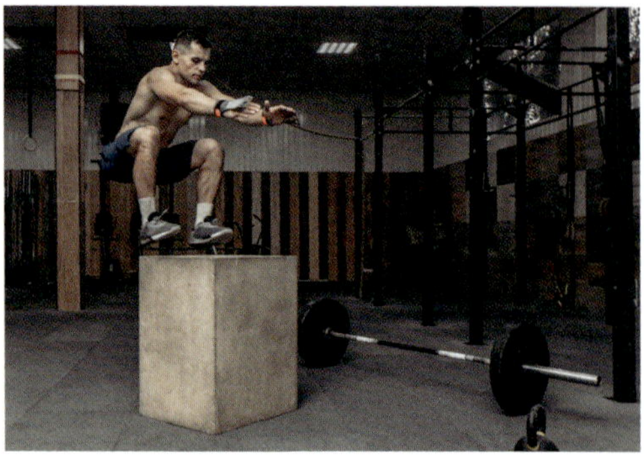

Mountain Climber oder Box Jump sind Bodyweight-Übungen, bei denen viele Muskelgruppen gleichzeitig angesprochen werden. Sie sind ideal, um Kraft und Ausdauer zu trainieren.

Sätze ist etwas höher – drei bis fünf sollten es pro Übung sein – und die Pausen sind mit 60 Sekunden deutlich kürzer. Um solche hohen Wiederholungszahlen bewältigen zu können, musst du natürlich den Trainingswiderstand verringern. Für Strength Endurance arbeitest du deshalb nur mit 40 bis maximal 60 Prozent deiner Maximalkraft. Viele Übungen kommen ganz ohne Zusatzgewicht aus, sogar reine Bodyweight-Workouts sind möglich. Führe überwiegend Verbund- und vor allem Ganzkörperübungen aus, mit denen du viele Muskelgruppen gleichzeitig aktivierst. Im Rennen wird keiner deiner Muskeln isoliert arbeiten. Alle Workout-Stationen beanspruchen mehrere Muskelgruppen, meist den gesamten Körper. Verbund- und Ganzkörperübungen haben zudem einen weiteren großen Vorteil: Sie treiben den Puls hoch, was ebenfalls zur Simulation der HYROX-Experience beiträgt, und sorgen für eine großflächigere Kapillarisierung. Muskelgruppen isoliert zu trainieren ist eigentlich nur dann sinnvoll, wenn du Schwachstellen ausmerzen möchtest, etwa wenn deine Waden schnell »zumachen« oder deine Schultermuskulatur zu schwach ist oder wenn du in der Off-Season etwas Muskulatur aufbauen möchtest. So wie in den folgenden Tabellen dargestellt können typische Strength-Endurance-Workouts mit und ohne Zusatzgewicht aussehen:

Full-Body-Workout mit Gewichten		
Übung	Sätze	Wiederholungen
Squat oder Deadlift	3–5	20–40
Pull-up*	3	15–20
Crunch	3–5	20–40
Overhead Press	3	20–40
Box Jump	3	20–40
Barbell Row	3	20–20
60 Sekunden Pause zwischen den Sätzen		

* Falls du die angegebene Wiederholungszahl nicht schaffst, arbeite an einer Klimmzugmaschine mit Gegengewicht oder lasse dir von einem Partner helfen.

Bodyweight-Zirkeltraining mit Fokus auf Beinen und Schultern	
Kniebeuge	» 5 Runden » pro Übung 20 Sekunden Belastung » nach jeder Runde 1 Minute Pause
Liegestütz	
Mountain Climber	
Burpee	
Lunge	

Um den Puls hoch zu halten und die Muskulatur so kontinuierlich wie möglich zu beanspruchen, halte die Pausen kurz und arbeite mit Supersätzen oder – für HYROX ideal – mit Zirkeln. Ein Zirkeltraining besteht aus mehreren Übungen, von denen du nacheinander jeweils einen Satz ausführst, bevor du endlich kurz pausieren darfst und die nächste Runde beginnst.

Wie in Kapitel 2 auf Seite 50 bereits erklärt, sind für die Übungen an den HYROX-Workout-Stationen keine besonderen Vorkenntnisse oder Fähigkeiten nötig. Dennoch solltest du dich im Training mit ihnen vertraut machen, um etwa herauszufinden, welche Pace du am besten beim Ski Erg oder welche Intervalle bei den Wall Balls wählst. Sonst kann es passieren, dass du zu schnell ausbrennst, weil du am Anfang zu viel Gas gegeben hast. Wer noch nie den HYROX-Schlitten geschoben hat, dürfte außerdem staunen (oder verzweifeln), wie verdammt schwer das Ding sich bewegen lässt. Rowing und Ski Erg sind laut HYROX-Coach Storath eigentlich die Stationen, bei denen du Kraft tanken kannst. Ausruhen darfst du dich dabei aber nicht. Deine Kondition muss so gut sein, dass du auch an diesen Stationen richtig Tempo machst, sonst fehlen dir gegen Ende wichtige Sekunden.

Du musst in deinem Kraftausdauertraining nicht ausschließlich HYROX-spezifische Übungen absolvieren, aber solltest die acht Stationen auf jeden Fall regelmäßig in

HYROX IST KEIN CROSSFIT!

Vieles am HYROX-Training erinnert an Crossfit: explosiv ausgeführte Verbundübungen, Zirkel-Workouts mit mehreren Durchgängen, hoher Puls. Aber HYROX-Coach Lukas Storath rät davon ab, sich im Training zu stark an CrossFit zu orientieren: »CrossFit ist HIIT (High Intensity Interval Training), HYROX ist stärker ausdauerfokussiert. Laufen und Kraft sind beide wichtig für das Rennen.« Storath empfiehlt eine Kombination aus vielen Kilometern auf der Laufstrecke oder dem Ergometer und schweren Gewichten im Gym. »Das machen immer noch zu wenige«, findet er.

deinen Workoutplan einbeziehen, wenn die Ausstattung in deinem Fitnessstudio es zulässt. Wichtig ist auch, dich schon im Training mit der Reihenfolge der Stationen vertraut zu machen. Der Sled Push an zweiter Stelle saugt dir förmlich die Energie aus dem Körper, was du bei allen darauffolgenden Übungen spüren wirst. Das aufgebaute Laktat beim Schlittenschieben schleppst du das gesamte Rennen mit dir herum, so HYROX-Coach Storath. Darauf solltest du vorbereitet sein. Du könntest im Training also etwa Sled Push mit einer anderen Station im Anschluss kombinieren, zum Beispiel so:

3 Runden
40 Meter Sled Push
20 Wiederholungen Overhead Press

Ein weiteres gutes Beispiel sind Rowing und Farmer's Carry, also zwei aufeinanderfolgende Übungen, die deine Griffkraft fordern werden. Wenn du im Training nicht geübt hast, diese Übungen mit bereits erschöpften Händen auszuführen, bist du im Wettkampf vielleicht überrascht, wenn deine Griffkraft beim Farmer's Carry nicht mehr so gut ist wie sonst. So könnte eine Kombination im Training aussehen:

3 Runden
10 Pull-ups
800 Meter Rowing
200 Meter Farmer's Carry

Die Wall Balls erwarten dich nicht umsonst am Ende des Rennens. Völlig erschöpft 75 bis 100 Wiederholungen davon zu schaffen, ist der ultimative Charaktertest. Setze die Übung deshalb auch in deinen Workouts am besten immer ans Ende und powere dich dabei noch einmal komplett aus. Im Idealfall kombinierst du Übungen mit und ohne Gewicht mit HYROX-spezifischen Übungen wie Sled Push oder Ski-Erg. Ein beispielhaftes Workout könnte folgendermaßen aussehen:

Übung	Sätze	Wiederholungen/ Distanz
Squat oder Deadlift	3–5	20–40 Wdh.
Ski Erg	3 Supersätze	800 Meter
Sled Push		40 Meter
Pull-up	3	15–20 Wdh.
Med Ball Sit-up	3–5	20–40 Wdh.
Overhead Press	3	20–40 Wdh.
Burpee	3–5	20–40 Wdh.

Später, wenn du in den letzten Wochen vor dem Wettkampf auf hybrides Training umstellst und komplett HYROX-spezifische Workouts absolvierst, kannst du Übungen, die vor allem die Beine fordern, wie Burpee Broad Jumps oder Sandbag Lunges, auch mit kurzen Runs kombinieren. Dadurch simulierst du die Transitions zwischen den Disziplinen, wenn deine Beine schwer sind. Mehr dazu erfährst du im Abschnitt »Compromised Running« auf Seite 77 und im folgenden Abschnitt.

HYROX-spezifisches Training

Du hast Kraft und Grundlagenausdauer aufgebaut, mit Intervallläufen und Sprints an deinem Tempo gearbeitet und deine anaerobe Schwelle nach oben verschoben und du hast deine Muskulatur in Kraftausdauer-Workouts an viele Wiederholungen mit kurzen Pausen gewöhnt und dich dabei ein wenig mit den verschiedenen HYROX-Workout-Stationen vertraut gemacht. In den letzten Wochen vor dem Rennen setzt du alle Puzzleteile zusammen.

Viele Athleten schätzen an HYROX besonders den fixen Aufbau des Rennkurses. Da du genau weißt, was dich am Renntag erwartet, kannst du dich in deinen Workouts optimal darauf vorbereiten und selbst an kleinsten Details feilen, sodass du keine bösen Überraschungen erlebst, wenn es wirklich darauf ankommt. »Wenn du die HYROX-spezifischen Übungen nicht in der Vorbereitung lernst und regelmäßig trainierst, dann wirst du sie mitten im Rennen lernen – und das ist nicht besonders clever«, meint Weltmeister McIntyre. »Es ist besser, fleißig daheim zu üben und dann im Rennen deine beste Routine auszupacken. Das Rennen ist so komplex, dass du dir vorher die für dich passende Strategie zurechtlegen musst. Nur dann wirst du deine Bestleistung abrufen können. Finde im Training heraus, wo deine Grenzen sind, und nicht im Rennen.« Selbst erfahrene Sportler, die seit Jahren CrossFit und Functional Fitness trainieren und die HYROX-Übungen bereits kennen und beherrschen, unterschätzen oftmals die Herausforderung der spezifischen Übungsanordnung und des ständigen Wechsels zwischen Übung und Run. Diese Belastung gilt es, im Training immer wieder zu

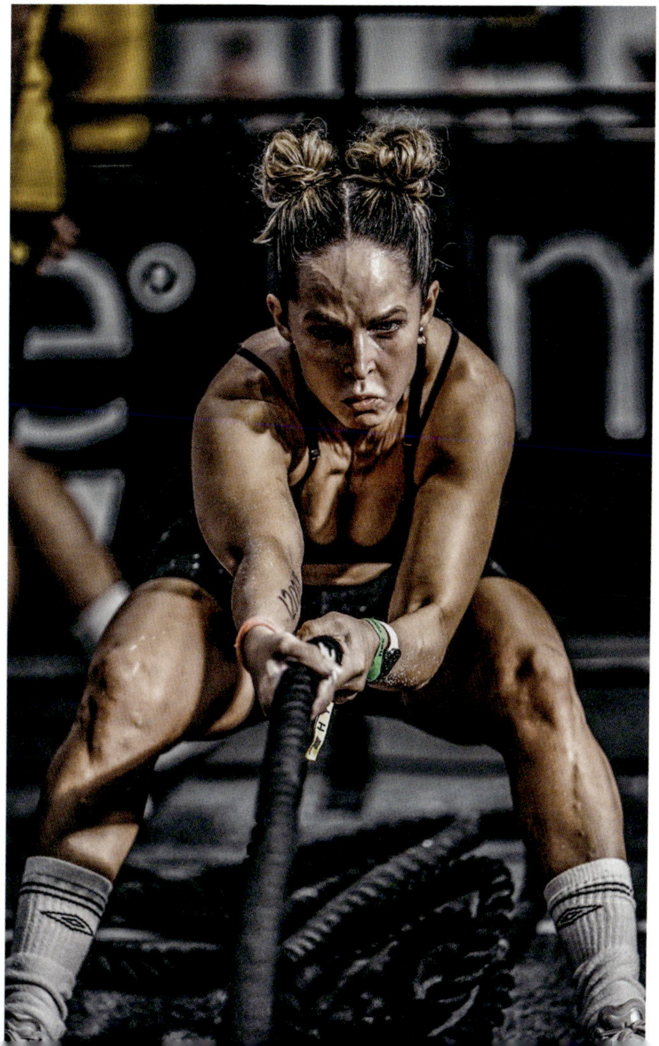

Beim Sled Pull ist aufgrund des Gewichts maximaler Körpereinsatz gefragt, obwohl diese Übung vorrangig für Arme und Oberkörper konzipiert wurde.

TRAIN AS YOU FIGHT

HYROX Head of Sports Mintra Tilly rät dazu, überwiegend mit denselben Gewichten wie im Rennen zu trainieren, dafür aber Wiederholungen und Distanzen aufzusplitten. Ein Beispiel: 100 Wall Balls könntest du in viermal 25 Wiederholungen teilen und dazwischen jeweils 250 Meter laufen. So hättest du eine komplette Station plus einen Ein-Kilometer-Run simuliert – nur eben nicht am Stück. HYROX-Coach Storath empfiehlt in diesem Zusammenhang die sogenannten »Overprepares«. Das bedeutet, im Training in Summe mehr zu machen, als im Wettkampf verlangt wird. Für 100 Wall Balls im Rennen also zum Beispiel fünfmal 25 Wiederholungen in der Vorbereitung.

simulieren. CrossFit-WODs oder willkürlich zusammengestellte Kraftausdauereinheiten reichen dafür nicht aus. Sie helfen, deine Muskulatur an die dauerhafte, intensive Belastung zu gewöhnen, aber können dich nicht auf die speziellen Anforderungen eines HYROX-Events vorbereiten.

Ein weiterer Vorteil von HYROX-spezifischen Workouts: Da du dabei häufiger an den Stationen trainieren wirst, kannst du verschiedene Ausführungsvarianten der Übungen ausprobieren. Bei Sled Push und Pull etwa gibt es unterschiedliche Techniken. Sled Pull wurde vor allem als Zugübung für Oberkörper und Arme konzipiert, wird von den meisten Athleten aber inzwischen als Ganzkörperübung unter starkem Einsatz der Beine ausgeführt. Beim Rudern kommt es vor allem auf den korrekten Rhythmus an, der individuell verschieden ist und den du für dich nur durch mehrmaliges Ausprobieren herausfinden kannst. Im folgenden Abschnitt findest du Ausführungstipps zu allen acht HYROX-Übungen sowie passende Alternativen, falls in deinem Gym kein Schlitten oder Ski Erg herumstehen sollte. Und noch ein Tipp: Selbst bei Übungen wie Burpee Broad Jumps, die sich ohne spezielles Equipment überall ausführen lassen, kann es mitunter sinnvoll sein, Alternativen zu trainieren, um neue Reize für deinen Körper zu setzen.

Dial in the details – die acht HYROX-Übungen

HYROX ist als Functional-Fitness-Disziplin konzipiert, die den gesamten Körper fordert. Dennoch brauchst du für die meisten Übungen vor allem den Unterkörper und Zugkraft im Oberkörper. Bedenke das bei der Planung deiner Trainingswoche. Sollte es die eine oder andere Station in deinem Gym nicht geben, bereite dich mit Übungen vor, die ähnliche Bewegungsabläufe haben oder dieselben Muskelgruppen beanspruchen, auf Sled Pull etwa mit Handtuch-Pull-ups oder T-Hantel-Rudern. Idealerweise suchst du dir aber ein Gym, in dem alle acht Stationen vorhanden sind.

Finde ein Partnergym, in dem du für HYROX trainieren kannst, unter: hyrox.com/find-a-hyrox-partner-gym/

ALLES KOPFSACHE – TRAIN YOUR MINDSET

Linda Meier war Vizeweltmeisterin und Weltrekordhalterin, läuft aber auch mal eine Runde zu viel oder zu wenig, wenn sie unkonzentriert wird und den Fokus verliert. Sie sagt: Ein Rennen mit dem richtigen Mindset anzugehen und über eine Stunde lang fokussiert zu bleiben, ist extrem wichtig, um erfolgreich zu sein – aber auch extrem schwer. Ihr Tipp: Keine Panik und Ruhe bewahren, wenn's mal nicht so gut läuft. Eine solche Gelassenheit kommt mit der Erfahrung, mentaler Fokus lässt sich aber auch trainieren. Meier tut das, indem sie in ihren Einheiten auch mal die Kopfhörer weglässt und sich nicht von der Musik motivieren lässt, sondern voll und ganz auf das Workout konzentriert. Auch gut fürs Mindset: 5000 Meter am Ski-Ergometer. »Irgendwann denkst du dir: Was für ein langweiliger Mist ist das eigentlich?«, meint Meier lachend. »Aber du lernst dabei, den Fokus zu wahren und dich durchzubeißen.«

01 Ski Erg

Distanz: 1000 Meter
Zielmuskulatur: Arme, Schultern, Latissimus, Core
Alternative: Ball Slams

Stelle dich schulterbreit vor dem Langlaufergometer auf und fasse beide Griffe am unteren Rand. Hebe beide Arme leicht gebeugt bis auf Kopfhöhe an. Atme tief ein und spanne den Rumpf an. Ziehe beide Griffe so weit wie möglich nach unten und bewege die Arme eng am Körper vorbei. Lehne den Oberkörper dabei etwas nach vorn, schiebe die Hüften nach hinten und beuge die Knie etwas, als würdest du zu einer Kniebeuge ansetzen wollen. In der Endposition befinden sich beide Griffe etwa auf Kniehöhe, die Arme sind gestreckt. Richte dich danach sofort wieder in die Ausgangsposition auf und leite direkt den nächsten Zug ein.

Profitipp: Führe die Arme eng am Körper vorbei, um keine Kraft zu verschwenden.

02 Sled Push

Distanz: 50 Meter
Zielmuskulatur: Beine, Core
Alternativen: Es eignet sich jeder bewegliche Gegenstand, etwa eine Plyo-Box, eine große Gewichtsscheibe oder ein Autoreifen.

Stelle dich vor dem Schlitten auf, fasse beide Griffe und gehe ein paar Schritte zurück, bis dein Oberkörper fast waagerecht vornübergebeugt ist. Beuge auch deine Arme und halte die Ellenbogen eng am Körper. Auch deine Knie sind gebeugt, damit du dich kraftvoll abdrücken kannst. Spanne deinen Rumpf an und drücke dich über die Fußballen ab, bis das arbeitende Bein voll gestreckt ist. Setze gleichzeitig das andere Bein gebeugt auf und drücke dich anschließend damit ab. Gehe so in großen Schritten weiter. Achte darauf, deinen Rücken gerade zu halten. Du kannst diese Übung mit gebeugten oder gestreckten Armen ausführen oder dich mit den Schultern gegen die Griffe lehnen. Finde heraus, welche Variante dir besser liegt.

Profitipp: Besorge dir Schuhe mit gutem Grip und powere dich nicht schon am Anfang aus, sondern arbeite mit gleichmäßigem Tempo. Nutze beim Training ein höheres Gewicht als später im Rennen, denn der Untergrund in den meisten Gyms ist rutschiger als der HYROX-Teppich. Das mussten vor dem allerersten Event sogar die HYROX-Macher selbst lernen. Weil sie bis dato nur auf glattem Beton geprobt hatten, konnte beim Testlauf am Tag vor dem Event auf dem Teppich plötzlich niemand mehr den Schlitten bewegen und das offizielle Gewicht wurde reduziert.

03 Sled Pull

Distanz: 50 Meter
Zielmuskulatur: Gesäß, Rücken, Bizeps, Rumpf
Alternativen: Tauziehen, Pull-up mit Handtuch, einarmiges Kurzhantel-Rudern

Variante 1: Bei dieser Variante bleibst du stehen und ziehst den Schlitten ausschließlich mit deinen Armen. Diese Technik ist am simpelsten auszuführen, erfordert aber die meiste Kraft und dürfte deshalb – zumindest in der Pro-Kategorie, wo der Schlitten 103 Kilo (Frauen) und 153 Kilo (Männer) wiegt – kaum über die gesamte Distanz durchzuhalten sein.

Variante 2: Bei dieser Variante lehnst du dich nach vorn, greifst das Seil und streckst die Hüfte. Die Arme bleiben dabei gestreckt. Dadurch ziehst du den Schlitten nicht mit der Kraft deiner Arme, sondern holst die Bewegung aus dem Core.

Variante 3: Die dritte und beliebteste Variante ist das Ziehen mithilfe der Beine. Wie bei Variante 2 dienen deine Arme nur dazu, das Seil zu halten, ziehen aber nicht selbst. Du machst stattdessen winzige Schritte rückwärts, bis ans Ende deines kleinen Arbeitsbereichs. Dort angekommen gehst du wieder nach vorn, greifst nach und gehst erneut in kleinen Schritten rückwärts. Im Rennen ist häufig eine Kombination aus allen drei Varianten zu beobachten. Du solltest also unbedingt alle ausprobieren, um in jeder davon gut gerüstet zu sein.

Profitipp: Verwende im Training mehr Gewicht als im Rennen. Der HYROX-Teppich ist höchstwahrscheinlich deutlich weniger rutschig als die Oberfläche in deinem Gym.

04 Burpee Broad Jump

Distanz: 80 Meter
Zielmuskulatur: Beine, Arme, Brust, Schultern, Rumpf
Alternativen: Liegestütz, Plyo-Squat, Weitsprung

Stelle dich hüftbreit auf, gehe tief in die Hocke und stütze beide Hände vor dir auf den Boden. Springe mit beiden Beinen nach hinten in den hohen Stütz und führe einen Push-up aus. Komme so weit nach unten, dass deine Brust den Boden berührt. Springe nun mit den Füßen nach vorn in die Hocke und setze sofort zum Weitsprung an. Versuche, Beine und Oberkörper in der Luft nach vorn zu schwingen, und federe die Landung mit den Knien ab. Gehe sofort zum nächsten Burpee über.

Profitipp: Je weiter du springst, umso weniger Burpees musst du machen – was im Rennen wertvolle Kräfte spart. Versuche im Training deshalb, an deinem Weitsprung zu arbeiten.

05 Rowing

Distanz: 1000 Meter
Zielmuskulatur: Rücken, Beine, Arme, Rumpf
Alternativen: Rudergerät, Langhantel-Rudern (LH-Rudern), Kurzhantel-Rudern (KH-Rudern), Ruderbewegung mit Theraband

Setze dich auf das Ergometer und platziere deine Füße auf dem Stemmbrett. Die Beine sind leicht angewinkelt, der Rücken gerade. Fasse den Griff mit beiden Händen und halte ihn auf Rumpfhöhe, die Arme bleiben dabei eng am Körper. Lehne dich mit dem Oberkörper leicht nach hinten. Strecke nun die Arme und rolle dabei nach vorn. Auch dein Oberkörper lehnt sich leicht mit nach vorn und die Knie sind komplett angewinkelt. Für den Durchzug streckst du die Beine wieder und ziehst den Griff des Geräts zum Rumpf heran. Lehne dich dabei leicht, aber nicht zu weit nach hinten und atme während der Zugbewegung aus. Anschließend rollst du wieder nach vorn, atmest dabei ein und beginnst die nächste Wiederholung.

Profitipp: Finde deinen Rhythmus! Wenn du im richtigen Takt ruderst, arbeitest du effizienter und hältst einfacher ein konstantes Tempo.

06 Farmer's Carry

Distanz: 200 Meter
Zielmuskulatur: oberer Rücken, Core, Unterarme, Muskulatur der Hände und Finger (Griffkraft), Beine
Alternativen: Shrug, Pull-up

Greife je eine Kettlebell vom Boden und richte dich mit geradem Rücken auf. Gehe in kleinen Schritten vorwärts. Lasse die Arme dabei locker an den Seiten herabhängen und spanne sie nicht an. Gehe so weit, du kannst. Falls du nicht die gesamte Distanz schaffst, setze die Kettlebells mit geradem Rücken ab, atme kurz durch und setze erneut an.

Profitipp: Mache keine zu großen Schritte! Versuche im Training, mindestens 30 Schritte ohne Absetzen zu schaffen, um für das Rennen gerüstet zu sein.

07 Sandbag Lunge

Distanz: 100 Meter
Zielmuskulatur: Oberschenkel, Gesäß
Alternative: Bulgarian Split Squat

Platziere den Sandsack hinter dem Kopf auf deinem oberen Rücken und halte ihn an beiden Enden mit den Händen fest. Mache einen großen Ausfallschritt nach vorn, sodass das vordere Knie etwa im 90-Grad-Winkel gebeugt ist. Das Knie des hinteren Beins sollte fast den Boden berühren und sich etwa unter deiner Hüfte befinden. Atme dabei ein, halte deinen Rücken gerade und richte deinen Blick nach vorn. Drücke dich anschließend über das vordere Bein nach oben und schließe den Schritt nach vorn. Mache so im Wechsel weiter.

Profitipp: Mitunter kann es helfen, aus einem Ausfallschritt nicht direkt in den nächsten zu gehen, sondern einen kleinen Zwischenschritt zu machen, sodass deine Füße erst einmal parallel stehen, bevor du zum nächsten Ausfallschritt ansetzt. In diesem winzigen Augenblick kannst du kurz durchatmen, er kostet dich allerdings auch etwas mehr Zeit – die du aber vielleicht wieder rausholst, wenn du dadurch schnellere Schritte machen kannst. Probiere aus, welche Variante für dich am besten funktioniert.

08 Wall Balls

Frauen: 75/100 | **Männer:** 100
Zielmuskulatur: Schultern, Nacken, Arme, Rumpf, Gesäß, Beine
Alternativen: Squat, Overhead Press

Halte den Ball mit gestreckten Armen vor dem Körper, um den optimalen Abstand zur Wand zu finden. Der Ball sollte die Wand nur leicht berühren. Halte den Ball mit beiden Händen entweder vor der Brust oder dem Kinn und die Arme eng am Körper. Die Ellenbogen zeigen nach unten. Beuge die Knie und achte darauf, dein Gewicht dabei nicht nach vorn zu verlagern, halte den Rücken gerade. Richte den Ball und deinen Blick zur Wand. Richte dich dynamisch auf und nimm den Schwung mit, um den Ball mit beiden Armen kraftvoll nach oben zu stoßen. Der Großteil der Kraft kommt dabei aus den Beinen und wird von den Armen nur »weitergeleitet«. Das korrekte Zielen erfordert anfangs ein wenig Übung, mache dich deshalb unbedingt mit der Übung vertraut. Fange den zurückprallenden Ball auf und leite sofort die nächste Wiederholung ein.

Profitipp: Steige direkt mit dem Wettkampfgewicht ein (4, 6 oder 9 Kilo). Führe anfangs – wenn nötig – weniger Wiederholungen aus und steigere dich mit der Zeit.

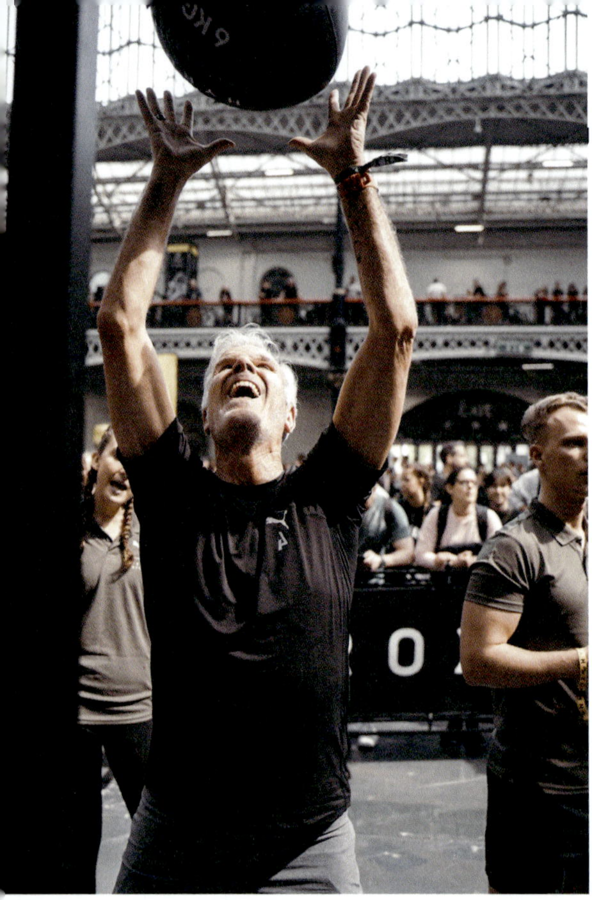

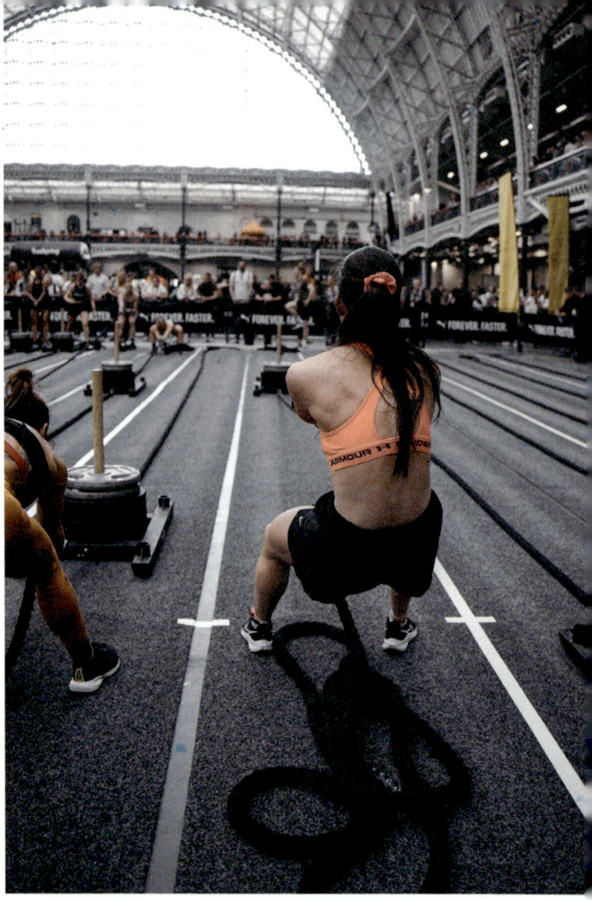
FOREVER. FASTER.
ARMOUR

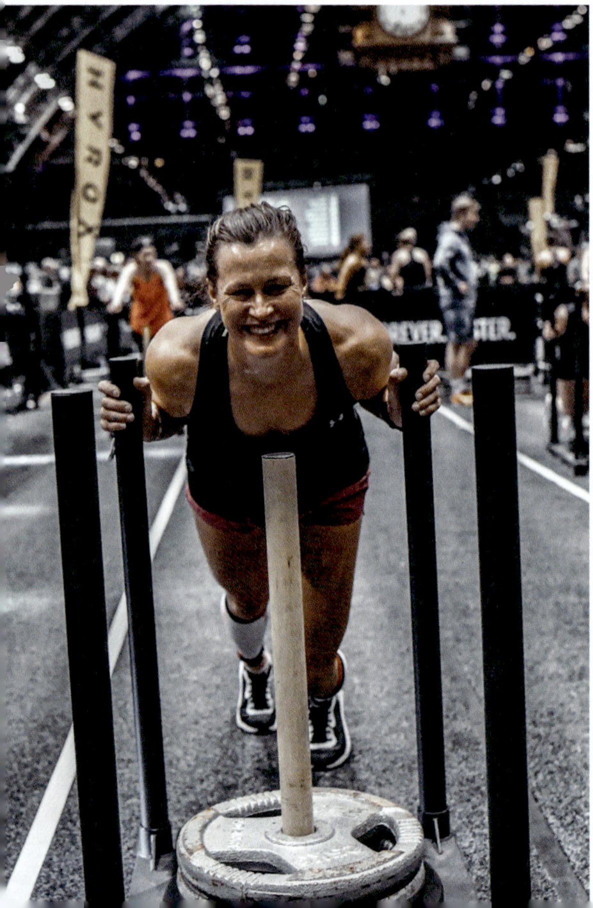
FOREVER. FASTER.

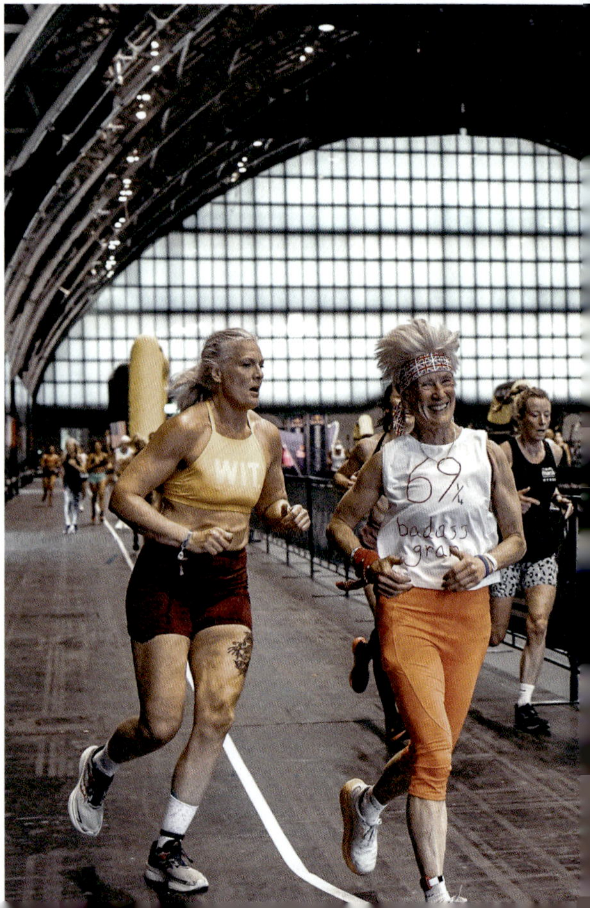
badass

Teamwork makes the dream work – Training für Double und Relay

Die mit Abstand beliebteste Starterklasse bei HYROX ist das Double-Format. Mehr als 50 Prozent aller Teilnehmer laufen mit einem Kumpel, einer Freundin, einem Kollegen oder Familienmitglied im Zweierteam. Kein Wunder, denn mit einem Partner lässt sich HYROX deutlich leichter bezwingen, geteiltes Leid ist schließlich halbes Leid. Doch die Arbeit im Doppel bringt nicht nur Vorteile, es gibt auch einiges zu beachten. Jetzt erfährst du, wie du dich optimal auf HYROX Double oder Relay vorbereitest.

Noch einmal knapp zusammengefasst: Beim **Double** startest du zu zweit mit einem Partner. Ihr absolviert alle Läufe gemeinsam, könnt euch die Übungen aber nach Belieben aufteilen. Dabei müssen nicht beide gleich viele Übungen absolvieren. Theoretisch ist auch denkbar, dass einer von euch alle Übungen macht oder ihr euch gemeinsam eine Übung teilt: Einer schiebt die ersten 25 Meter den Schlitten, der andere die zweiten 25 Meter (was die Strategie der meisten erfahrenen Doppel ist). Beim **Relay** startet ihr als Viererstaffel und die Aufteilung des Rennens ist strikter festgelegt: Jeder Starter muss zwei Runs und zwei Übungen komplett absolvieren. Wer wann startet und dementsprechend welche Übungen macht, bleibt euch überlassen. Runs und Übungen müssen von den einzelnen Startern nicht am Stück absolviert werden, du könntest also beispielsweise Run und Übung 1 machen, dann deine anderen Teammitglieder laufen lassen und später für Run und Übung 8 wieder ins Rennen einsteigen.

Eine alte Weisheit in Teamwettbewerben lautet: Du bist immer nur so stark wie dein schwächstes Mitglied. Wenn ihr HYROX mit einer guten Zeit finishen möchtet, dann müsst ihr bei den Runs schnell sein. Da ihr beim Double gemeinsam lauft und im Relay alle Laufzeiten addiert werden, hängt eure Laufzeit also maßgeblich vom Tempo eures schwächsten Läufers ab. Das solltet ihr bei der Strukturierung eurer Vorbereitung bedenken. Der schwächste Läufer des Teams sollte in der Vorbereitung vor allem Laufen trainieren, während der bessere Läufer seinen Fokus auf funktionelles Training setzt.

Ebenso wichtig wie die richtige Workout-Planung ist das Festlegen der optimalen Strategie. Wer übernimmt welche Übung? Wie teilt ihr euch die Arbeit auf? Erfahrene Double-Starter lassen in der Regel den besseren Läufer den größeren, zumindest aber den letzten Teil der Übungen an den Workout-Stationen absolvieren. So hat der schwächere Läufer ein wenig Zeit zum Durchatmen und kann frischer in die Runs starten. Bedenke aber: In dieser Situation zählt nicht, wer der bessere Läufer per se ist, sondern wer auch im erschöpften Zustand noch flinke Füße hat. Es ist nämlich gut möglich, dass der eigentlich schnellere Läufer eures Doppels nach einer halben Station Burpees plötzlich zur lahmen Ente wird. In diesem Fall sollte er die Workouts beginnen. Findet im Training deshalb unbedingt heraus, wer von euch der bessere Compromised Runner ist und wer nach welchen Stationen Schwierigkeiten auf der Laufstrecke bekommt.

Planen solltet ihr auch die Wechsel an den Stationen und die damit einhergehende Kommunikation. Legt ihr vorher fest, wer welche Station macht? Absolviert ihr einige oder alle Stationen gemeinsam, wie es die meisten Profis tun, und wenn ja, wann wird gewechselt? Gibt es ein Kommando, falls einer von beiden nicht mehr kann und der andere unplanmäßig einspringen soll? Alle diese Dinge müsst ihr im Vorfeld klären und einstudieren. Insbesondere die Wechsel solltet ihr unbedingt üben, da hier viel Zeit verloren gehen kann und jedes Team anders vorgeht. Beispiel Ski Erg: Während manche Teams die Griffe in der untersten Position übergeben, schwören andere darauf, die Griffe in der obersten Position loszulassen, damit der Partner sie sich selbst nehmen kann. Eine regelrechte Wissenschaft kann der Tausch am Ruderergometer sein, der Station mit dem kompliziertesten Wechsel. Probt hier unbedingt einen festen Ablauf mit Lösen der Fußschnallen, Übergabe des Griffs und dem eigentlichen Wechsel auf dem Sitz. Egal ob Ski Erg oder Row Erg, das Schwungrad des Ergometers sollte während des Wechsels nie stillstehen und der Übergang so flüssig und nahtlos wie möglich erfolgen, sonst kann euch das wertvolle Sekunden kosten.

TIME FOR A CHANGE – DER OPTIMALE WECHSELZEITPUNKT BEIM HYROX DOUBLE

Praktisch alle erfahrenen HYROX-Athleten teilen sich im Double die Arbeit an den einzelnen Workout-Stationen auf und wechseln teils mehrfach während einer Übung. Das spart Kraft und Zeit – vorausgesetzt, die Wechsel funktionieren. Grundsätzlich gilt: An Stationen, an denen schnelle Wechsel möglich sind – wie Burpees oder Sled Push – solltet ihr so oft wie möglich tauschen, bei Burpees zum Beispiel alle fünf Wiederholungen oder beim Sled Push etwa alle sechs Meter (ein Achtel der Gesamtstrecke). An Stationen, an denen die Wechsel länger dauern – Rowing oder Sandbag Lunges – solltet ihr seltener wechseln, bei Sandbag Lunges auf 100 Meter allerhöchstens drei- bis viermal, auf dem Row Erg nur einmal, etwa auf halber Strecke.

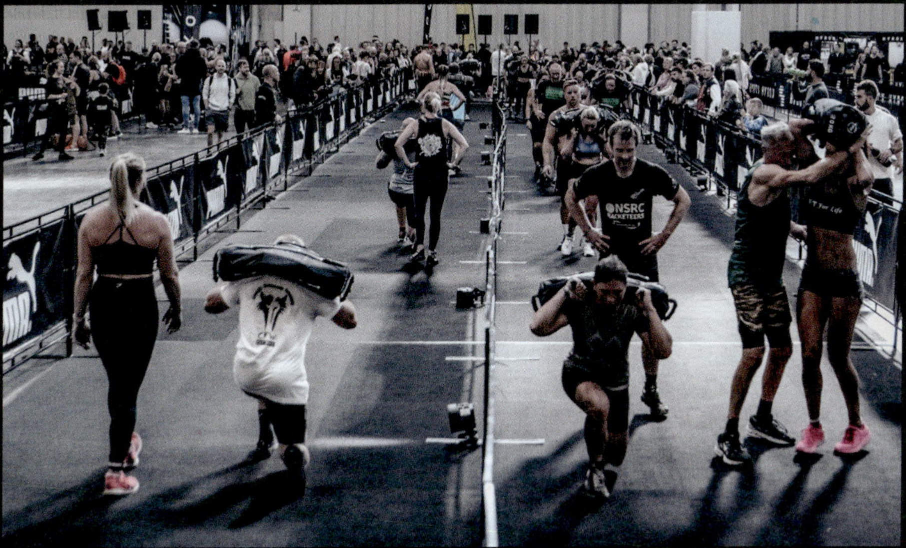

Get into it – Beispielworkouts für HYROX

Bei der Gestaltung der HYROX-Workouts sind deiner Kreativität keine Grenzen gesetzt. Wichtig ist nur, dass die Einheiten möglichst kurz und knackig sind und zu gleichen Teilen aus Runs und HYROX-spezifischen Fitnessübungen bestehen – idealerweise im Wechsel. Wie schon erklärt, raten ausnahmslos alle HYROX-Profis und Trainer aufgrund der immensen körperlichen Belastung davon ab, in der Vorbereitung regelmäßig komplette Rennen zu simulieren. Das musst du auch gar nicht. Ähnlich wie du bei der Marathonvorbereitung keinen kompletten Marathon läufst, genügt es bei der HYROX-Vorbereitung auch, nur Bruchstücke des Wettkampfs zu proben. Eine Komplettsimulation solltest du – wenn überhaupt – nur einmal in deiner Vorbereitung durchführen und danach mehrere Tage zur Regeneration einplanen.

In den ersten Wochen deiner Vorbereitung wirst du feststellen, wo deine Stärken liegen und welche deine Schwächen sind. Vielleicht fehlt es dir an Griffkraft oder du tust dich, wie HYROX-Pro-Athletin Linda Meier, am Ruderergometer etwas schwerer. Dafür hast du unter Umständen starke Beine und glänzt bei Lunges und Sled Pushes. Konzipiere deine Workouts so, dass sie entweder auf deinen Stärken aufbauen oder deine Schwächen in den Fokus nehmen. Fahre niemals ins Gym, ohne zu wissen, wie dein Workout aussehen wird, sondern setze dir vor jeder Einheit ein bestimmtes Ziel, an dem du mithilfe der Workoutstruktur arbeitest. Es gibt Athleten wie Linda Meier, die keinen festen Trainingsplan haben und ganz intuitiv trainieren, aber sie sind die absolute Ausnahme. Einige Beispiele für zielorientiert geplante Workouts sind im Folgenden beschrieben.

Beispiel 1

Deine Schwächen sind Sled Pulls und Farmer's Carrys. Dann solltest du einmal pro Woche folgende Einheit absolvieren:

60 Minuten AMRAP
500 Meter Run
40 Meter Sled Pull
500 Meter Run
100 Meter Farmer's Carry

Absolviere alle Übungen nacheinander. AMRAP bedeutet, dass du versuchst, in der vorgegebenen Zeit so viele Durchgänge wie möglich zu schaffen. Mit diesem Workout verbesserst du deine Carrys und Pulls und arbeitest gleichzeitig an deiner aeroben Ausdauer und deiner Fähigkeit zum Compromised Running.

Beispiel 2

Du bist nach dem Schlittenschieben so platt, dass deine Laufzeit sich massiv verschlechtert. Dann könntest du in einem Workout Sled Push und Runs kombinieren:

5 Runden
12,5 Meter Sled Push
400 Meter Run

Beispiel 3

Du hast zwar eigentlich genügend Kraft für alle Übungen, aber dir fehlt es an Griffkraft, weshalb du bei Farmer's Carrys die Kettlebells mindestens einmal absetzen musst. Dann kombiniere in deinen Workouts Übungen, die vor allem die Griffkraft fordern:

4 Runden
200 Meter Run
500 Meter Rowing
200 Meter Run
12,5 Meter Sled Pull
200 Meter Run
100 Meter Farmer's Carry

Beispiel 4

Bestimmte Körperpartien in den Fokus zu nehmen, kann auch dann sinnvoll sein, wenn du am Tag zuvor (oder morgens beim ersten Workout) eine bestimmte Körperpartie bereits beansprucht hast und sie in der anstehenden Einheit schonen willst. Nehmen wir an, du hast am Abend deine Beine so richtig gekillt, dann solltest du am nächsten Morgen ein Workout mit vielen Übungen für den Oberkörper einplanen, zum Beispiel:

5 Runden
500 Meter Ski Erg
100 Meter Farmer's Carry
500 Meter Rowing
200 Meter Run

Beispiel 5

Wenn dir die Wall Balls am Ende zu schaffen machen, lege den Trainingsfokus auf Squats oder absolviere Wall Balls nach Runs und längeren Parts am Ergometer.

Workout 1	Workout 2
5 Runden » 400 Meter Run » 40 Meter Burpee Broadjumps » 400 Meter Run » 40 Wall Balls	4 Runden » 1000 Meter Rowing » 35 Wall Balls » 1000 Meter Ski Erg » 35 Wall Balls » 400 Meter Run » 35 Wall Balls

Beispiel 6

Ein weiterer wichtiger Faktor bei der Strukturierung deiner Workouts ist Erschöpfung. 1000 Meter auf dem Ruderergometer dürften dir selbst ganz ohne Training nicht allzu schwerfallen. Ganz anders sieht das allerdings aus, wenn du bereits brutale Stationen wie Sled Push und Burpee Broad Jumps – und natürlich die Runs – in den Knochen hast, dein Puls rast und deine Lunge um Erbarmen winselt. Dann werden selbst einfachste Aufgaben zu ganz großen Herausforderungen und deine mentale Stärke ist gefragt. Der legendäre NFL-Coach Vince Lombardi hat einst gesagt: »Erschöpfung macht Feiglinge aus uns allen.« Sei kein Feigling! Lerne, mit Erschöpfung und Schmerzen umzugehen, und beiße dich durch, ohne aufzugeben. Diesen furchtbaren Zustand im Training zu simulieren, ist deshalb extrem wichtig, denn du wirst im Rennen zu 100 Prozent mit dieser schrecklichen Form der Erschöpfung konfrontiert. Die folgenden Workouts eignen sich hier bestens.

Workout 1	Workout 2
3 Runden » 2000 Meter Run » 40 Squats » 40 Burpees » 40 Lunges	4 Runden » 1500 Meter Run » 500 Meter Rowing » 100 Meter Farmer's Carry

Wenn du Erschöpfung simulieren willst, achte beim Zusammenstellen der Workouts darauf, Übungen zu wählen, die im Rennen nahe beieinander liegen. Auch eine Kombination aus Sled Push und Wall Balls wird dich erschöpfen, beide Übungen liegen im Rennen aber sehr weit auseinander. Auf Sled Push folgt der Sled Pull – eine Zugübung für den Oberkörper – und die Wall Balls erwarten dich nach den Sandbag Lunges, deine Beine werden also brennen. Die Art der Erschöpfung, die du an diesen beiden Punkten im Rennen spüren wirst, unterscheidet sich also ganz gravierend von jener, die du bei einer Kombination aus Sled Push und Wall Balls spüren würdest. In deiner Simulation soll es aber darum gehen, das exakte Gefühl aus dem Rennen hervorzurufen, um deinen Körper daran zu gewöhnen.

Beispiel 7

Statt Erschöpfung zu simulieren oder eine bestimmte Übung oder Körperpartie in den Fokus zu nehmen, kannst du auch zielgerichtet an deiner HYROX-spezifischen (Kraft-)Ausdauer und Power arbeiten und deine Workouts entsprechend planen. Solche Einheiten könnten wie in der Tabelle gezeigt aussehen.

Endurance-Workout	Powerworkout
4 Runden » 5 Min. Run » 4 Min. Rowing » 3 Min. Ski Erg » 2 Min. Lunges » 1 Min. Wall Balls	Warm-up: 1000 Meter Rowing » 20 Min. AMRAP » 12,5 Meter Sled Pull » 40 Meter Lunges » 80 Meter Farmer's Carry » 20 Wall Balls 4 Runden » 30 Wall Balls » 80 Meter Lunges

Natürlich sind die Grenzen zwischen Kraft, Ausdauer und Kraftausdauer in einem HYROX-Rennen fließend. Für den Schlitten brauchst du jede Menge Power, für das Ruderergometer Ausdauer und bei allen Übungen forderst du deine Muskulatur über einen längeren Zeitraum hinweg – du befindest dich also im Kraftausdauerbereich. Um dir die sinnvolle Strukturierung deiner Workouts etwas zu erleichtern, kannst du die einzelnen Übungen trotzdem zumindest grob in die einzelnen Trainingskomponenten unterteilen, wie in der folgenden Tabelle dargestellt.

Kraft	Ausdauer	Kraftausdauer
» Sled Push » Sled Pull » Sandbag Lunges	» Ski Erg » Rowing	» Burpee Broad Jumps » Wall Balls » Farmer's Carry

Die hier vorgestellten Workouts sind lediglich Beispiele. Online findest du unzählige weitere HYROX-Einheiten, etwa unter dem Hashtag #hyroxworkouts in den einschlägigen Social-Media-Apps. Wichtig ist nur, dass du nicht alles ungefiltert übernimmst, sondern deine Workouts anhand der genannten Faktoren möglichst individuell personalisierst. Um es noch einmal zusammenzufassen: Deine HYROX-spezifischen Workouts sollten

- intensiv sein (hohes Tempo, wenig bis keine Pausen),
- nicht zu lang sein (maximal 30 bis 40 Minuten),
- HYROX-Übungen und Runs beinhalten,
- abwechslungsreich sein,
- einem bestimmten Zweck dienen (Kraft, Ausdauer und Kraftausdauer schulen, an Stärken und Schwächen arbeiten, Erschöpfung simulieren etc.),
- sinnvoll aufgebaut sein (zielorientierte Übungsauswahl, Übungsreihenfolge beachten).

Die Workouts der Profis

Dass die optimale Strukturierung deiner HYROX-spezifischen Trainingseinheiten kein Hexenwerk ist, kannst du an den folgenden drei Pro-Workouts von Hunter McIntyre, Linda Meier und Lukas Storath erkennen. Auch diese Profis aus der Weltspitze halten sich »nur« an die Basics und stellen ihre Einheiten anhand der genannten sechs Punkte zusammen.

Pro-Workout von Linda Meier

5 Runden
1000 Meter Ski Erg
6 Bahnen Sled Push
Nach fünf Runden Ski Erg und Sled Push im Wechsel folgt ein Run, bis 60 Minuten Trainingszeit voll sind.

Pro-Workout von Hunter McIntyre

5 Runden
50 Wall Balls
500 Meter Rowing
200 Meter Run

Pro-Workout von Lukas Storath

5 Runden
4 Minuten Bike Erg
2 Minuten Sled Push

1 Minute Run
2 Minuten Lunges
1 Minute Run
2 Minuten Pause

Tipp: Eine komplette Beispielwoche von HYROX-Coach Lukas Storath findest du im Abschnitt »Train like a Pro« auf Seite 140.

Nun, da du gelernt hast, wie deine einzelnen Trainingseinheiten für Kraft, Ausdauer, Kraftausdauer und HYROX-spezifische Anforderungen aufgebaut sein sollten, kannst du mit der Planung deiner Wettkampfvorbereitung beginnen. In Kapitel 4 »Training Camp – deine komplette HYROX-Vorbereitung« ab Seite 129 erfährst du, wie genau du das tust, um optimal auf dein Rennen vorbereitet zu sein.

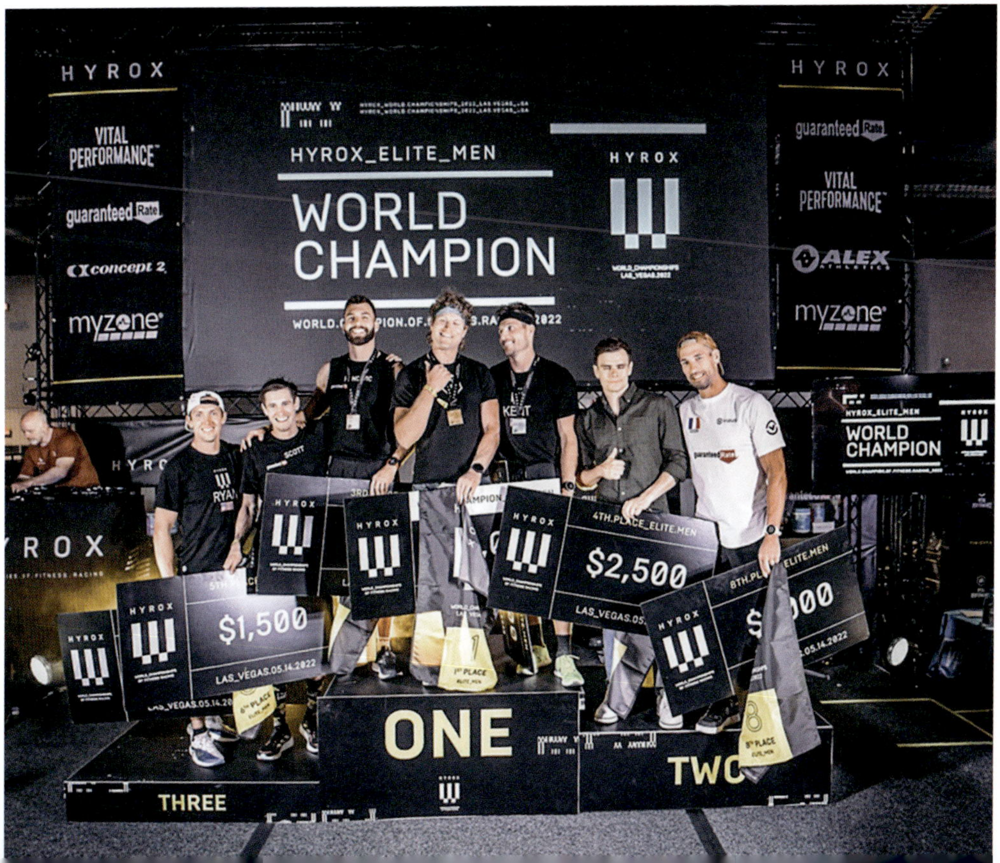

LUKAS STORATH – DER PIONIER

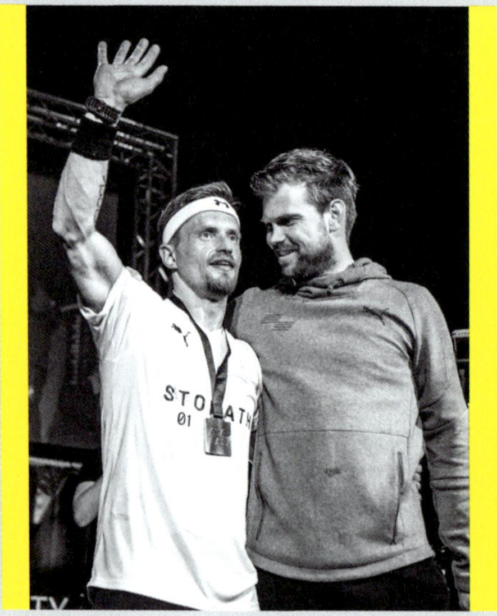

Wohnort: Würzburg

Job: Polizist, Coach

HYROX-Bestzeit: 58:39 Minuten

Lieblingsstation: alle

Hassstation: Lerne, alle Stationen zu lieben.

Lieblingstraining: Kombination aus Laufen und Ergometern

Trainingsphilosophie: Step by step – ein Schritt nach dem anderen.

Instagram: @lukefit_

In der Geschichte gibt es immer wieder besondere Athleten, die in ihrem Sport schier unüberwindbare Grenzen durchbrechen. Roger Bannister etwa, der als erster Mensch die Meile in unter vier Minuten lief. Ist diese Grenze einmal durchbrochen, ziehen andere Sportler nach und der Sport erreicht eine neue Evolutionsstufe. Gerade in jungen Disziplinen lässt sich so etwas häufig beobachten. Für HYROX war der Würzburger Lukas Storath dieser Athlet. 2018 in Stuttgart finishte Storath das Rennen als erster Mensch in unter einer Stunde. Bei der WM im darauffolgenden Jahr krönte er sich zum ersten HYROX-Weltmeister.

Storath als sportbegeistert zu beschreiben, wäre ein Understatement. Der Mann ist besessen. Von Hauptberuf Polizist, drehte sein Leben sich auch in der Dienststelle schon immer um Sport. Den Jiu-Jitsu-Schwarzgurt machte er in sieben Jahren. Unter seinen Kollegen waren deutsche Meister im Schwimmen, Laufen, Kraftsport. So konnte

Storath mit den Besten trainieren. Er selbst wurde deutscher Meister im Triathlon auf der olympischen Distanz und mit einem OCR-Racing-Team Vizeweltmeister im Hindernislauf. Als er 2018 beim RTL-Format »Showdown – Die Wüstenchallenge« nach wenigen Sekunden unglücklich ausschied, entschied er sich, einige Tage darauf bei HYROX zu starten. Ohne spezielle Vorbereitung kam er mit 1:05 Stunde als Zweiter ins Ziel, hinter CrossFit-Star Joshua Wichtrup, der Weltrekord lief. Akribisch plante Storath daraufhin sein nächstes Rennen und simulierte einen Probedurchlauf daheim, für den er 54 Minuten brauchte. Das Equipment war mit dem im echten Rennen nicht vergleichbar, aber Storath erkannte, was möglich war. Drei Wochen später in Essen wurde er Erster und kratzte mit 1:00:22 Stunde an der 60-Minuten-Marke – neuer Weltrekord. Sein Erfolgsrezept: Fokus auf Ausdauer und Runs. Damit konnte er Kraftpaket Wichtrup im zweiten Aufeinandertreffen knacken.

» Für HYROX brauchst du einen Gameplan!

Im Dezember 2018 durchbrach Storath schließlich die magische Grenze: 58:39 Minuten, bis heute seine persönliche Bestzeit. Ein Jahr lang gewann er daraufhin jedes Rennen. Sein Ziel bei der WM 2019 war nicht der Titel selbst, sondern, den Zweitplatzierten zu überrunden. Heute ist so etwas nicht mehr möglich, die Konkurrenz zu stark. Storath war damals als hybrider Athlet seiner Zeit weit voraus, weil er – ohne es zu wissen – schon immer HYROX-spezifisch trainiert hatte.

2022 wechselte Storath die Seiten, vom Starsportler zum Starcoach. In seinem HYROX-Camp trainiert er heute auch einige Elite-15-Athleten – die eigene Konkurrenz. Denn beendet hat Storath seine aktive Karriere noch nicht. Bei der WM 2023 in Manchester startete er zwar »nur« im Mixed Double mit Carina Bungard (2. Platz, 56:05 Minuten).

Kommende Saison will er aber noch ein letztes Mal richtig angreifen, mit einer finalen Teilnahme bei der Elite-WM – und vielleicht einem weiteren Titel.

HYROX-Coaching vom Profi: Mehr über Lukas Storath und sein Coachingangebot findest du unter www.lukefit.coach.

Du hast als Erster die magische Stundenmarke geknackt. Inzwischen ist das an der Spitze fast Standard und die 50-Minuten-Marke wird angepeilt. Welche Zeiten sind noch möglich?

Bei den meisten Workouts ist nicht mehr viel drin. 100 unbroken Wall Balls gehen kaum noch schneller, da kann man vielleicht noch drei Sekunden rausholen. Nur beim Laufen geht noch richtig was. Im Moment liegt der Schnitt beim Weltrekord bei gut 3:30 Minuten pro Kilometer. Das heißt, wer unter 50 Minuten kommen will, müsste im Schnitt unter 3:15 Minuten laufen und dürfte gleichzeitig bei den Workouts nicht schwächer werden. Das wird aber, glaube ich, in der nächsten Zeit keiner schaffen. Aktuell sage ich: Unter 50 Minuten? Ohne Doping keine Chance – und selbst mit Doping unrealistisch!

Auch für Hunter McIntyre? Er hält mit 54:07 Minuten den aktuellen Weltrekord.

Die Zeit ist er in Barcelona gelaufen. Ich habe mich danach mit ihm unterhalten und er meinte, die Strecke sei sehr schnell gewesen. Es gibt meiner Meinung nach auch keinen Weltrekord, sondern nur Streckenrekorde. Manche Laufstrecken haben etwa weniger Kurven und erlauben daher bessere Zeiten. Abgerechnet wird deshalb immer Face to Face bei der WM.

Inzwischen trainieren praktisch alle Spitzenathleten sehr professionell und HYROX-spezifisch. Welche Stellschrauben gibt es noch, um die letzte Hundertstelsekunde herauszuholen?

Ganz wichtig ist das Mindset. Wie HYROX-Welt- und Europameister Tobi Lautwein sagt: Es ist alles Kopfsache. Wenn du dir bei Wall Balls vornimmst, 100 am Stück zu machen, dann tust du das auch. Wenn du dir viermal 25 vornimmst, dann machst du eben nur viermal 25. An der Spitze ist außerdem die Ernährung ganz wichtig. Die Magen- und Darmgesundheit spielt für Topzeiten eine wichtige Rolle. Wir haben in unseren Athletikcamps deshalb Ernährungsexperten und Wissenschaftler, die sich genau darum kümmern.

Du hattest als hybrider Athlet anfangs einen Wettbewerbsvorteil. Wie müsste der perfekte HYROX-Athlet beschaffen sein?

Es müsste ein talentierter Profi aus dem Mountainbiking, Cross-Duathlon oder Triathlon sein, der dort an der Weltspitze ist. Ein Olympionike, der die zehn Kilometer in 30 Minuten läuft, eine hohe Laktattoleranz besitzt und um die 75 Kilo wiegt – also nicht der Leichteste ist. Wenn du so einen ein Jahr lang auf HYROX vorbereitest, dann wäre der wahrscheinlich unschlagbar.

Dein letzter Einzelwettkampf war 2020. Seitdem bist du als Trainer sehr erfolgreich. Ist deine aktive Karriere vorüber?

Ich plane aktuell, am 9. Dezember in Frankfurt mein Elite-Pro-Comeback zu geben – obwohl ich es so eigentlich gar nicht nennen will. Dort möchte ich mich für die nächste WM im Mai 2024 qualifizieren, meine letztmalige WM-Teilnahme.

Danach ist Schluss?

Ja, das wird definitiv die letzte WM. Bis dahin bin ich 44 und ich mache das auch nur, wenn alles passt und ich ein Team hinter mir habe, das mich unterstützt und mir ein paar Sachen abnimmt. Eine HYROX-Vorbereitung ist brutal fordernd für Sehnen, Bänder, Gelenke und Muskulatur und sehr zeitintensiv. Man muss sich deshalb immer fragen: Zu welchem Preis mache ich das alles? Die Familie darf nicht darunter leiden.

Was sind deine persönlichen Ziele in den kommenden Jahren?

Ich möchte in meiner Academy weiterhin ein starkes Team aufbauen. Wer mich bucht, bekommt nicht nur mich, sondern ein großes Team aus Spezialisten. Wir machen viele Camps im Ausland, wollen aber hier in Würzburg eine feste Performance-Base aufbauen, wo wir regelmäßig Wochenendcamps veranstalten. Wer ein paar Tage bei uns trainiert, steigert nicht nur seine Leistung, sondern verbessert auch sein Mindset. Wir wollen nicht nur die besten Sportler formen, sondern die besten Menschen. Mein Ziel ist es, das beste Coachingteam ever aufzubauen – und damit sind wir auf einem sehr guten Weg.

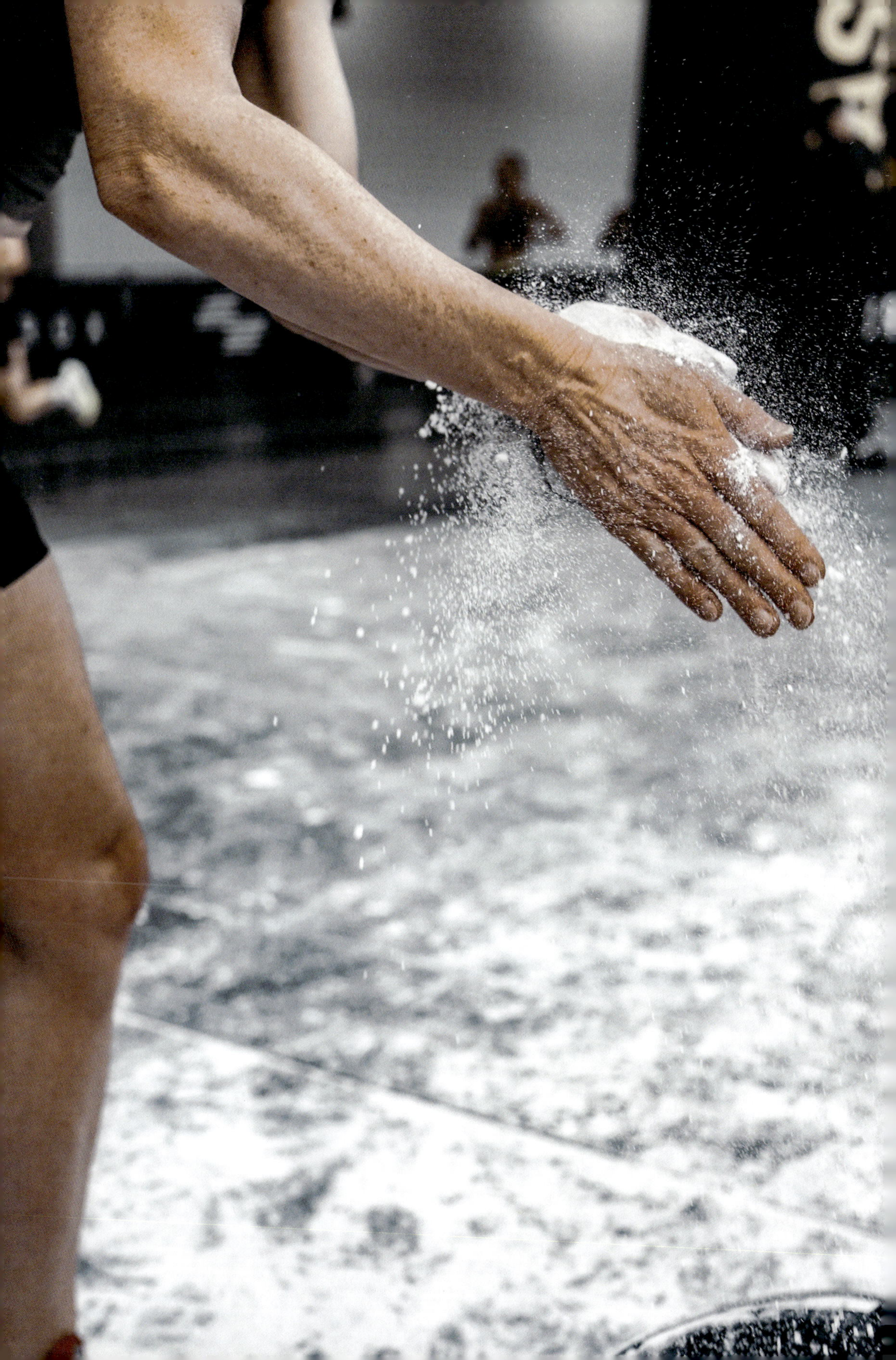

4

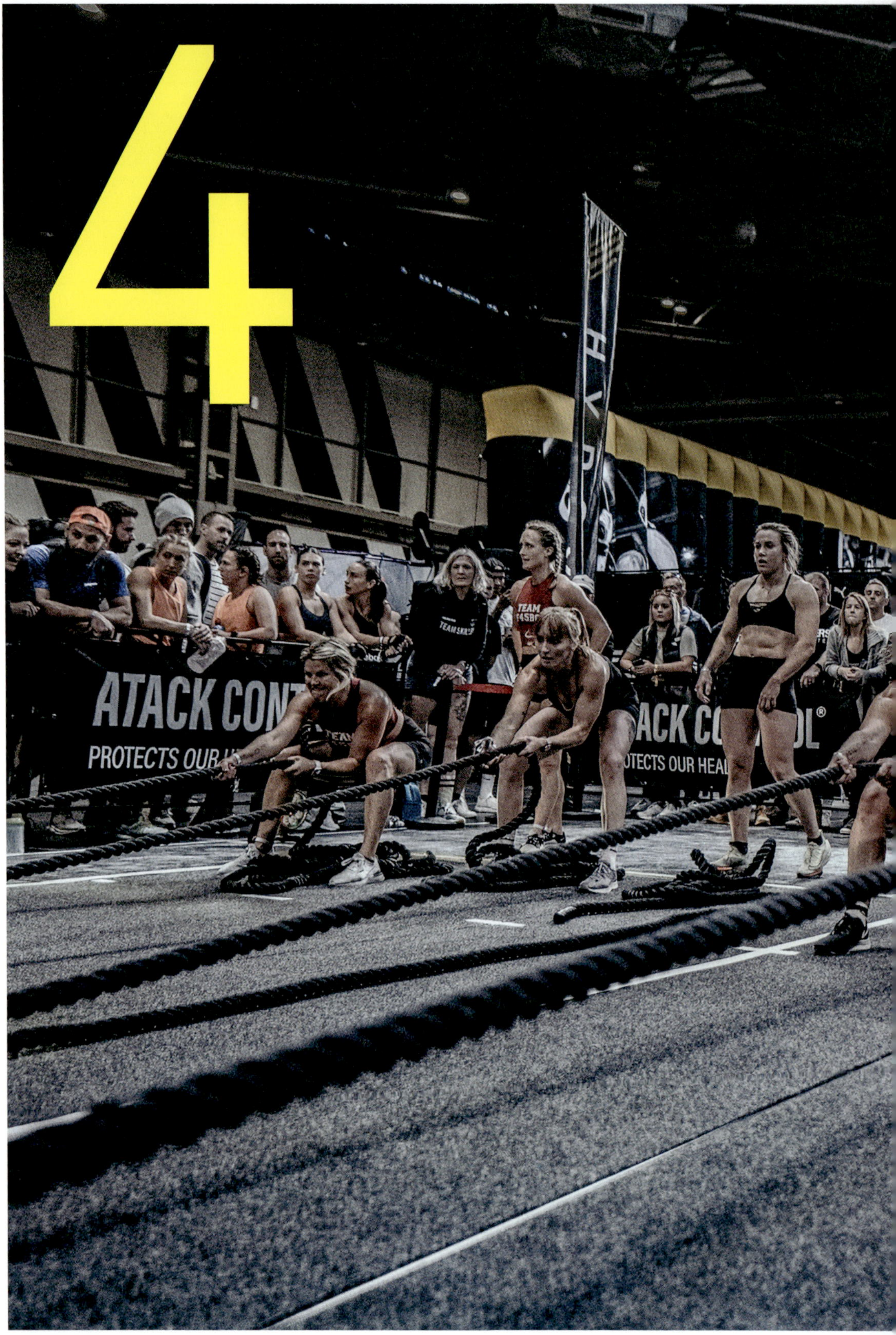

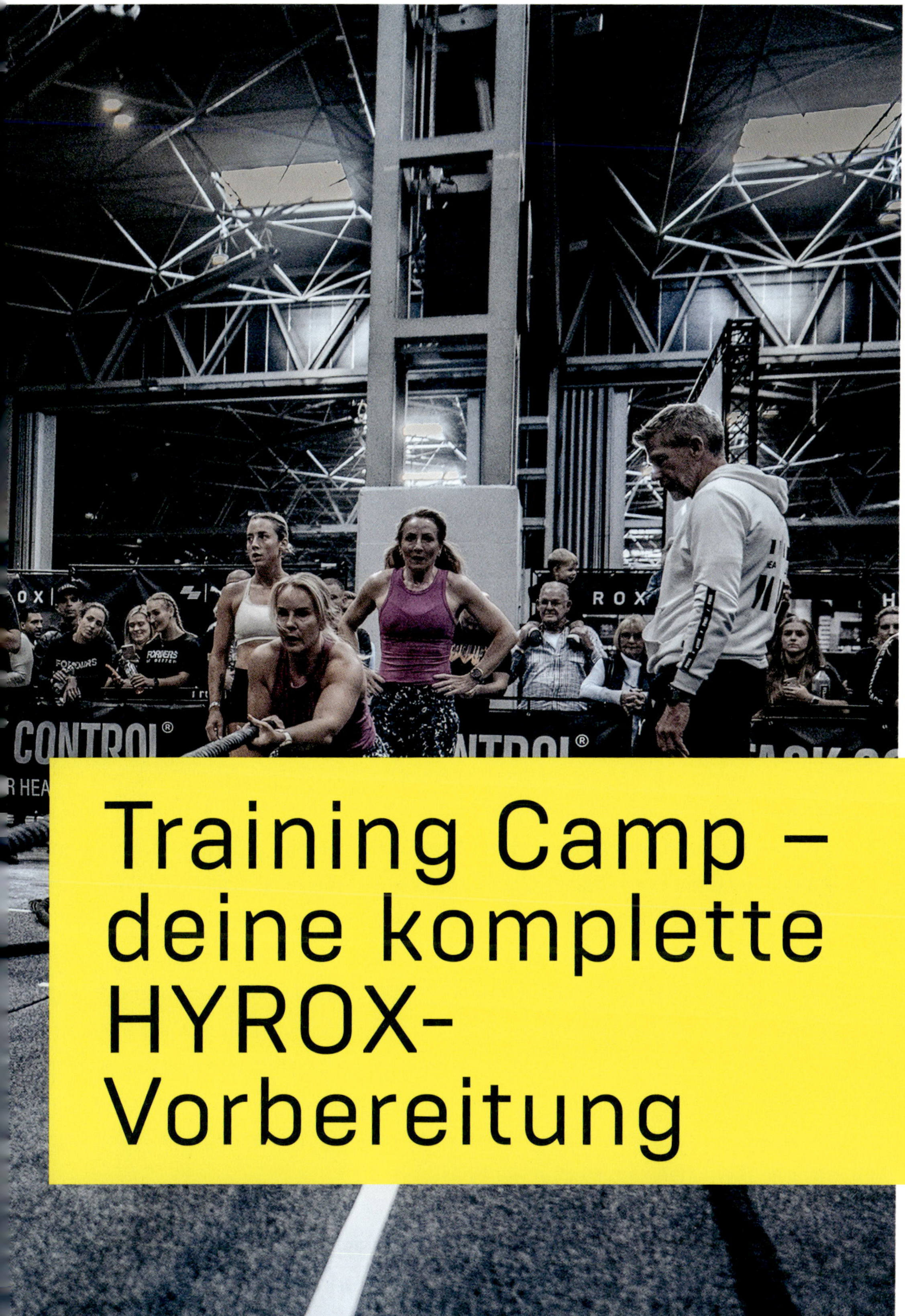

Training Camp – deine komplette HYROX-Vorbereitung

Was du für deine individuelle Vorbereitung brauchst

Wie genau deine HYROX-Vorbereitung aufgebaut sein sollte, hängt von einer Reihe Faktoren ab. Dazu gehören unter anderem die folgenden:

- **Aktueller Trainingsstand:** Wie gut oder schlecht sind aktuell deine Kraftwerte und Grundlagenausdauer? Wie viel wiegst du? Wie alt bist du? Wie viel Erfahrung hast du mit HYROX-Übungen und dem Ablauf?
- **Verfügbares Zeitbudget:** Wie viele Trainingseinheiten kannst du pro Woche absolvieren?
- **Trainingsbedingungen:** Wie ist dein Gym ausgestattet? Hast du Trainingspartner oder gar einen eigenen Coach?
- **Ziele:** Möchtest du nur ins Ziel kommen oder eine bestimmte Zeit schaffen? Läufst du allein oder im Double oder Relay?

HYROX Head of Sports Mintra Tilly rät Teilnehmern, die bereits über eine gewisse Grundfitness verfügen, zu einer zehn- bis zwölfwöchigen Vorbereitung. Mit einem solchen dreimonatigen Training Camp wird es dir auf alle Fälle gelingen, HYROX zu finishen. Wenn du eine bestimmte Zeit im Blick hast und das Rennen etwas ambitionierter angehen möchtest, solltest du unbedingt trainieren, unter größter Erschöpfung noch hohes Tempo zu gehen. Hunter McIntyre bringt es auf den Punkt: »Es zählt nicht, nur schnell zu sein. Du musst in der Lage sein, auch völlig erschöpft immer noch schnell zu sein.« Ansonsten wirst du es zwar ins Ziel schaffen, kannst dir Zeiten von knapp über einer Stunde aber abschminken. Ambitionierten Teilnehmern raten Experten daher zu weiteren vier Wochen Vorbereitungszeit. Macht insgesamt 16 Wochen, unterteilt in vier Phasen.

- **Phase 1** besteht aus Grundlagenarbeit. Hier gießt du das Fundament für deinen Fitness Run, baust hauptsächlich Kraft für fordernde Stationen wie Sled

Push und Wall Balls auf und arbeitest an deiner Grundlagenausdauer. Absolviere Kraft- und Ausdauereinheiten in dieser Phase getrennt voneinander, damit du aus beiden Workouts das Maximum herausholst. Du kannst nur Kraft und Ausdauer aufbauen, wenn du in den jeweiligen Workouts an dein Limit gehst.

- In **Phase 2** wirst du zusätzliche Kilometer schrubben, in hochintensiven Intervallsessions und moderat-intensiven langen Läufen, sowie an deiner Schnellkraft arbeiten.
- In **Phase 3** kombinierst du Kraft- und Ausdauertraining in deinen Workouts und trainierst vermehrt HYROX-spezifisch.
- **Phase 4** besteht dann aus mehreren HYROX-spezifischen Workouts, Compromised Running und einer Tapering-Phase in der letzten Woche vor dem Rennen, in der du die Intensität herunterfährst und deinem Körper Raum zum Regenerieren gibst, damit du möglichst erholt und fit an den Start gehen kannst.

Phase	Zeitraum	Trainingsfokus
1	Wochen 1–4	Grundlagentraining: Basiskraft und aerobe Ausdauer
2	Wochen 5–8	Schnellkraft und Schnelligkeit
3	Wochen 9–12	Kraftausdauer und Schwellentraining
4	Wochen 13–16	HYROX-spezifisches hybrides Training (Kraft + Ausdauer in einem Workout)

Hunter McIntyre rät dazu, in der ersten Hälfte der Vorbereitung 70 Prozent deiner Zeit für die Arbeit an deinen Schwächen aufzuwenden und die übrigen 30 Prozent für die Arbeit an deinen Stärken. Falls du etwa aus dem Kraftsport kommst und Defizite im Ausdauerbereich hast, dann absolvierst du, wie in dem folgenden Beispielplan, in 70 Prozent deiner Einheiten Ausdauer- und in 30 Prozent Krafttraining. Umgekehrt würdest du 70 Prozent Kraft und 30 Prozent Ausdauer trainieren, wenn du Ausdauersportler bist und es dir an Kraft fehlt. In der zweiten Hälfte, wenn der Wettkampf näher rückt, sollte sich dieses Verhältnis laut McIntyre hin zu 60 Prozent Ausdauer und 40 Prozent Kraft verschieben, weil deine aerobe Leistungsfähigkeit sowohl in den Runs als auch bei den Fitnessübungen von großer Bedeutung ist. In Stein gemeißelt sind diese Zahlen natürlich nicht; sie zeigen aber, wie Fokus und Struktur der Trainingswoche sich anhand der eigenen Voraussetzungen und Ziele verändern können.

Wichtig bei der Periodisierung ist, dass du dich immer nur in einer Sache steigerst, also entweder Wiederholungen oder Gewicht im Krafttraining erhöhst, Schnelligkeit oder Dauer im Ausdauertraining oder Rundenanzahl oder Tempo im Kraftausdauertraining – nie in mehreren Aspekten auf einmal. Falls du in Kraft und Ausdauer gleichermaßen fit bist, etwa weil du bereits HYROX-Erfahrung besitzt oder aus dem Bereich der Obstacle Races kommst, in dem ebenfalls beides gefragt ist, stehst du vor der Aufgabe, deine Workouts so zu gewichten, dass du in beiden Bereichen Spitzenleistung bringen kannst. Das optimale Verhältnis ist immer auch abhängig davon, wie dein Körper auf das Training reagiert. Vielleicht benötigst du nur drei Laufeinheiten pro Woche, um dein Grundausdauerniveau zu halten und an deinem Tempo zu arbeiten, vielleicht aber auch fünf. Wenn du bereits in beiden Bereichen fit bist, solltest du deinen Körper gut genug kennen, um dir diese Frage selbst beantworten zu können. Falls nicht, musst du es per Trial and Error herausfinden und deinen Plan gegebenenfalls entsprechend anpassen.

Der Trade-off zwischen Kraft und Ausdauer ist definitiv schwierig zu meistern, selbst erfahrene Profis hören niemals auf, daran herumzutüfteln. Während Hunter McIntyre seinen Fokus mehr als viele andere HYROX-Athleten auf Kraft setzt (du weißt schon: »Mit Bizeps gewinnt man Rennen« und so), sind für Storath die Runs wichtiger: „Wenn ich 240 Kilo Back Squats schaffe, schaffe ich die zehn Kilometer nicht mehr unter 35 Minuten«, sagt er. Und obwohl Kraftpakete wie McIntyre, Megan Jacoby oder Mirjam van Rohr aktuell die Weltrangliste anführen, rät auch Linda

Meier zu einem stärkeren Fokus auf Lauftraining. Sie sagt: »Laufen macht 70 Prozent des Erfolgs aus, der Rest 30 Prozent. Wenn du nicht von Natur aus ein guter Läufer bist, dann ist das die größte Baustelle«, so die Vize-Weltmeisterin von 2022. Probiere aus, welche Gewichtung für dich am besten funktioniert.

Absolute Anfänger sollten – zumindest zu Beginn – nicht mehr als drei bis fünf Einheiten pro Woche schrubben, Fortgeschrittene nicht mehr als fünf bis sieben, sonst droht Übertraining. Auch wenn es angesichts der vielen Baustellen, die es in so einer HYROX-Vorbereitung gibt, mitunter schwer sein kann, dich zu bremsen – weniger ist mehr! Es bringt nichts, wenn dein Körper zumacht und du dich schlimmstenfalls verletzt. Zwei Tage Pause pro Woche sind daher für Einsteiger Pflicht. Versuche, dich auf das Wesentliche zu konzentrieren. Sobald dein Körper sich nach vier bis fünf Wochen an das Trainingsvolumen gewöhnt hat, kannst du die Anzahl der Workouts schrittweise erhöhen. Die Einheiten sollten jeweils zwischen 30 und 60 Minuten lang sein, plus eine lange Session bei niedriger Intensität mit einer Dauer von 1:20 bis 1:30 Minuten.

TESTE DEINE FITNESS

Falls du dir nicht sicher bist, wo deine Stärken und Schwächen liegen, bietet sich eventuell ein Fitness-Test an. Entsprechende Formate werden vielerorts in Fitnessstudios angeboten. In Gyms mit HYROX-Kooperation kannst du zudem den HYROX PFT absolvieren (PFT steht für »Physical Fitness Test«), der es allerdings ganz schön in sich hat. Folgende Übungen musst du dabei nacheinander auf Zeit ausführen:

- 1000 Meter Run
- 50 Burpee Broad Jumps
- 100 Lunges
- 1000 Meter Row/Run
- 30 Push-ups
- 100 Wall Balls

Phase 1: Build a base – eine gute Grundlage

Woche 1 bis 4

In den ersten vier Wochen steht Grundlagenarbeit an, das bedeutet fast ausschließlich: Basiskrafttraining und Ausdauereinheiten im aeroben Bereich. Du wirst es in vier Wochen nicht schaffen, deine Kraftwerte zu verdoppeln oder vom Couch-Potato zum Marathonläufer zu werden. Hier geht es vielmehr darum, eine Basis für die Einheiten in den kommenden Wochen zu schaffen und deinen Körper an längere Ausdauerbelastung zu gewöhnen. In dieser Phase trainierst du Kraft und Ausdauer noch getrennt, um mit vollem Fokus an beiden Komponenten arbeiten zu können. Strukturiere die Basiskraft-Workouts wie im Abschnitt »Strength Training« auf Seite 80 beschrieben. Die aeroben Ausdauereinheiten sollten 30 bis 40 Minuten lang sein. Neben klassischer Roadwork sind hier beispielsweise auch Einheiten auf dem Ruder- oder Fahrradergometer denkbar, die für Abwechslung sorgen und die Gelenke schonen. Hinzu kommt eine lange aerobe Einheit pro Woche, die mindestens die Dauer deiner Zielzeit haben sollte. Falls du also vorhast, HYROX mit 1:20 Stunde zu finishen, dann laufe 1:20 Stunde bei niedriger Intensität. Schaffst du das noch nicht, dann steigere die Dauer deiner langen aeroben Einheiten mit der Zeit (etwa jede Woche fünf oder zehn Minuten mehr). Mindestens acht Kilometer musst du in dieser Zeit perspektivisch schaffen, denn diese Distanz wirst du im Rennen auf jeden Fall zurücklegen müssen.

Mindestens sechs Workouts sind in unserem beispielhaften Wochenplan vorgesehen (Spalte »Workout 1«). Falls du Zeit hast, zwei Einheiten an einem Tag zu absolvieren, kannst du zusätzlich die optionalen Workouts aus Spalte 2 abarbeiten. Zwei tägliche Einheiten sind keine Pflicht, Pro-Athletin Linda Meier trainiert beispielsweise auch nur einmal am Tag. Ausreichend Zeit zum Regenerieren vorausgesetzt, kann es aber definitiv nicht schaden, die eine oder andere zusätzliche Einheit zu absolvieren. Wie du siehst, steht vor allem Grundlagenausdauer auf dem Plan, da auf der Laufstrecke die meiste Zeit gutzumachen ist. Das Verhältnis zwischen Kraft- und Ausdauertraining sieht deshalb folgendermaßen aus: Von theoretisch zehn möglichen Einheiten sind sieben Einheiten aerobe und anaerobe Ausdauer (70 Prozent) und drei Einheiten Kraft (30 Prozent). Solltest du bereits ein guter Läufer sein und etwa fit genug für einen Halbmarathon, deine Kraftwerte lassen aber zu wünschen übrig, dann drehst du dieses Verhältnis einfach um – solltest aber keine sieben Einheiten Kraft trainieren. Ein so hohes Trainingsvolumen sind deine Muskeln noch nicht gewohnt. Reduziere stattdessen den Workload insgesamt, etwa auf sechs Einheiten pro Woche, und absolviere vier Einheiten Kraft (70 Prozent) und zwei Einheiten Ausdauer (30 Prozent), indem du eine aerobe Ausdauereinheit streichst und durch eine Krafteinheit ersetzt.

Beispielwoche Phase 1

Wochentag	Workout 1	Workout 2 (optional)
Montag	Basiskraft	aerobe Ausdauer
Dienstag	aerobe Ausdauer	
Mittwoch	Basiskraft	aerobe Ausdauer
Donnerstag	Tempoläufe	
Freitag	Basiskraft	aerobe Ausdauer
Samstag	Pause	aerobe Ausdauer
Sonntag	aerobe Ausdauer (lang)	

Phase 2: Speed up your game – alles noch schneller

Woche 5 bis 8

Die zweite Phase baut auf der Grundlagenarbeit der ersten vier Wochen auf. Hier geht es vor allem darum, deine Schnellkraft zu verbessern, Übungen also explosiver und mit höherer Geschwindigkeit auszuführen und die Zeiten deiner Runs zu optimieren, indem du mithilfe von Intervallläufen und Sprints an deiner Schnelligkeit arbeitest. Sollte deine lange aerobe Einheit in Phase 1 nicht schon mindestens so lang wie deine HYROX-Zielzeit gewesen sein, erhöhe auch hier die Dauer noch ein wenig. HYROX-Coach Storath meint, es könne nicht schaden, sogar etwas länger zu trainieren als die Dauer der angepeilten Zielzeit. Um beim Beispiel von Phase 1 zu bleiben: Wenn du bei 1:20 Stunde finishen willst, dehne deine lange Einheit auf 1:30 Stunde oder 1:40 Stunde aus (Stichwort: Overprepares). Wichtig: Hier ist die Intensität extrem niedrig, du arbeitest nur bei etwa 60 Prozent deiner maximalen Herzfrequenz.

Auch in dieser Beispielwoche beträgt das Verhältnis der Trainingseinheiten noch 70 Prozent Ausdauer und 30 Prozent Kraft. Wie in Phase 1 gilt: Falls Laufen deine Stärke ist, passe dieses Verhältnis individuell an, indem du etwa montags und freitags Schnellkraft und Tempoläufe absolvierst und dafür dienstags und donnerstags statt der Tempoläufe zwei weitere Krafteinheiten einschiebst. Optional kannst du auch eine Einheit, die deiner Stärke entspricht, streichen, um dich mit den HYROX-spezifischen Übungen vertraut zu machen. Bist du beispielsweise ein guter Läufer, streiche eine Einheit Tempoläufe und absolviere stattdessen eine Kraftausdauereinheit, in die du zwei bis drei HYROX-Übungen einbaust. Dein Körper sollte inzwischen in der Lage sein, die Belastung mehrerer Krafteinheiten pro Woche zu vertragen.

Beispielwoche Phase 2

Wochentag	Workout 1	Workout 2 (optional)
Montag	Schnellkraft	aerobe Ausdauer
Dienstag	Tempoläufe	
Mittwoch	aerobe Ausdauer	Schnellkraft
Donnerstag	Tempoläufe	
Freitag	Schnellkraft	aerobe Ausdauer
Samstag	Pause	Tempoläufe
Sonntag	aerobe Ausdauer (lang)	

* Optional: Tausche eine Einheit deiner Wahl gegen ein Kraftausdauerworkout mit HYROX-spezifischen Übungen.

Phase 3: Learn to love the pain – trotz Schmerzen weitermachen

Woche 9 bis 12

Je näher das Rennen, desto mehr Kraftausdauereinheiten solltest du ins Training einbauen, um Muskulatur und Herz-Lungen-System an die dauerhafte Belastung mit hohen Wiederholungszahlen zu gewöhnen. Absolviere kurze, knackige Zirkelworkouts im hohen Pulsbereich und mit festen Pausenzeiten plus mittellange und lange aerobe Einheiten auf der Laufstrecke oder dem Ergometer, Tempoläufe für Speed und ein bis zwei Schnellkrafteinheiten für explosive Power.

Hinzu kommt ein HYROX-spezifisches Schwellentraining, mit dem du deinen Körper gezielt auf die Arbeit im anaeroben Bereich vorbereitest. Konstruiere also ein knackiges HYROX-Workout mit hoher Intensität und wenigen Pausen, um dich daran zu gewöhnen weiterzuarbeiten, wenn deine Muskeln wie Feuer brennen und dein Körper am liebsten aufgeben und losheulen würde. In diesen Einheiten lernst du, trotz Erschöpfung kein Feigling zu sein! (Das Powerworkout im Abschnitt »Get into it – Beispielworkouts für HYROX« auf Seite 118 ist für eine solche Einheit sehr gut geeignet. Du kannst aber auch ein anderes Workout zusammenstellen.)

Das Verhältnis der Trainingseinheiten hat sich in Phase 3 verschoben, und zwar auf 60 Prozent Ausdauer und 40 Prozent Kraft. Wie immer gilt: Du kannst das Verhältnis bei Bedarf anpassen, etwa indem du donnerstags in Workout 2 statt aerober Ausdauer noch eine Kraftausdauereinheit einbaust.

Beispielwoche Phase 3

Wochentag	Workout 1	Workout 2 (optional)
Montag	Kraftausdauer	aerobe Ausdauer
Dienstag	Schwellentraining (HYROX-spezifisch)	
Mittwoch	aerobe Ausdauer	Schnellkraft
Donnerstag	Tempoläufe	aerobe Ausdauer
Freitag	Schnellkraft	aerobe Ausdauer
Samstag	Pause	
Sonntag	aerobe Ausdauer (lang)	

Phase 4: Get primed and ready – die letzte Phase

Woche 13 bis 16

Die heiße Phase vor dem Rennen beginnt. Du kombinierst nun vermehrt Kraft- und Ausdauertraining in hybriden Einheiten und trainierst mehrmals pro Woche HYROX-spezifisch – in Workouts, die aus HYROX-Übungen aufgebaut sind, und indem du deinen Körper in Compromised-Running-Sessions an das Laufen bei Erschöpfung gewöhnst.

Wichtig: In der letzten Woche vor dem Rennen solltest du die Intensität der Einheiten deutlich reduzieren und mindestens auf die optionalen zweiten Workouts verzichten. Lockere Läufe sind okay, intensive Workouts kannst du durch Mobility-Übungen oder Yoga ersetzen. Diese sogenannte Tapering-Phase ist wichtig, um bei HYROX möglichst ausgeruht und regeneriert an den Start zu gehen.

Beispielwoche Phase 4

Wochentag	Workout 1	Workout 2 (optional)
Montag	HYROX-spezifisches Training	aerobe Ausdauer
Dienstag	Compromised Running (HYROX-spezifisch)	
Mittwoch	aerobe Ausdauer	
Donnerstag	Kraftausdauer	aerobe Ausdauer
Freitag	Tempoläufe	HYROX-spezifisches Training

Wochentag	Workout 1	Workout 2 (optional)
Samstag	Pause	Compromised Running (HYROX-spezifisch)
Sonntag	aerobe Ausdauer (lang)	

Tapering: Reduziere in Woche 16 den Workload, indem du die Anzahl und Intensität der Workouts minimierst und durch Stretching, Mobility-Training und Spaziergänge aktiv regenerierst.

Train like a Pro – Beispielwoche eines HYROX-Profis

Lukas Storath ist als erster HYROX-Weltmeister nicht nur ein wahrer Pionier des Sports, sondern inzwischen auch einer der gefragtesten HYROX-Coaches weltweit. Kein Wunder: Er plant die Vorbereitung seiner Klienten ebenso akribisch wie seine eigene. Storath bezeichnet sich selbst als »Zahlen- und Berechnungsnerd«. Er errechnet vor jedem Rennen den genauen Zeitpunkt, wann er ein Carb-Gel einnehmen muss, prüft den Gummianteil im Schlittenteppich und legt sich immer die perfekte Rennstrategie zurecht.

Sein Training unterteilt er in drei Phasen: Pre-, In- und Off-Season. In der Off-Season im Juni, Juli und August steht vor allem Grundlagenarbeit auf seinem Plan. Das heißt: Storath schrubbt viele Kilometer auf der Laufstrecke oder dem Ergometer. Im Gegensatz zu vielen anderen HYROX-Sportlern setzt er im Gym nicht nur auf Verbundübungen, sondern trainiert Muskelgruppen, wie Bauch und Rücken, auch isoliert. So mischt er Kraft- und Hypertrophietraining, um den Sommer über ein bis zwei Kilo Muskulatur zuzulegen, die ihm im Wettkampf bei schweren Übungen wie Sled Push oder Pull helfen. In der Pre-Season wird das Training dann deutlich intensiver.

Außerdem ist Storath nach wie vor berufstätig, wenn auch mittlerweile in Teilzeit, um sich mehr dem Coaching widmen zu können. Dennoch ist sein Tag mit zwei Trainingseinheiten, Job, Coaching und Familie straff getaktet:

- Wochentags steht er um 5:30 Uhr auf und trainiert seine erste Einheit, meist nach dem Schema: Rudern, Klimmzüge, Kniebeuge oder 30 Minuten Dauerbelastung, zum Beispiel am Ski Erg oder Row Erg.
- In der Mittagspause oder nach Dienstschluss absolviert Storath seine zweite Einheit: 45 bis 90 Minuten Hybridtraining im Zirkelformat, zum Beispiel mit Wall Balls, Laufband, Klimmzügen und Sled Push.
- Seine beiden täglichen Einheiten setzen sich immer aus einer langen und lockeren und einer kürzeren Intervalleinheit zusammen, wobei auch die Intervalle locker sein können. »Es muss nicht immer Vollgas sein«, meint Storath.
- Am Wochenende absolviert Storath längere Einheiten, zum Beispiel 15 Kilometer laufen gefolgt von 20 Minuten rudern.
- An manchen Tagen absolviert Storath nur eine 90-minütige Einheit am Tag, die dafür jedoch sehr intensiv ist.

BAUE DIR EIN STARKES NETZWERK AUF!

Lukas Storath ist zwar allein zum WM-Titel und HYROX-Weltrekord gelaufen, in der Vorbereitung kann er jedoch stets auf ein großes Netzwerk aus Unterstützern zählen. In seinem Umfeld gibt es Experten, die ihm Einnahmepläne für Nahrungsergänzungsmittel schreiben, einen Physiotherapeuten, der ihn zu Hause behandelt, und zahlreiche Athleten, die gemeinsam mit ihm trainieren, ihn pushen, die Workouts filmen und analysieren und so weiter. Aufgrund dieses Netzwerks hatte er schon früh Zugang zu top ausgestatteten Gyms, Gewichtsschlitten, Laufbahnen und dergleichen und damit in der Anfangszeit von HYROX einen bedeutenden Vorsprung vor der Konkurrenz. Ein starkes Netzwerk kann dir helfen, im Rennen das letzte Prozent herauszuholen!

Die folgende Beispielwoche entstammt einem Trainingsplan, den Storath für einen männlichen HYROX-Pro-Athleten erstellt hat. Der Athlet hat eine aktuelle Finisher-Zeit von 1:12 Stunde und das Ziel, im nächsten Wettkampf unter 1:10 Stunde zu finishen. Es handelt sich um Woche fünf einer 13-wöchigen Vorbereitung. Da der Athlet in Vollzeit berufstätig ist, umfasst der Plan »nur« fünf bis sechs Trainingseinheiten pro Woche. Die Pace-Angaben beziehen sich bei den Runs auf eine Distanz von 1000 Metern und bei Ski Erg und Rowing auf 500 Meter.

Die Workouts sind allesamt sehr HYROX-spezifisch und enthalten zudem viele Runs, da Storath – wie die meisten Pro-Athleten – der Ansicht ist, dass sich bei den Läufen die meiste Zeit gutmachen lässt.

Montag

Schwerpunkt: Run
Optional: Laufband

Warm-up	Entfällt, da progressiver 10k-Lauf locker beginnt.
Haupt-einheit	**10k-Lauf progressiv** Beginne sehr locker und steigere dich alle 2 Kilometer, die letzten beiden Kilometer sollen dein Maximum sein. **Pace** » Kilometer 1–2: 5:30 Min. » Kilometer 3–4: 5:00 Min. » Kilometer 5–6: 4:40 Min. » Kilometer 7–8: 4:20 Min. » Kilometer 9–10: 4:00 Min.
Cool-down	entfällt

Dienstag

Schwerpunkte: Sled Pull, Wall Balls, Run

Equipment: Bike Erg, Ski Erg, Row Erg, Sled, Medizinball

Optional: Laufband

Warm-up	5 Min. Run (Pace: 5:30 Min.) 5 Min. Bike Erg (150 Watt) 5 Min. Run (Pace: 5:00 Min.) 5 Min. Bike Erg (180 Watt)
Haupt-einheit	Pace bei Ski Erg wird gesteigert: Je kürzer die Distanz, desto schneller. Pace bei Run: immer 4:45 Min. 500 m Ski Erg (Pace: 2:05 Min.) 50 m Sled Pull (150 kg) 500 m Run 10 Wall Balls (9 kg) 400 m Ski Erg (Pace: 1:58 Min.) 40 m Sled Pull 400 m Run 15 Wall Balls 300 m Ski Erg (Pace: 1:53 Min.) 30 m Sled Pull 300 m Run 20 Wall Balls 200 m Ski Erg (Pace: 1:48 Min.) 20 m Sled Pull 200 m Run 30 Wall Balls
Cool-down	**RPE* 4** 10 Min. locker rudern (Pace: 2:20 Min.)

* RPE = Rate of Perceived Exertion (auf Deutsch: »Grad der empfundenen Anstrengung«). Du bestimmst dein subjektives Belastungsempfinden bei einer körperlichen Aktivität auf einer Skala von 1 bis 10. 10 entspricht deinem 1RM, also einer Belastung, bei der keine weitere Wiederholung mehr möglich ist. 4 bedeutet also relativ niedrige Intensität.

Mittwoch

Schwerpunkt: Run
Equipment: Ski Erg
Optional: Laufband, Row Erg

Warm-up	2000 m Ski Erg (Pace: 2:15 Min.)
Haupt-einheit	12 km Grundlagenlauf (Pace: 5:20 Min.)
Cool-down	Stretching und Mobility

Donnerstag

Schwerpunkte: Sled Push, Lunges, Run
Equipment: Row Erg, Ski Erg, Bike Erg, Medizinball, Sandbag

Warm-up	**3 Runden** 500 m Ski Erg (Pace: 2:20 Min.) 15 KB-Deadlifts (2 x 32 kg) 10 Liegestütze 10 Burpees (locker, langsam und konzentriert)
Haupt-einheit	5 x 10 Min. mit je 2 Min. Pause Die 10 Min. sind wie folgt aufgeteilt: 4 Min. Bike Erg (230 Watt) 2 Min. Sled Push (200 kg) 1 Min. Run (Pace: 4:40 Min.) 2 Min. Lunges (30 kg) 1 Min. Run (Pace: 4:40 Min.) 2 Min. Pause
Cool-down	10 Min. locker rudern (Pace: 2:20 Min.)

Freitag

Active Restday	20 Min. Stretching/Mobility Aktive Bewegung: 20–30 Min. Ergometer nach Wahl

Samstag

Schwerpunkt: Run

Equipment: Laufband

Warm-up	3000 m Rudern (Pace: 2:15 Min.) 1000 m Run (Pace: 5:05 Min.)
Haupt-einheit	**Intervalle 8 Runden** 800 m Run (Pace: 4:05 Min.) 20 Burpee Broad Jumps 90 Sek. Pause
Cool-down	10 Min. locker auslaufen (Pace: 6:00 Min., falls ein Rasen vorhanden ist, gern auch 5 Min. davon barfuß)

Sonntag

Schwerpunkte: Rudern, Wall Balls

Equipment: Row Erg, Medizinball

Optional: Laufband

Warm-up	2 km Einlaufen (Pace Kilometer 1: 5:30 Min., Kilometer 2: 4:50 Min.) 1 km Rudern (Pace: 2:10 Min.)
Haupt-einheit	**Row-Wall-Ball-Pyramide** 100 m Rudern (Pace: 1:35 Min.) – 10 Wall Balls (12 kg) 200 m Rudern (1:42 Min.) – 12 Wall Balls 300 m Rudern (1:48 Min.) – 13 Wall Balls

Haupteinheit	400 m Rudern (1:55 Min.) – 14 Wall Balls 500 m Rudern (1:58 Min.) – 15 Wall Balls 600 m Rudern (2:05 Min.) – 16 Wall Balls 500 m Rudern (1:58 Min.) – 15 Wall Balls 400 m Rudern (1:55 Min.) – 14 Wall Balls 300 m Rudern (1:48 Min.) – 13 Wall Balls 200 m Rudern (1:42 Min.) – 12 Wall Balls 100 m Rudern (1:35 Min.) – 10 Wall Balls Für das Tempo gilt: Je kürzer die Strecke, desto höher die Geschwindigkeit.
Cool-down	10 Min. locker Bike Erg (140 Watt) Stretching/Mobility

Wie du siehst, besteht auch der Plan eines erfahrenen Wettkämpfers und Coaches wie Storath aus den in diesem Buch beschriebenen Basics. Storath legt den Fokus stark auf aerobe Ausdauer mit viel Abwechslung und gelegentlichen intensiven Peaks. Er sagt: In jeder Einheit volle Intensität zu geben, ist kontraproduktiv und schwächt den Körper, insbesondere bei voll berufstätigen Sportlern, die weniger Zeit zum Regenerieren haben. Was außerdem auffällt, ist Storaths Akribie bei der individuellen Bestimmung von Pacing, Wattzahlen und Distanzen – der vorliegende Plan ist tatsächlich auf seinen Klienten maßgeschneidert. Du solltest ihn deshalb nicht 1:1 umsetzen, bekommst damit aber vielleicht ein Gefühl dafür, wie Profis ihre Vorbereitung angehen.

Der Plan zeigt vor allem, dass es durchaus möglich ist, sich auch mit »nur« fünf bis sechs Einheiten pro Woche optimal auf HYROX vorzubereiten. Auch HYROX-Pro-Athletin Linda Meier trainiert nur sechsmal pro Woche und lief damit im September 2022 immerhin Weltrekord mit 1:03:29 Stunde. Auch wenn die Konkurrenz inzwischen aufgeholt hat und die Amerikanerinnen Megan Jacoby und Lauren Weeks als erste Frauen die Einstundenmarke geknackt haben, gehört Meier mit einer aktuellen Bestzeit von 1:02:23 Stunde noch immer zu den Top Ten der Welt (mehr über Linda Meier erfährst du im Interview ab Seite 34). Dies ist ihr Wochenplan:

Montag	Kraft
Dienstag	Kraft + HYROX-spezifisches Training (Intervalle etc.)
Mittwoch	Kraftausdauer (HYROX-Simulation, aber kein kompletter Lauf)
Donnerstag	Intervalle
Freitag	Kraft
Samstag	Pause
Sonntag	langer Lauf

No equipment? No excuse! – Laufschuhe und Fitnessstudio reichen aus

In den Phasen 1 und 2 dürfte so eine HYROX-Vorbereitung den meisten Sportlern logistisch keine größeren Probleme bereiten. Für die Ausdauereinheiten brauchst du an Equipment theoretisch nicht mehr als ein paar Laufschuhe und für die Basis- und Schnellkraftworkouts mit ihren vielen Verbundübungen reicht eigentlich jedes mäßig ausgestattete Fitnessstudio aus. Schwieriger wird es ab Phase 3, wenn die HYROX-spezifischen Übungen hinzukommen. Während die meisten Gyms noch mit Medizinbällen, Kettlebells und vielleicht einem Ruderergometer aufwarten können, sind Skiergometer und vor allem ein Gewichtsschlitten mit zugehöriger Bahn noch immer Exoten und nach wie vor nur in besonders gut ausgestatteten Studios oder spezialisierten Functional-Fitness-Gyms zu finden. Das hat zur Folge, dass viele HYROX-Teilnehmer noch immer ohne Vorerfahrung im Sled Push und Pull antreten und im Rennen zum ersten Mal am Schlitten stehen. Das ist – wie in diesem Kapitel mehrfach erklärt – suboptimal und für ambitionierte Athleten ein No-Go. Die Zeiten, in denen du ohne spezifisches Training vorn mitlaufen kannst, sind längst vorüber. Wenn du Bestzeiten laufen willst, musst du dir ein Gym suchen, das diesem Anspruch gerecht wird – am besten eins der HYROX-Partnergyms, von denen es in Deutschland mittlerweile an die 300 gibt.

Finde ein Partnergym, in dem du für HYROX trainieren kannst, unter: hyrox.com/find-a-hyrox-partner-gym/

Falls du nur just for fun mitläufst, erst mal in das Thema HYROX hineinschnuppern willst und es dir primär ums Finishen und weniger um die Zielzeit geht, dann kannst du dich aber auch ohne Spezialausrüstung auf das Rennen vorbereiten. Mithilfe von schweren Drückübungen und Squats mit vielen Wiederholungen kannst du deinen Körper etwa an die Belastung beim Sled Push gewöhnen – auch wenn der echte Schlitten dann doch noch mal ein »different beast« ist, wie Mintra Tilly es formuliert. In den Übungsbeschreibungen ab Seite 102 findest du Alternativen zu den HYROX-spezifischen Übungen, mit denen du dich vorbereiten kannst, wenn dein Gym nicht über alle HYROX-Stationen verfügt.

Besonders wichtig ist in der Vorbereitung außerdem das Simulieren der Transitions zwischen Runs und Fitnessübungen – und das funktioniert auch ohne spezielles Equipment prima. »Um zu spüren, wie sich das Laufen nach den Übungen anfühlt, kannst du in deinen Läufen nach 500 oder 1000 Metern einfach Übungen wie Lunges und Burpees einbauen«, meint Tilly. Theoretisch könntest du dich sogar ganz ohne Fitnessstudio und Geräte auf HYROX vorbereiten – nur mit Läufen, Bodyweight-Übungen und hochintensiven Intervallzirkeln (kurz: HIIT für »High Intensity Interval Training«). Damit treibst du den Puls hoch, simulierst die Übersäuerung der Muskulatur und gewöhnst deinen Körper an die hohen Wiederholungszahlen und die pausenlose Belastung im Rennen. Einen entsprechenden Bodyweight-Zirkel findest du auf Seite 95. Das ist natürlich kein adäquater Ersatz für ein Fitnessstudio, aber es würde im Notfall auch funktionieren. Fest steht: Fehlende Ausrüstung ist keine Ausrede, nicht am HYROX teilzunehmen – so viel ist sicher!

Cool your engine – Ruhe und Erholung

HYROX und die Vorbereitung darauf sind eine Extrembelastung für den Körper. Wenn du unseren 16-Wochen-Plan durchziehst und keine Workouts ausfallen lässt, dann hast du nach vier Monaten zwischen 96 und 160 Einheiten in den Knochen – plus das eigentliche Rennen und gegebenenfalls den einen oder anderen Probewettkampf, wie einen 10K-Lauf oder einen Halbmarathon. Dein Körper hat sich also eine kleine Pause verdient. »Viele Athleten sind regelrecht süchtig nach HYROX und nehmen jedes Event mit«, erzählt Head of Sports Mintra Tilly kopfschüttelnd und rät dringend davon ab. An zwei, drei aufeinanderfolgenden Wochenenden an HYROX teilzunehmen, findet sie schlicht »dämlich«. Auch Storath mahnt, nicht jedes Rennen mitzunehmen: »Wenn du dich steigern willst, brauchst du mindestens sechs bis acht Wochen Zeit zwischen den Events«, so der HYROX-Coach. »So ein HYROX kostet schon Körner.« Storath rät zu vier Wettkämpfen pro Jahr – drei Trainingswettkämpfe, die quasi als Testläufe fungieren und ein Hauptwettkampf, bei dem du bis an deine Grenzen gehst und versuchst, eine neue Bestzeit zu laufen.

Auch am Tag nach dem Rennen schon wieder im Gym zu schwitzen, ist kontraproduktiv. Fehlende Regeneration schmälert auf Dauer nur deine Leistung und erhöht das Verletzungsrisiko. Tillys Rat: Nach HYROX am Samstag den kompletten Sonntag pausieren und frühestens am Montag wieder ein leichtes Training einplanen, etwa Radfahren oder Yoga. Aktive Erholung lautet das Stichwort. Drei bis vier Tage solltest du so weitermachen und die Intensität langsam steigern. Zur optimalen Regenerationsdauer nach einem Fitness Run existieren noch keine wissenschaftlichen Studien. Eine Untersuchung mit 19 Triathleten hat allerdings gezeigt, dass bestimmte Entzündungswerte, an denen sich der Fortschritt der muskulären Regeneration ablesen lässt, mindestens fünf Tage nach dem Rennen noch erhöht waren.[8]

Höre auf deinen Körper – nicht nur nach dem Rennen, sondern auch schon in der Vorbereitung. Wenn du deine Gesundheit und HYROX als Sport ernst nimmst, dann ist Regeneration immens wichtig, sonst macht dein Körper irgendwann dicht und du richtest erst einmal gar nichts mehr aus. Denn: Im Training wird dein Körper nicht stärker, im Gegenteil. Die Trainingsbelastung zerstört Mikrostrukturen in Muskulatur, Knochen, Sehnen und Gelenken. Diese Mikrostrukturen verstärkt dein Körper in den Ruhephasen und passt sich so den Trainingsanforderungen an – man bezeichnet das als Superkompensation. Du setzt im Training also nur den Reiz, stärker wirst du eigentlich in der Pause danach. Deshalb gilt: Je intensiver du trainierst, umso mehr musst du regenerieren. Unzureichende Erholung erkennst du zunächst an Erschöpfung, chronischer Müdigkeit und Reizbarkeit. Wenn du dann nicht gegensteuerst, drohen Verletzungen. Dein optimales Trainingspensum hängt deshalb nicht nur von deinem Zeitbudget ab, sondern auch von Faktoren wie Alter und Lebensstil. Jenseits der 30 benötigt der Körper zunehmend länger, um sich von den Strapazen des Trainings zu erholen. Das heißt nicht, dass du als 40-Jähriger nur noch drei Einheiten pro Woche einplanen solltest. HYROX-Senior Klaus-Dieter Rösener ist über 70 Jahre alt und trainiert mindestens fünfmal pro Woche mehrere Stunden lang (seine Geschichte findest du ab Seite 195). Aber es ist nicht zielführend, alle zehn möglichen Workouts unserer Beispielwochen durchzuackern, wenn du schon nach dem vierten den ganzen Tag müde bist und kaum noch Leistung bringen kannst. Sei ehrlich zu dir selbst – und passe deine Vorbereitung entsprechend an. Die Beispielwoche von Lukas Storath auf Seite 120/121 zeigt, dass man sich auch nur mit fünf bis sechs Einheiten pro Woche sehr gut auf HYROX vorbereiten kann.

Wie schnell dein Körper regeneriert, hast du außerdem – auch im Alter – weitgehend selbst in der Hand. Dein Lebenswandel spielt dabei nämlich eine extrem wichtige Rolle. Der rüstige Rösener treibt beispielsweise schon sein ganzes Leben lang Sport. Sein Körper kennt die Belastung und regeneriert deshalb relativ gut. Von veganer Ernährung will Rösener zwar nichts wissen und gönnt sich ab und an auch mal ein Gläschen Wein mit seiner Frau; davon abgesehen lebt der zehnfache HYROX-Teilnehmer außerdem verhältnismäßig gesund und kennt nach über 70 Lebensjahren seinen Körper. Seine simple Strategie, mit der er bislang gut und verletzungsfrei gefahren ist, lautet: »Wenn's mal zu viel wird, höre ich einfach auf.« Und das solltest du auch tun. Folgende Maßnahmen sind für eine optimale Regeneration sinnvoll:

- **Schlaf:** Achte auf ausreichend Schlaf (mindestens acht Stunden pro Nacht) und hohe Schlafqualität. Dazu gehört, mindestens 30 Minuten vor dem Einschlafen auf Fernsehen, Handy oder Tablet zu verzichten (das blaue Licht der Bildschirme kann deinen Schlaf stören), das Handy auszuschalten oder zumindest in den Flugmodus zu versetzen (damit dich keine Anrufe oder Nachrichten aufwecken) und in einem kühlen, dunklen Zimmer bequem zu liegen.
- **Stressabbau:** Körper und Geist sind eine Einheit. Stress kann deinen Schlaf und deine Regeneration stören. Versuche deshalb, den Kopf freizubekommen, etwa durch Spaziergänge, Meditation, Atemübungen, leichtes Stretching oder ein gutes Buch bei einer Tasse Tee.
- **Ernährung:** Nach dem Training ist es wichtig, dass du deinem Körper die verbrauchten Nährstoffe wieder zuführst, also vor allem Kohlenhydrate, Eiweiß, Elektrolyte und Vitamine. Auch Nahrungsergänzungspräparate, wie Proteinpulver, Vitamin- und Mineralstoffkomplexe oder Beta-Alanin, können die Regeneration unterstützen. Wie eine optimale HYROX-Ernährung aussehen sollte, erfährst du in Kapitel 5 »Fuel Your Engine! Ernährung für HYROX« ab Seite 159.
- **Flüssigkeitszufuhr:** Dein Körper benötigt ausreichend Flüssigkeit für wichtige Stoffwechselprozesse, Nährstofftransport, Temperaturregulierung und vieles mehr. Trinke täglich mindestens drei Liter, besser sind vier oder fünf. Auch während des Trainings solltest du ausreichend trinken. Verzichte auf gesüßte Getränke und greife zu Wasser oder ungesüßten Tees. In Maßen sind auch Fruchtschorlen und isotonische Getränke erlaubt. Auf Alkohol solltest du weitestgehend verzichten, insbesondere an Trainingstagen.
- **Aktive Erholung:** Erholung heißt nicht, nur auf der Couch vor dem TV zu chillen. Leichte Bewegung fördert die Durchblutung und damit den Nährstofftransport im gesamten Körper. Spaziergänge, Stretching oder lockeres Radfahren eignen sich perfekt für aktive Regeneration.

- **Sauna und Eisbad:** Die heißen Temperaturen in der Sauna ähneln einem Fieber und helfen, kleinere Entzündungen im Körper zu lindern. Die kalten Temperaturen im Eisbad oder in modernen Kältekammern verengen die Blutgefäße und erhöhen dadurch den Blutdruck. Durch die schnellere Durchblutung verheilen Zerrungen und Muskelkater zügiger und Stoffwechselprodukte wie Laktat werden früher abgebaut.
- **Kompressionskleidung:** Diese besondere Kleidung als Performance Wear gibt es im Sport schon länger. Relativ neu ist aber der Trend, sie auch zu Regenerationszwecken zu nutzen. Sie soll einen ähnlichen Effekt wie Eisbäder haben. Die Theorie: Die engen Textilien verengen die Blutgefäße. Dadurch wird der Blutdruck erhöht, wodurch Schadstoffe besser abgesondert und Sauerstoff und Nährstoffe besser durch den Körper transportiert werden können. Aktuell ist man sich in der Wissenschaft zwar noch uneinig,[9] ob mit Compression Shorts und Co tatsächlich ein messbarer Effekt erzielt werden kann – schaden können sie aber sicher nicht.

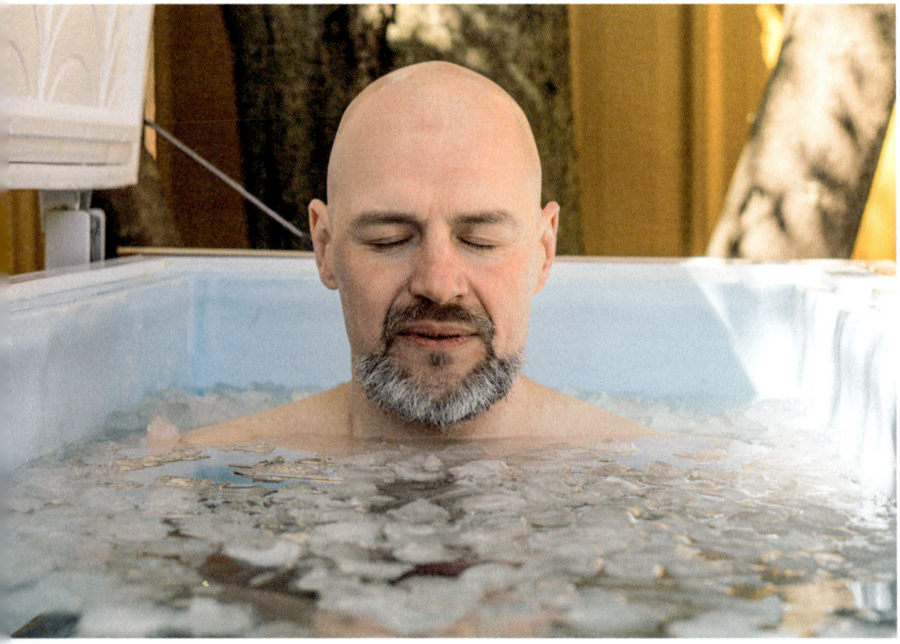

Die gesundheitlichen Vorteile des Eisbadens oder Eisschwimmens werden durch immer mehr Studien bestätigt. Es hat positive Effekte auf Hormone, Immunsystem, Herz-Kreislauf-System und Psyche.

HAMUN BAHADORVAND – DER BOTSCHAFTER

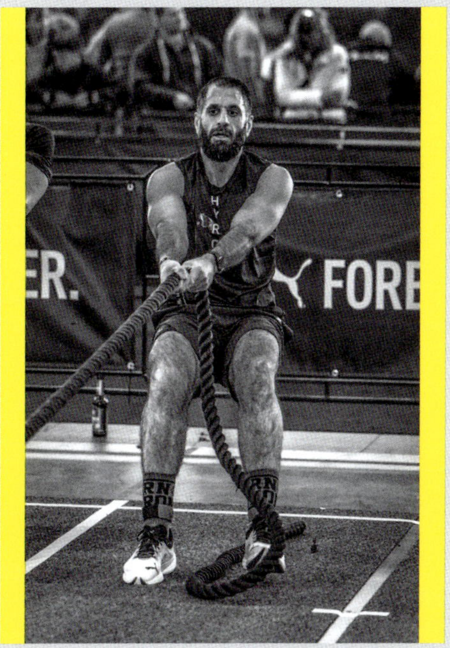

Geburtsdatum: 10.4.1987

Heimatort: Köln

Job: Ordnungsaußendienst

HYROX-Bestzeit: 1:13 Stunde

Lieblingsstation: Farmer's Carry

Hassstation: Burpee Broad Jumps

Lieblingsübung: Deadlift

Trainingsphilosophie: Weniger ist manchmal mehr.

Instagram: @hamunbahadorvand

Hamun Bahadorvand war schon als Kind übergewichtig. Irgendwann findet man sich damit ab, dass man beim Fußball nicht mitspielen darf, kennt alle dummen Sprüche. Dicksein wird zum Teil der eigenen Identität. Nach der Schule ging Bahadorvand als Zeitsoldat zur Bundeswehr, schaffte den Cooper-Test bei der Musterung erst beim vierten Mal. Bei einer Größe von 1,84 Meter wog er 110 Kilo. Er wurde immer dicker, bis er sich eines Tages nicht mehr selbst die Schuhe binden konnte. Das Übergewicht wurde zum Problem für seine Gesundheit, körperlich wie seelisch. Denn Bahadorvand wurde immer unzufriedener mit sich selbst, sah keine Perspektive mehr in seinem Leben, bekam immer häufiger Panikattacken und musste vom Rettungswagen ins Krankenhaus gebracht werden, wo die Ärzte feststellten, dass er – von seinem Übergewicht einmal abgesehen – kerngesund war. Das Gewicht belastete seine Psyche. Statt XL und XXL trug er inzwischen Kleidung in XXXL, fand kaum noch etwas zum Anziehen, was die Sorgen nur noch verstärkte. Bahadorvand fasste den Entschluss, etwas zu ändern.

Nach seiner Zeit bei der Bundeswehr arbeitete der Kölner Hühne bei einem Sicherheitsdienst, kannte dadurch viele Kampfsportler. Sein Nachbar war der Ultimate Fighting Championship-Kämpfer (UFC) Abu Azaitar. Kampfsport bringt Selbstvertrauen und trainiert den gesamten Körper – genau das, was Bahadorvand brauchte. Er meldete sich bei einem Bekannten in einem kleinen Kölner Gym an, wo er weniger Angst vor komischen Blicken und dummen Sprüchen hatte, und begann, zweimal pro Woche zu trainieren. Gleichzeitig stellte er seine Ernährung komplett um, strich Fast Food und Lieferdienste und setzte stattdessen auf Gemüse und ballaststoffreiche Gerichte. Er hatte Blut geleckt, schnell wurden aus zwei erst drei, dann irgendwann acht bis neun wöchentliche Einheiten – neben zwei Jobs, in denen er arbeitete. Bahadorvand war geradezu süchtig nach Sport, nahm in elf Monaten ganze 40 Kilo ab und flog sogar nach Dublin, wo er mehrere Wochen mit dem Coach von Starkämpfer Conor McGregor trainierte. Schnell war klar: Eines Tages wollte auch er mal in den Käfig steigen. Geplant war, dies sechs Monate später im Rahmen einer kleinen Hausgala zu tun. Wenige Zuschauer, keine Kameras. Der Kampf sollte ein kleines Teilziel auf seinem Weg sein, ihn anspornen, am Ball zu bleiben und weiter regelmäßig zu trainieren. Doch es kam anders. Eine alte Schulfreundin, die inzwischen als Redakteurin beim WDR arbeitete, bekam Wind von seiner Transformation und machte daraus einen TV-Beitrag. Immer mehr Medien interessierten sich daraufhin für Bahadorvands Story, er erschien in der *BILD*, der *Men's Health* und begann nun auch selbst aktiv auf Medien zuzugehen. Wegen des

» HYROX ist ein Rennen gegen dich selbst!

gesteigerten öffentlichen Interesses wurde aus dem Kampf auf der Hausgala ein Auftritt vor über 5000 Zuschauern in der Kölner Lanxess Arena in der damals größten MMA-Reihe Deutschlands (MMA = mixed martial arts, ein Kampfsport). Doch im hellen Licht der Scheinwerfer verfiel Bahadorvand in Schockstarre und verlor nach zwei Minuten in der ersten Runde durch technischen K.o. Die Bühne war, nach gerade mal elf Monaten Training, noch zu groß für den unerfahrenen Kämpfer. Zwei Monate darauf stieg er erneut in den Cage, dieses Mal tatsächlich auf einer kleinen Gala. Er bestritt den Hauptkampf und gewann. Doch es ging Bahadorvand weniger um den Sieg, sondern um den Kampf gegen sich selbst und seinen inneren Dämon. »Vor mir stand zwar ein Gegner, aber in Wahrheit war der Gegner ich selbst«, sagt er heute. In elf Monaten Training hatte er seinen Körper zum Positiven verändert. Mit dem Kampf hat er seinen inneren Frieden gefunden und konnte nun, nach diesem Abschluss, ein neues Kapitel beginnen: HYROX.

Im Kampfsporttraining machte Bahadorvand erste Erfahrungen mit Functional Fitness, trainierte damit seine Kraftausdauer für den Cage. 2021 erhielt er das Angebot, HYROX als Markenbotschafter zu vertreten, und nahm dankend an. Seitdem ist er selbst begeisterter Wettkämpfer und bei unzähligen Events gestartet. Sport war der Treibstoff, um sein Leben in den Griff zu kriegen, sagt Bahadorvand heute. Mit seiner Geschichte möchte er anderen Menschen Mut machen und sie motivieren, selbst den Zauber von HYROX mitzuerleben.

Als HYROX-Botschafter hast du mitgeholfen, Fitness Racing bekannter zu machen. Wann bist du selbst zum ersten Mal angetreten?

Als ich 2021 Ambassador wurde, wollte ich natürlich auch sofort am HYROX teilnehmen – ich musste schließlich wissen, wovon ich den Leuten da erzähle. Der nächste Wettbewerb war im September in London. Also bin ich eine Woche später mit meiner Frau dorthin geflogen und habe mitgemacht.

Und wie lief's?

Ich muss sagen, ich hatte mich vorher nicht spezifisch darauf vorbereitet. Ich hatte zwar Functional Fitness trainiert, aber eben keine HYROX-Stationen simuliert. Es war aber auch so machbar, ich habe 1:27 Stunde gebraucht. Meine Gefühle waren gemischt: Ich wollte lachen, weinen, aufgeben, weiterkämpfen – alles auf einmal. Mir standen schon die Tränen in den Augen, weil ich dachte, ich schaffe es nicht. Aber die anderen Leute motivieren einen so sehr, dass man die letzten Prozent noch aus sich herausholt und es ins Ziel schafft. HYROX ist viel Kopfsache.

Wie viele HYROX hast du seitdem bestritten?

Bestimmt 15 Stück, HYROX macht auf jeden Fall süchtig. Meine Bestzeit liegt inzwischen bei 1:13 Stunde und ich habe mich für die WM in Manchester qualifiziert. Dort will ich einfach nur Spaß haben und werde bestimmt die ganze Zeit mit einem Lächeln im Gesicht laufen, weil ich so glücklich bin, dass ich dabei sein kann.

Wo hast du die meiste Zeit gutgemacht?

Beim Laufen. Klar, auch bei den Workouts, aber mein Hauptfokus im Training war in der letzten Zeit das Laufen. Ich mache viele Sprint- und Intervalleinheiten. Mein nächstes Teilziel ist es, unter 1:10 Stunde zu finishen – und die Wall Balls unbroken zu schaffen.

Welchen Tipp hast du für die Fitnessworkouts?

Man muss auch die Grundmuskulatur stärken, Core, Rücken und so weiter. Aber meine Workouts sind inzwischen sehr HYROX-spezifisch geworden. Ich simuliere also die Stationen im Training.

Wie sieht eine typische Trainingswoche bei dir aus?
Ich bremse mich inzwischen etwas und gebe besser auf meine Regeneration acht. Vor allem die vielen Laufeinheiten gehen an die Substanz. Ich trainiere an vier bis fünf Tagen pro Woche jeweils nur eine Einheit – die dann aber sehr intensiv. Ich mache höchstens zwei HYROX-spezifische Workouts, dazu zwei Intervalleinheiten, angepasst an die HYROX-Distanz von 1000 Metern, und ein bis zwei längere Läufe. Das sieht dann etwa so aus: Montag HYROX-Workout, Dienstag Intervallläufe, Mittwoch ein längerer Lauf bei niedrigem Puls, Donnerstag wieder Intervalltraining – aber etwas anderes als am Dienstag – und Freitag wieder ein lockerer Lauf.

Wird HYROX nach 15 Rennen nicht irgendwann langweilig?
Nein, denn es ist immer ein Rennen gegen dich selbst. Wie bei Rennspielen früher auf der Konsole, wo du gegen den eigenen Schatten gefahren bist, der deine Leistung aus dem vorherigen Rennen abgebildet hat. Genauso versuche ich, mich selbst immer wieder einzuholen.

(Anmerkung: Bei der WM in Manchester lief Bahadorvand – trotz Krämpfen im Oberschenkel – mit einer Zeit von 1:27:22 Stunde und tatsächlich mit einem breiten Lächeln ins Ziel.)

5

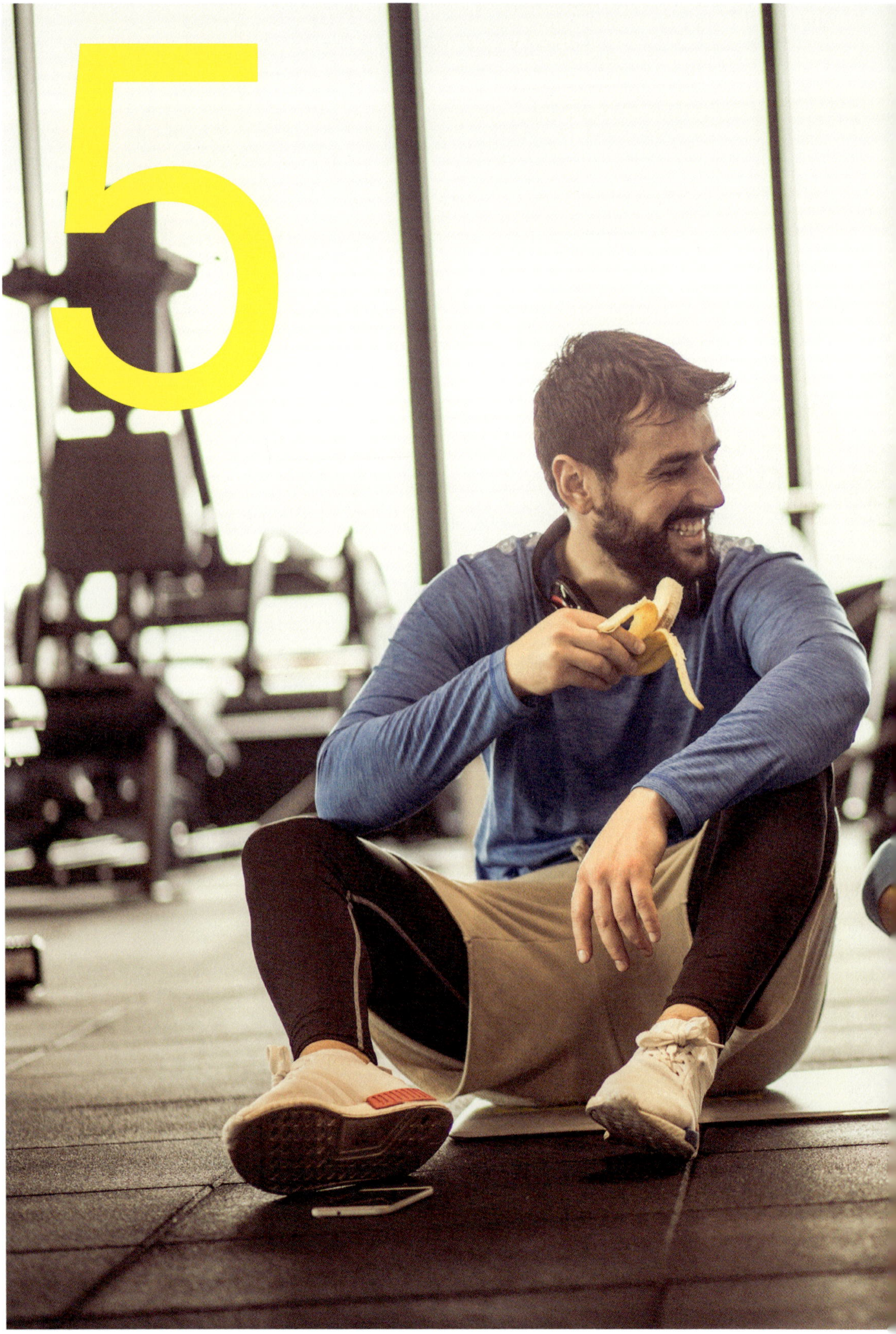

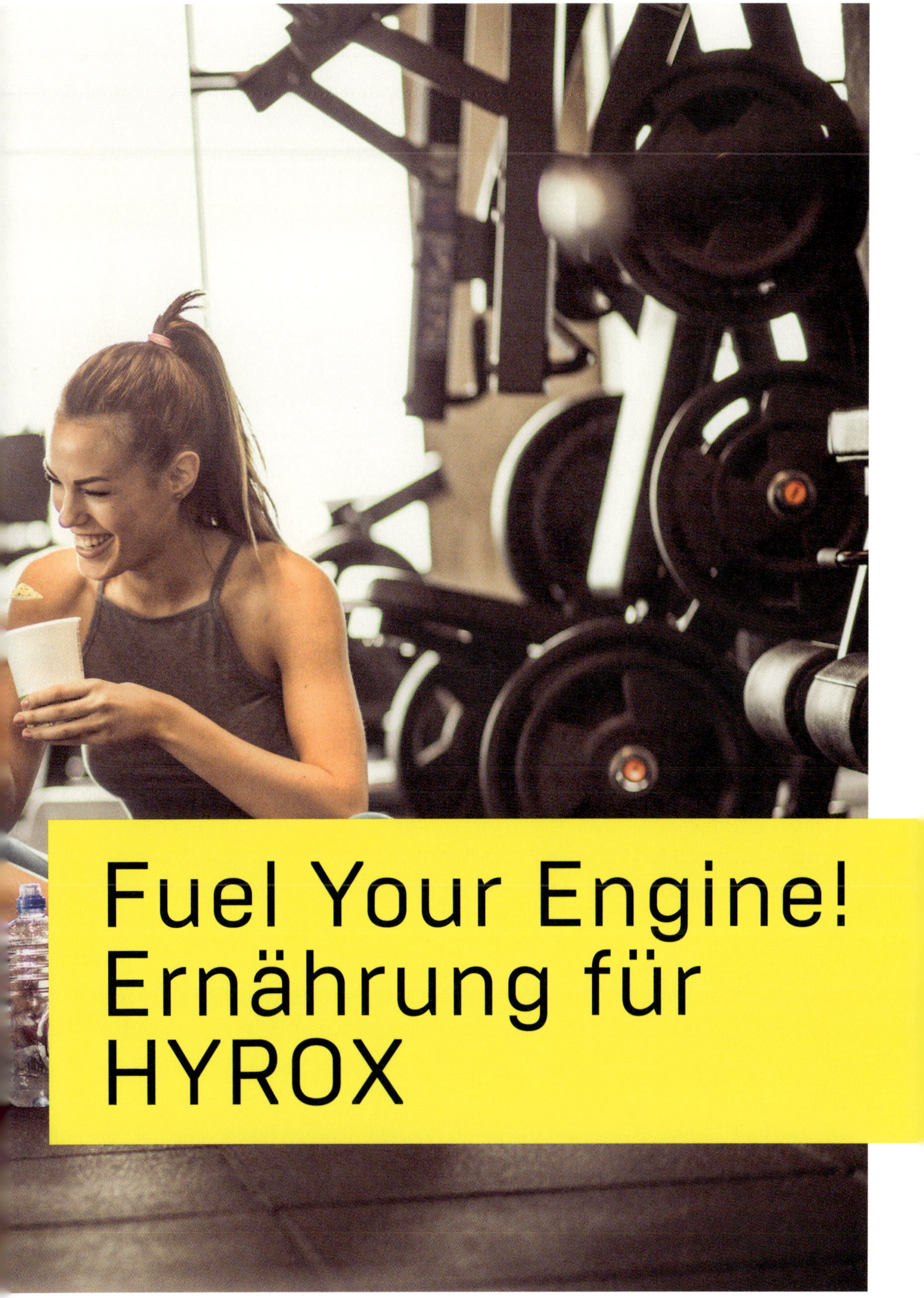

Fuel Your Engine! Ernährung für HYROX

Basics der Ernährung

Auf dem Weg zu immer neuen Bestzeiten kommt es bei HYROX nicht nur auf einen ausgeklügelten Trainingsplan an. Auch die Ernährung ist in der Vorbereitung und am Wettkampftag immens wichtig, weiß HYROX-Pionier Lukas Storath. Doch wie sieht die perfekte HYROX-Ernährung aus? Da Fitness Racing noch ein sehr junger Wettkampfsport ist, existieren dazu praktisch keinerlei Studien aus der Sport- und Ernährungswissenschaft. HYROX-Ernährungsexperte Rick Schmitz ist allerdings ganz nah dran an den Athleten und kombiniert sein reichhaltiges Fachwissen mit der Erfahrung aus seiner täglichen Arbeit. Er hat Ernährungswissenschaft und Ernährungstherapie in Wien studiert. Dort leitete er auch das Ernährungsprogramm der ersten CrossFit Box in der österreichischen Landeshauptstadt. Seit Oktober 2022 ist er HYROX Gym Affiliations Manager und lebt in Hamburg.

Wenn es keine belastbaren wissenschaftlichen Studien zu einer optimalen Ernährung für HYROX-Athleten gibt, liegt es nahe, sich bei verwandten Sportarten mit ähnlichem Anforderungsprofil und Intensitätsniveau umzusehen. Was die hohen Anforderungen an Ausdauer und die mehrmals wechselnde Art der Belastung angeht, lässt sich HYROX am ehesten mit einem Triathlon vergleichen. Die Workout-Stationen ähneln dagegen CrossFit-Wettkämpfen. Wie ernähren sich also Triathleten und Crossfitter?

Beide Sportarten sind enorm energieintensiv, weshalb die Athleten große Kalorienmengen zu sich nehmen müssen und dabei vor allem Energielieferanten wie komplexe Kohlenhydrate und gesunde Fette auf dem Speiseplan stehen. Die gute Nachricht lautet also: Du musst keineswegs hungern, sondern darfst nach Herzenslust zugreifen. Fett liefert in beiden Sportarten rund 30 Prozent der Gesamtkalorien. Im Triathlon besteht die Vorbereitung teils aus mehrstündigen Ausdauereinheiten, in denen der Körper große Mengen seiner primären Treibstoffquelle Kohlenhydrate benötigt – 55 bis 60 Prozent der Gesamtkalorien stammen daraus.

Zu große Muskelberge sind auf langen Distanzen eher hinderlich, da sie wertvollen Sauerstoff zu schnell verbrauchen. Der Muskelbaustein Protein spielt in der Ernährung von Triathleten deshalb zwar auch eine wichtige, jedoch nur nachrangige Rolle: 10 bis 15 Prozent der Gesamtkalorien genügen.

Im CrossFit ist es umgekehrt. Hier kommt es auf Kraft und Explosivität an, die Athleten verfügen deshalb über mehr Muskelmasse und müssen dementsprechend auch mehr Protein zu sich nehmen. 20 Prozent der Gesamtkalorien stammen daraus, dafür ist die Kohlenhydratmenge mit 50 Prozent der Gesamtkalorien etwas niedriger, da Trainingseinheiten und Wettkämpfe kürzer sind. Bevor wir uns mit der optimalen Nährstoffverteilung für HYROX-Athleten beschäftigen, sollten wir allerdings erst einmal klären, wie viele Kalorien du in der Vorbereitung auf HYROX überhaupt brauchst.

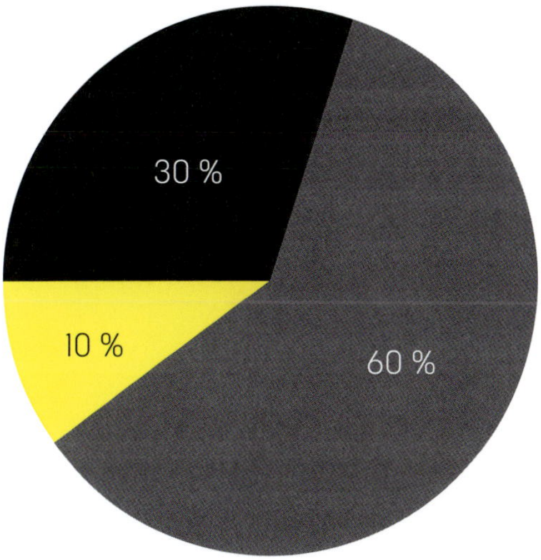

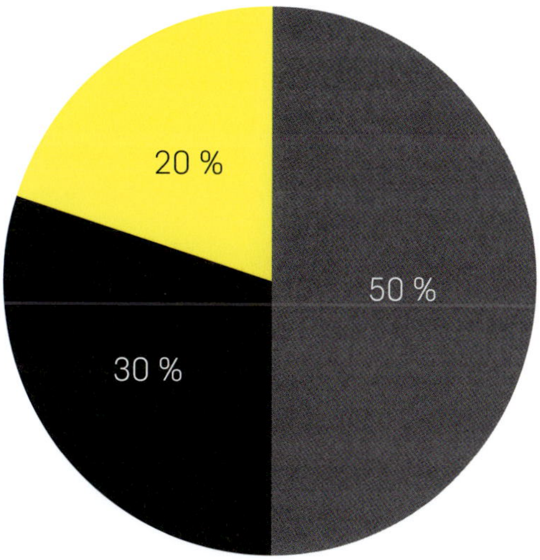

Kohlenhydrate Protein Fett

Im Triathlon braucht der Körper viel Energie für die langen Trainingseinheiten und Wettkämpfe, weshalb Mahlzeiten vor allem aus Kohlenhydraten und Fett bestehen.

Im CrossFit kommt es mehr auf Kraft und Explosivität an. Kohlenhydrate und Protein machen deshalb den Großteil der Mahlzeiten aus.

Wie viel du essen solltest

Aufgrund des enorm hohen Trainingsvolumens von Minimum fünf bis sechs Einheiten und circa 25 Laufkilometern pro Woche, das für eine HYROX-Vorbereitung nötig ist, braucht dein Körper vor allem eines: jede Menge Treibstoff! Weil du bei diesem Pensum extrem viel verbrennst, kann sich dein Kalorienbedarf während der intensiven Wettkampfvorbereitung durchaus verdoppeln. Damit du nicht in ein Kalorienbilanzdefizit rutschst, unter dem deine Leistung ziemlich schnell leiden würde, solltest du deshalb zunächst deinen korrekten Kalorienbedarf ermitteln.

Dein täglicher Kalorienbedarf setzt sich aus dem sogenannten Grund- und Leistungsumsatz zusammen. Der **Grundumsatz** beschreibt die Mindestmenge an Energie, die dein Körper für lebensnotwendige Funktionen wie Atmung, Stoffwechsel und Bewegung benötigt. Er wird von deinem Alter, deiner Größe und deinem Gewicht bestimmt. Der **Leistungsumsatz** ist die Menge an Energie, die für Aktivitäten wie Arbeit oder Sport noch oben draufkommt, und hängt davon ab, wie aktiv du bist. Wenn du im Beruf viel sitzt und in der Freizeit wenig Sport treibst, ist dein Leistungsumsatz entsprechend niedrig. Während einer intensiven HYROX-Vorbereitung ist er dagegen sehr hoch. Deinen Grundumsatz kannst du recht einfach mit der sogenannten Harris-Benedict-Formel berechnen, die wie folgt lautet:

Grundumsatz Männer

66,47 + (13,75 x Körpergewicht in kg) + (5 x Körpergröße in cm) – (6,775 x Alter in Jahren)

Grundumsatz Frauen

655,1 + (9,563 x Körpergewicht in Kilo) + (1,85 x Körpergröße in Zentimetern) – (4,676 x Alter in Jahren)

Der Grundumsatz eines 25 Jahre alten, 1,80 Meter großen und 80 Kilo schweren Manns würde also 66,47 + (13,75 x 80) + (5 x 180) – (6,775 x 25) = **1897,095 Kalorien** betragen.

Der Grundumsatz einer 25 Jahre alten, 1,65 Meter großen und 58 Kilo schweren Frau würde demnach 655,1 + (9,563 x 58) + (1,85 x 165) – (4,676 x 25) = **1398,104 Kalorien** betragen.

Mithilfe des Grundumsatzes kannst du nun auch deinen Leistungsumsatz ermitteln, indem du den eben errechneten Basiswert mit einem Aktivitätsfaktor multiplizierst. Wie hoch dieser Faktor ist, bestimmt dein Aktivitätsniveau: Er reicht von 1,3 bei alten und bettlägerigen Menschen bis zu 2,4 bei Menschen in körperlich fordernden Berufen und Leistungssportlern. Für eine HYROX-Vorbereitung darfst du guten Gewissens den Maximalfaktor 2,4 veranschlagen. Folgendermaßen berechnest du deinen Leistungsumsatz:

Leistungsumsatz: Grundumsatz x (Aktivitätsfaktor – 1)

In unserem Beispiel entspräche dies 1897,095 x (2,4 – 1) = **2655,93 Kalorien** für den Mann und 1398,104 x (2,4 – 1) = **1957,35 Kalorien** für die Frau.

Addiere nun Leistungsumsatz und Grundumsatz und du erhältst deinen täglichen Gesamtkalorienbedarf. Um bei unseren Beispielen zu bleiben: Der Mann käme auf einen Kalorienbedarf von 1897,095 + 2655,93 = **4553,03 Kalorien** und die Frau auf einen Bedarf von 1398,104 + 1957,35 = **3355,45 Kalorien**.

Klingt kompliziert? Keine Sorge, komfortable Kalorienbedarfsrechner gibt es kostenlos online oder als App: Einfach Alter, Größe und Gewicht eintippen, fertig!

Ob Formel oder Kalorienspar-App – bis auf die Nachkommastelle exakt wird dein berechnetes Ergebnis ohnehin nicht sein, da dein tatsächlicher Kalorienbedarf von einer Vielzahl weiterer Faktoren, wie Muskelmasse, Stoffwechsel, Körpertemperatur, Schlaf und mehr, abhängt. Das ist aber nicht schlimm, denn nur auf die grobe Richtung kommt es an. Als Faustregel gilt: Plane besser etwas mehr Kalorien als zu wenig ein. Oder, um es mit World Champion Hunter McIntyre zu sagen: »Iss mehr, als du für nötig hältst, denn die Workouts werden Hackfleisch aus dir machen!« Im Gegensatz zum Bodybuilding, wo Ästhetik und ein niedriger Körperfettgehalt im Vordergrund stehen, geht es bei HYROX vor allem um Performance. In der Vorbereitung musst du deshalb nicht jede einzelne Kalorie zählen – Hauptsache, deine Kalorienbilanz ist unterm Strich positiv. Du musst lediglich aufpassen, nicht so viel zu essen, dass ungenutzte Kalorien als Fettdepots gespeichert werden, da Übergewicht vor allem im Laufteil nachteilig sein kann, weil es die Gelenke belastet und den Lauf energieintensiver macht. Angesichts der Intensität und Häufigkeit deiner Workouts dürfte das aber kaum möglich sein. McIntyre (immerhin unter zehn Prozent Körperfett) ist etwa bekannt dafür, Gemüse zu verabscheuen und sich hauptsächlich von Steak, Reis und Süßkram zu ernähren. Er meint: »Superhelden werden nicht aus Gemüse gemacht, sondern aus Kalorien. Wo die herkommen, ist egal.« Falls du zu den 99,9 Prozent der Menschen gehörst, die kein geborener Superathlet sind, solltest du darauf achten, neben ausreichend Kalorien auch die richtigen Nährstoffe zu dir zu nehmen. Mehr dazu im Abschnitt »Was du essen solltest« auf der nächsten Seite.

Wie oft du essen solltest

Du weißt nun, wie viele Kalorien dein Körper als Brennstoff mindestens benötigt, und kannst anhand dieses Werts bestimmen, wie viel Nahrung du täglich zu dir nehmen musst. Dabei helfen die Kalorienangaben auf Verpackungen oder – bei unverpackten Lebensmitteln – kostenlose Kalorienzähler-Apps und Kalorientabellen im Internet. Du wirst sehen, dass dabei schnell beachtliche Mengen zusammenkommen können. Die gut 4500 Kalorien des Manns aus unserem Beispiel entsprechen etwa einem Kilo Putenbrust und einem Kilo Reis. Da stellt sich die Frage: Wann sollst du das alles essen? Bodybuilder, die es gewohnt sind, große Mengen

Lebensmittel zu verzehren, bedienen sich dafür eines Tricks: Statt der gewohnten drei Mahlzeiten am Tag (morgens, mittags und abends) verteilen sie ihre Gesamtkalorien auf fünf bis sechs Mahlzeiten. Das hat zwei Vorteile: Der Stoffwechsel wird den ganzen Tag über stimuliert, da ständig neuer Treibstoff nachgeliefert wird, und die Portionen werden kleiner. Du kennst das: Nach zu mächtigen Mahlzeiten streikt irgendwann das parasympathische Nervensystem und du brauchst erst mal eine Pause – am besten mit aufgeknöpfter Hose auf der Couch. Schmitz rät deshalb auch HYROX-Athleten mit hohem Kalorienbedarf zu mindestens drei, besser noch fünf bis sechs Mahlzeiten am Tag. Theoretisch sind auch wenige große Mahlzeiten erlaubt, etwa im Rahmen von intermittierendem Fasten; aus genanntem Grund dürfte dies aber nur für wenige Sportler infrage kommen. Eine feste Vorgabe zur Anzahl deiner Mahlzeiten gibt es allerdings nicht, Hauptsache, du kommst auf deine nötigen Kalorien. Falls du Probleme hast, deinen Bedarf mit natürlichen Lebensmitteln zu decken, dann arbeite mit Protein-Shakes. Ein Shake Whey-Protein mit Milch (1,5 Prozent Fett) enthält zwischen 350 und 400 Kalorien.

Ein weiterer Tipp von Schmitz: Schreibe alles auf, was du tagsüber isst, um den Überblick zu behalten. Häufig fällt einem gar nicht auf, wie wenig Wasser man tagsüber trinkt oder wie viele Snacks man sich zwischendurch gönnt. Ein kleines Ernährungstagebuch kann da helfen. Nutze der Einfachheit halber am besten die Notiz-App deines Smartphones – denn das hast du meistens griffbereit.

Was du essen solltest

Sicher hast du keine Lust, jeden Tag ein Kilo Putenbrust und ein Kilo trockenen Reis zu essen, um auf deine 3500 bis 4500 Kalorien zu kommen. Dein tägliches Kalorienziel ließe sich einfacher erreichen, indem du hochkalorische Lebensmittel, wie Süßigkeiten, Pizza oder Burger, isst und alles am besten noch mit einem sehr großen Glas Cola oder Eistee runterspülst. Dass dies aber keine gute Idee ist, falls du nicht Hunter McIntyre heißt, hast du dir sicherlich schon gedacht. Wenn dein Körper

Leistung bringen soll, darfst du ihn nicht mit irgendeinem Treibstoff füttern; in der Formel eins wird schließlich auch kein E10 getankt. Für Top-Performance brauchst du ein hochwertiges Kraftstoffgemisch – sprich: das richtige Verhältnis der Makronährstoffe Kohlenhydrate, Eiweiß und Fett. Welches Verhältnis das richtige ist, variiert individuell und hängt auch von deinem Stoffwechseltyp ab. Während manche Menschen Kohlenhydrate, wie Reis und Kartoffeln, besser verstoffwechseln, funktionieren andere besser mit Fett. Wir unterscheiden grob zwischen den im Folgenden genannten drei Stoffwechseltypen, wobei die Grenzen dazwischen fließend sind.

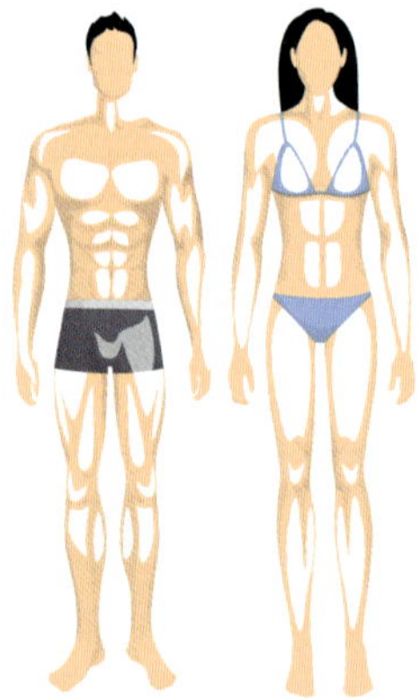

Der ektomorphe Typ: Dieser Stoffwechseltyp ist lang und drahtig und setzt nur selten Fett an, weil sein Stoffwechsel sehr schnell arbeitet. Er verfügt über eine hohe Glukosetoleranz und kann dementsprechend viele Kohlenhydrate essen, die er für High Performance auch unbedingt benötigt. Denn: Ein ektomorpher Typ verstoffwechselt seine Nahrung zwar schnell, aber ineffizient. Viele Kalorien und Nährstoffe werden ungenutzt wieder ausgeschieden. Neben komplexen Kohlenhydraten, etwa aus Vollkornprodukten, Süßkartoffeln oder Reis, braucht er daher auch viel Protein, Fett darf es dafür etwas weniger sein. Der ektomorphe Typ ist der klassische Läufertyp.

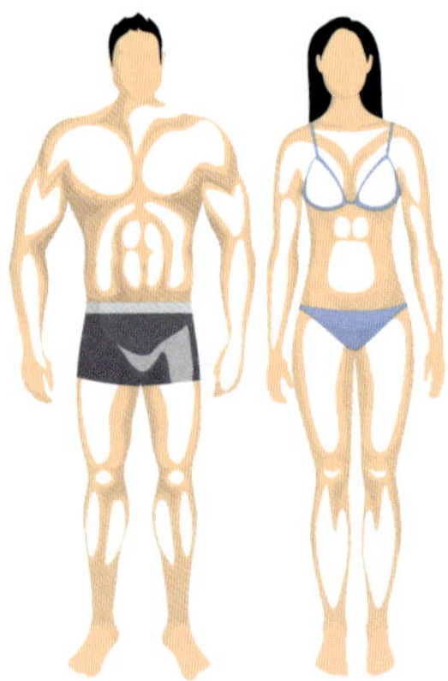

Der endomorphe Typ: Dieser Stoffwechseltyp ist häufig ein wenig untersetzt und kräftiger. Sein Stoffwechsel ist langsamer und die Glukosetoleranz niedriger als beim ektomorphen Typ. Er sollte deshalb auf Fett als langsam verdauliche Energiequelle setzen, etwa aus Avocados oder Fisch, und natürlich ausreichend Protein essen. Kohlenhydrate verstoffwechselt er nicht schnell genug, weshalb sie oft nicht vollständig verbrannt, sondern in Fettdepots gespeichert werden. Das so entstehende Übergewicht kann bei (Kraft-)Ausdauerwettbewerben wie HYROX hinderlich sein. Stämmige Gewichtheber sind typische endomorphe Typen.

Der mesomorphe Typ: Dieser Stoffwechseltyp ist praktisch die perfekte Mischung aus endo- und ektomorphem Typ: Er baut schnell Muskeln auf, ohne jedoch dick zu werden. Dieser Mix spiegelt sich auch in der idealen Makronährstoffverteilung wider: Mesomorphe Typen verstoffwechseln Kohlenhydrate und Fett gleichermaßen gut. Weil Kohlenhydrate die Hauptenergiequelle des Körpers sind, sollten sie den Hauptteil jeder Mahlzeit einnehmen.

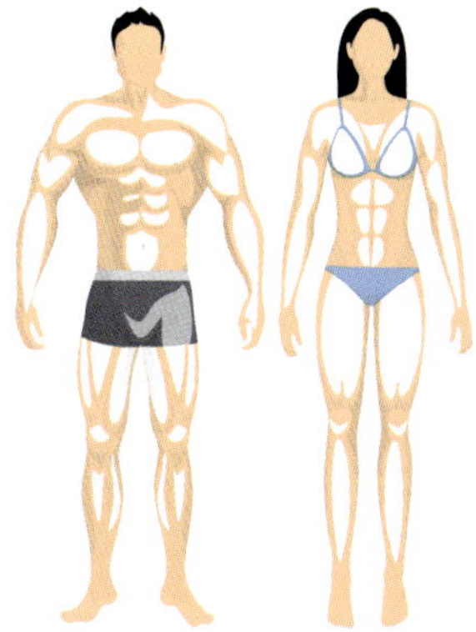

Bei HYROX zählt – wie gesagt – nicht die Ästhetik, sondern die Performance. Oder um es frei nach dem fünfmaligen »Fittest Man on Earth«, der CrossFit-Legende Mat Fraser zu sagen: Die Fittesten sind meist nicht diejenigen, die am fittesten aussehen. Während es im Hypertrophietraining vor allem darauf ankommt, große Mengen mageres Protein zu dir zu nehmen, um viel Muskulatur bei so wenig Fett wie möglich aufzubauen, liegt der Fokus bei Performance Driven Sports vor allem auf Energie. Zwei Gramm Protein pro Kilo Körpergewicht am Tag – das absolute Mindestmaß im Bodybuilding – isst der erfahrene HYROX-Coach Lukas Storath beispielsweise nie. Für intensive Kraftausdauerleistungen braucht der Körper vor allem komplexe Kohlenhydrate und gesunde Fette.

Kohlenhydrate müssen nicht immer aus trockenem Reis bestehen. Es dürfen auch mal Kartoffeln auf dem Teller landen, die neben Kohlenhydraten auch jede Menge Kalium enthalten, was Muskeln und Nerven in längeren Wettkämpfen zugutekommt. Grundsätzlich gilt: Je mehr Muskulatur du besitzt, umso mehr Kohlenhydrate brauchst du, um deinen Körper mit Energie zu versorgen. Um bei unserem Autobeispiel zu bleiben: Ein großer V8-Motor verbrennt deutlich mehr Sprit als der Dreizylinder eines Kleinwagens. Weitere sinnvolle Kohlenhydratquellen sind Süßkartoffeln und Vollkornprodukte, in denen viele Ballaststoffe stecken. Weizenprodukte, wie Brot und Nudeln, enthalten weniger Ballaststoffe und bestehen aus kurzkettigen Kohlenhydraten, weshalb sie schnell verdaut werden und ins Blut gelangen. Sie solltest du in Maßen essen, am besten vor und nach körperlicher Belastung, damit die schnell verfügbare Energie auch genutzt und nicht als Fett gespeichert wird. Das Gleiche gilt übrigens auch für Obst, das du zwar täglich essen solltest, weil es äußerst gesund ist und Ballaststoffe sowie viele wichtige Vitamine enthält, das allerdings auch voller Fruchtzucker steckt. Ein Gramm Kohlenhydrate enthält 4,1 Kalorien.

Fett ist vor allem für die Gesundheit essenziell, es dient als Transportmatrix für viele wichtige Vitamine, unterstützt Verdauung und Darmgesundheit – die laut Storath im Hochleistungsbereich eine extrem wichtige Rolle spielt – und stabilisiert den Hormonhaushalt. Kurzum: Ohne gesunde Fette leidet deine Performance. Wenn von »gesunden Fetten« die Rede ist, dann sind ungesättigte Fettsäuren wie Omega-3 gemeint, die entzündungshemmend wirken und eine Reihe weiterer positiver Eigenschaften besitzen. Sie stecken vor allem in Pflanzenölen, fettigem Fisch (Lachs, Makrele), Avocados oder Nüssen. Theoretisch kannst du Fett auch als deine Hauptenergiequelle nutzen, wie es viele Menschen im Rahmen der sogenannten ketogenen Ernährungsweise tun. Dabei wird größtenteils oder komplett auf Kohlenhydrate verzichtet und der Körper auf Fettstoffwechsel umgestellt. Zu dieser Keto-Diät rät Schmitz aber höchstens absoluten Spezialisten, die sich viel mit dem Thema Ernährung auseinandersetzen, da der Speiseplan schnell eintönig werden kann und es viele Einschränkungen gibt. Grundsätzlich ist Fett als Energiequelle aber keine schlechte Idee, immerhin liefert es doppelt so viele Kalorien wie Kohlenhydrate oder Eiweiß. Es kann deshalb sinnvoll sein, Fett neben Kohlenhydraten als ergänzende Energiequelle zu nutzen. Storath rät etwa, regelmäßig morgens auf nüchternen Magen zu trainieren, um den Körper darauf zu konditionieren, auch seine Fettdepots als Brennstoffquelle anzuzapfen. Dein Körper steigt dann teilweise auf aeroben Stoffwechsel um und bezieht Energie aus Fett. In den meisten Einheiten wird die Belastung aber keine gleichbleibende wie im Dauerlauf sein, sondern intervallartig, wenn du etwa einen Kilometer läufst und dann eine Übung absolvierst. Dein Körper hat deshalb weniger Zeit, sich umzustellen, und kann, anders als etwa bei einem Marathon, nie ganz auf Fettstoffwechsel switchen. Ein Gramm Fett enthält 9,3 Kalorien und damit doppelt so viel wie Kohlenhydrate.

Protein ist der Hauptbaustein deiner Muskulatur. Ein Gramm Protein enthält 4,1 Kalorien. Als Energiequelle sind Proteine aber nur nachrangig von Bedeutung; ihr Hauptzweck ist es, deine im Training und Wettkampf beanspruchte Muskulatur zu regenerieren und erhalten. Achte deshalb auf eine möglichst konstante Proteinzufuhr. Da bei HYROX nicht der Muskelaufbau im Vordergrund steht, sind keine so großen Proteinmengen wie im Hypertrophietraining erforderlich. Es genügen 1,5 bis 1,8 Gramm Protein pro Kilo Körpergewicht am Tag. Gute Proteinquellen sind Putenbrust, mageres rotes Fleisch, Fisch, Eier, Tofu, Proteinshakes.

Wie du siehst, handelt es sich bei den meisten hochwertigen Proteinquellen um tierische Produkte. Dennoch ist vegane Ernährung im Rahmen einer HYROX-Vorbereitung durchaus möglich, sie erfordert nur ein wenig mehr Aufwand und Kreativität. Pflanzliche Proteinquellen enthalten, im Gegensatz zu tierischen Proteinen, häufig unvollständige Aminosäureprofile, in denen eine oder mehrere essenzielle Aminosäuren gar nicht oder in zu geringer Menge vorkommen.

Aminosäuren sind die Grundbausteine von Proteinen. Es gibt 20 verschiedene Aminosäuren mit unterschiedlichen Eigenschaften und Funktionen. Einige davon kann dein Körper selbst herstellen, andere wiederum – die essenziellen Aminosäuren – musst du mit der Nahrung aufnehmen. Je vollständiger das Aminosäureprofil eines Proteins ist, umso höher ist dessen Wertigkeit. Proteine, die nicht alle neun essenziellen Aminosäuren enthalten, bezeichnet man als unvollständig. Wenn du ganz auf tierische Produkte verzichten möchtest, musst du deine Lebensmittel besonders sorgfältig auswählen, um die gesamte Bandbreite aller essenziellen

Aminosäuren aufzunehmen. Für ein möglichst komplettes Aminosäureprofil empfiehlt es sich daher, verschiedene pflanzliche Lebensmittel in Mahlzeiten gezielt miteinander zu kombinieren, etwa Nüsse und Hülsenfrüchte oder Gemüse und Getreide. Die meisten Veganer sind dies aber bereits gewohnt. Zur unvollständigen Aminosäurestruktur kommt allerdings die Tatsache, dass pflanzliche Proteine oft schwerer verdaulich sind und schlechter verstoffwechselt werden, weshalb du mehr davon zu dir nehmen musst, was wiederum größere Portionen bedeutet. Schmitz ist nicht explizit gegen vegane Ernährung, empfiehlt aber einen ausgewogenen Speiseplan mit tierischen Produkten, der ausdrücklich nicht jeden Tag Fleisch vorsieht. Ei mit Kartoffeln ist beispielsweise ein vegetarisches Gericht, das die meisten wichtigen Makro- und Mikronährstoffe enthält.

Und was ist mit Feel-Good-Food? Niemand möchte ein Leben lang auf seine Leibspeise verzichten, egal ob das Pizza, Burger oder Eiscreme ist. Von den im Fitnesssport weitverbreiteten Cheat Days rät Schmitz allerdings ab, da hier häufig ein Überessen droht. Wer sich eine ganze Woche lang geißelt, kann sich dann selten zügeln, wenn der große Tag endlich gekommen ist. Bei solchen Fressorgien gelangen viele Kalorien, aber kaum Nährstoffe in den Körper. Es drohen Übergewicht, Leistungseinbußen oder der gefürchtete »Skinnyfat«-Look, bei dem man zwar dünn, aber trotzdem weich aussieht. Wenn es ein Cheat Day sein muss, dann sollte der unbedingt in Maßen begangen werden und an einem Tag, an dem du trainierst!

DER EWIGE KLASSIKER

Nichts gegen die klassische Bodybuilding-Ernährung! Strikt Reis, Pute und Brokkoli zu essen, ist für HYROX-Athleten zwar keine Pflicht, aber durchaus sinnvoll: Hühnerbrust liefert hochwertiges Protein, der Reis komplexe Kohlenhydrate und Brokkoli enthält viele B-Vitamine und Vitamin K.

Da die auf Performance und nicht auf Ästhetik ausgerichtete HYROX-Ernährung aber ohnehin weniger strikt ist, braucht es auch keinen klassischen Cheat Day. HYROX-Veteran und Personal Trainer Tyler Saunders meint: »Ich verdiene mein Geld nicht mit meinem Aussehen, also gönne ich mir ab und an auch etwas Leckeres.« Er rät seinen Klienten zum 80:20-Prinzip, nach dem er sich auch selbst ernährt: 80 Prozent der Zeit über isst er clean, die übrigen 20 Prozent gönnt er sich etwas. Diese Methode ist auch sozialverträglicher, da du beim Dinner mit dem Partner oder auf der Hochzeit deines besten Freundes nicht die Plastikboxen mit dem daheim vorgekochten Reis und Lachs auspacken musst. Ab und an zu sündigen ist wichtig für die Psyche und deshalb definitiv erlaubt, vor allem bei dem Trainingspensum eines HYROX-Sportlers. Zu strikte Diäten hält niemand auf Dauer durch. Was Lebensmittelsünden angeht, musst du dich immer selbst fragen, was dein Ziel ist. Möchtest du HYROX lediglich irgendwie finishen oder dies, wie Storath, in unter einer Stunde schaffen? Und wie wichtig ist dir dein Sozialleben? Ist dir das Rennen all die Einschränkungen wert? Wenn es dir tatsächlich nur um den Spaß an der Sache geht – so wie den meisten Teilnehmern –, musst du bei der Ernährung auch weniger strikt sein, solange du ausreichend Kalorien und Nährstoffe zu dir nimmst. Für High Performance und Spitzenzeiten solltest du dich auf alle Fälle disziplinierter ernähren, es sei denn, dein Motor läuft auf Frühstücksflocken mit Milch und Zucker, so wie der von Hunter McIntyre.

Am Ende muss einfach die Balance stimmen. Zu viel Fast Food und Süßkram sind natürlich kontraproduktiv, denn das alte Fitnesscredo »You can't out-train a bad diet« gilt natürlich auch in der HYROX-Vorbereitung: Das beste Training kann keine schlechte Ernährung ausgleichen. Im Gegenteil: Die Ernährung soll ja gerade deine Leistung befeuern und selbst kleine Mengen Junkfood können zu minimalen Leistungseinbußen führen, die an der Spitze spürbar sind, mahnt Schmitz. Du musst immer wieder aufs Neue in einem Trade-off zwischen Leistung und Lebensqualität entscheiden. Dasselbe gilt für Alkohol. Ein Bier nach dem Training wirkt erwiesenermaßen isotonisch und ein Glas Wein am Abend kann helfen zu entspannen. Wenn du ab und an gern etwas trinkst, dann kannst du das auch während der HY-

ROX-Vorbereitung tun. Alkohol ist allerdings auch ein Nervengift mit einer Vielzahl negativer Effekte. Schmitz rät deshalb: Vermeide in der Küche impulsive Entscheidungen. Wenn dich der Heißhunger nach Junkfood überkommt, dann greife nicht sofort zu, sondern gehe ein paar Minuten in dich und wäge ab: »Will ich das jetzt wirklich essen und was bedeutet das für meine Ziele?« Falls du dich nach fünf Minuten immer noch dafür entscheidest, das Zeug zu essen, solltest du es auch ohne schlechtes Gewissen tun – allerdings in Maßen und möglichst an Trainingstagen. Selbst »Modellathlet« Storath gönnt sich beim Restaurantbesuch mit seiner Frau auch mal eine Pizza und verputzt auf Familienfeiern Unmengen Kuchen. Erst in den letzten Tagen vor dem Wettkampf streicht er solche Leckereien komplett von seinem Speiseplan.

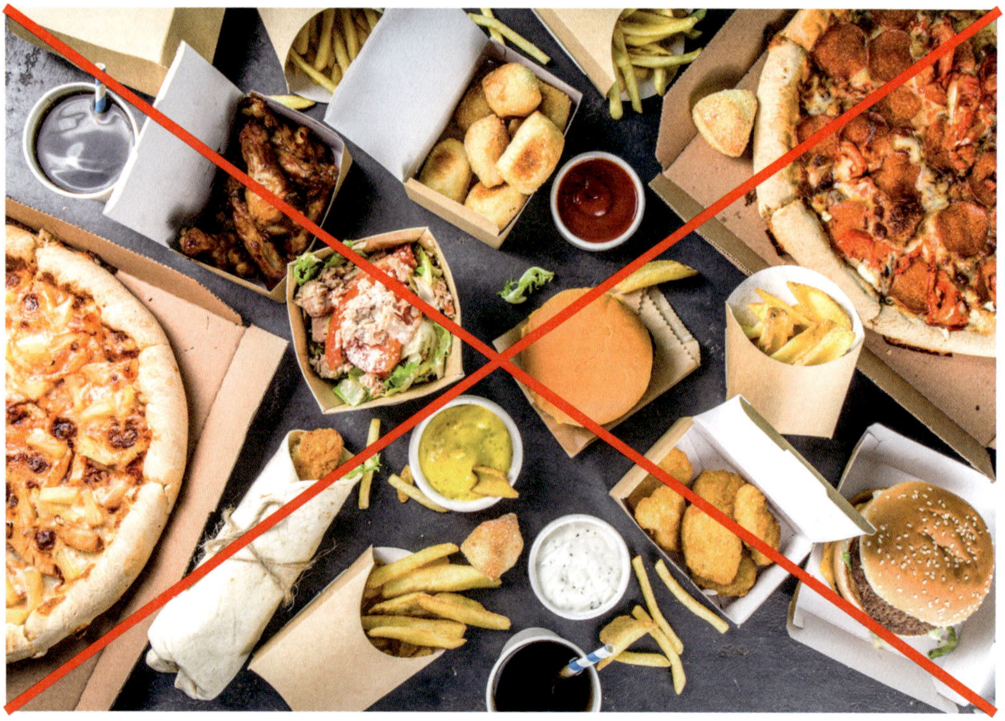

Junkfood sollte absolut tabu sein – nicht nur vor dem Training, auch sonst ist sogenanntes Convenience Food keine gute Idee auf deinem Speiseplan, da es dir quasi null Energie und leere Kalorien liefert.

Energie tanken für die Vorbereitung

Die richtige Ernährung ist dein Fundament für einen erfolgreichen Fitnessrun. Ohne sie fehlt dir die Power fürs Training und ohne richtiges Training kannst du im Wettkampf keine Leistung bringen. Die Basics der HYROX-Ernährung hast du bereits kennengelernt: viele Kalorien mit Fokus auf langkettigen Kohlenhydraten und gesunden Fetten als Energiequelle, dazu mageres Protein für die Muskulatur. Um die Strapazen einer HYROX-Vorbereitung zu bewältigen, braucht dein Körper aber nicht nur ein gesundes Verhältnis der drei Makronährstoffe Eiweiß, Kohlenhydrate und Fett, sondern auch eine Vielzahl Mikronährstoffe, also Vitamine und Spurenelemente, die du für optimale Performance deinen Trainingsanforderungen gemäß spezifisch auswählen solltest. Denn: Genauso abwechslungsreich wie dein Training sollte auch deine Ernährung sein.

HYROX ist eine Kraftausdauersportart im buchstäblichen Wortsinn. Der Begriff Kraftausdauer wird in der Sportwissenschaft verwendet, wenn über längere Zeit hinweg hohe Kraft geleistet wird, wie es beim Rudern oder Boxen der Fall ist. Das Besondere an HYROX ist, dass sich Ausdauer- und Kraftphasen abwechseln. Wenn du gute Zeiten willst, musst du alles trainieren: heute Kraft, morgen Ausdauer, übermorgen beides zusammen. Genauso abwechslungsreich wie das Training muss auch deine Ernährung ausfallen. Denn dein Körper hat nach einer langen Einheit Grundlagenausdauer natürlich ganz andere Bedürfnisse als nach einem schweren Krafttraining. Eine »One size fits all«-Lösung gibt es also nicht. Wie deine Ernährung aussehen sollte, hängt von deinem Training ab und ändert sich deshalb täglich.

Krafttraining bedeutet kurze, intensive Belastungsphasen, in denen vor allem schnell zuckende Typ-II-Muskelfasern beansprucht werden – etwa wenn du im Fitnessstudio einen 12er-Satz Kniebeuge oder auf der Laufstrecke einen 20-Sekunden-Sprint absolvierst und anschließend eine bis zwei Minuten Pause machst.

Ein gutes Erkennungsmerkmal ist das unangenehme Brennen in der Muskulatur. Dein Körper wird bei einer solchen Belastung Einfachzucker aufspalten, um Energie daraus zu gewinnen – ein Vorgang, der als Glykolyse bezeichnet wird. Bei längeren moderaten Belastungsphasen wie einem 10K-Lauf kommen dagegen die langsam zuckenden Typ-I-Muskelfasern zum Einsatz. Beide Muskelfasertypen benötigen unterschiedliche Nährstoffe. Eine abwechslungsreiche Ernährung mit möglichst vielen verschiedenen Mikronährstoffen ist für eine spezifische HYROX-Vorbereitung deshalb besonders wichtig. Nach Krafteinheiten kommt es vor allem auf eine schnelle Regeneration an, da intensives Krafttraining den Körper mehrere Tage lang schwächen kann. Die Nährstoffversorgung **nach dem Training** ist deshalb von großer Bedeutung. Ausdauertraining ist dagegen weniger erholungsintensiv, hier sollte die Priorität auf einer ausreichenden Versorgung mit komplexen Kohlenhydraten **vor dem Training** liegen, damit du genügend Energie für die moderaten, aber langen Belastungsphasen hast.

Mikros und Makros – diese Nährstoffe brauchst du

Weil Carbs (Kohlenhydrate) dein wichtigster Energielieferant sind, musst du an Trainingstagen mehr davon essen. Jede deiner Mahlzeiten sollte mindestens 50 Prozent Kohlenhydrate enthalten. Je näher der Wettkampf rückt, solltest du damit sogar noch hochgehen – bis auf 70 Prozent in den letzten Tagen vorher. Klingt nach einer Menge Carbs, aber die wirst du brauchen! An trainingsfreien Tagen dürfen es dann etwas weniger sein, dafür mehr Fett, und zwar vor allem essenzielle Fettsäuren, die dein Körper nicht selbst produzieren kann, da du bei der ansonsten kohlenhydratreichen Ernährung Gefahr läufst, zu wenig davon zu bekommen. Deine Proteinzufuhr kann auf einem konstanten Niveau bleiben.

An **Krafttrainingstagen** ist dein Nährstoffbedarf recht simpel strukturiert. Es kommt vor allem auf die Makronährstoffe an, insbesondere auf Kohlenhydrate, die

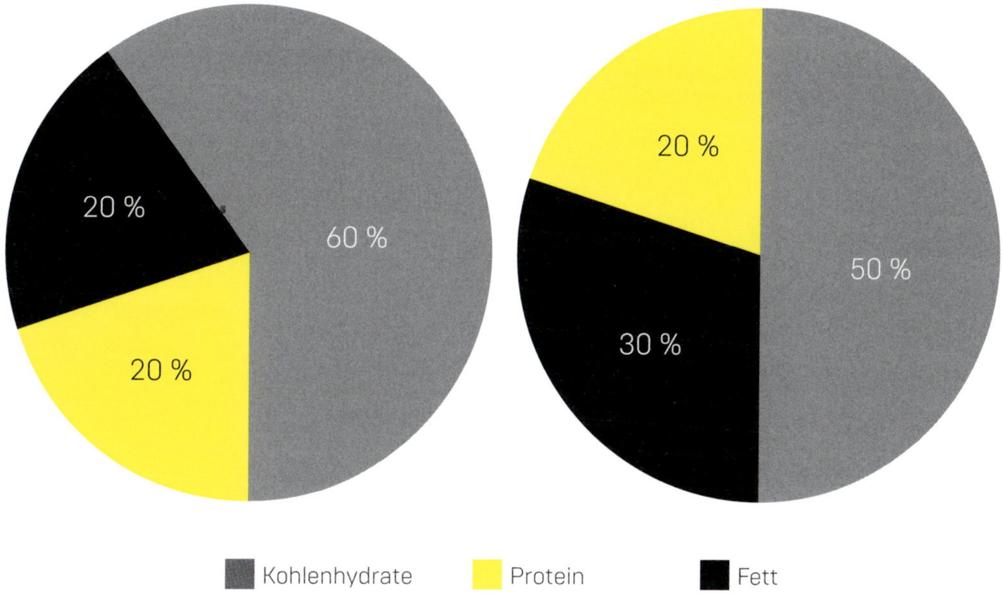

An Trainingstagen brauchst du für die nötige Energie im Training und die anschließende Regeneration vor allem viele Kohlenhydrate.

An trainingsfreien Tagen solltest du die Carbs etwas zurückfahren und dafür mehr essenzielle Fettsäuren zu dir nehmen. Der Eiweißbedarf bleibt konstant.

du als Brennstoff für dein Training sowie für die anschließende Regeneration benötigst. Protein ist zudem für Erhalt und Regeneration deiner Muskulatur wichtig und unterstützt die Zellbildung sowie die Produktion von Enzymen, Hormonen und Antikörpern.

Komplexer ist dein Nährstoffbedarf an **Ausdauertrainingstagen**, an denen du eine größere Vielfalt Mikronährstoffe benötigst. Zwar brauchst du auch an Ausdauertagen Kohlenhydrate, auf den verschiedenen Mikronährstoffen sollte allerdings dein besonderer Fokus liegen, da sonst Mangelerscheinungen und Leistungseinbußen drohen. Folgende Mikros sind besonders wichtig:

- **B-Vitamine,** insbesondere Vitamin B1, unterstützen den Kohlenhydratstoffwechsel und sind deshalb für deine Energieversorgung essenziell. B-Vitamine stecken in Fleisch und Fisch, Vollkornprodukten und Nüssen sowie in Spinat, Avocado, Grünkohl oder Banane. Falls du auf Fleisch verzichtest, könnte es dir an Vitamin B12 fehlen, was du mithilfe eines Nahrungsergänzungsmittels ausgleichen kannst (mehr dazu im nächsten Abschnitt).

» **Eisen** ist ebenfalls für den Energiestoffwechsel von Bedeutung. Es spielt eine entscheidende Rolle beim Sauerstofftransport im Blut und ist an der Energiebereitstellung in den Muskelzellen beteiligt. Ausgedehnte Läufe können zu Eisenmangel führen, da durch die wiederholten Stöße viele rote Blutkörperchen mechanisch zerstört werden (rote Blutkörperchen kann der Körper nur nachbilden, wenn Eisen zur Verfügung steht). Leber enthält besonders viel Eisen, außerdem Rind- und Schweinefleisch, Spinat, Haferflocken, Cashewkerne oder Pistazien.

» **Magnesium** hilft bei längerer muskulärer Belastung gegen drohende Muskelkrämpfe und ist an der Steuerung der Zellen in Nerven und Muskulatur beteiligt. Magnesium wirkt anabolisch, also aufbauend für Knochen, Muskeln und Bindegewebe. Kürbis- und Sonnenblumenkerne und verschiedene Nussarten enthalten viel Magnesium, außerdem Vollkornprodukte, Hülsen- und Beerenfrüchte.

» **Silizium** ist wichtig für die Knochengesundheit, stärkt diese, hält das Bindegewebe elastisch, beugt Entzündungen und Knochenbrüchen vor. Es ist nicht das Kalzium, wie uns immer gesagt wird! Vermeide deshalb möglichst Milchprodukte. Siliziumreiche Lebensmittel sind zum Beispiel Hafer- und Hirseflocken, Hirse, Gerste, Linsen, Sojabohnen, Spinat und Radieschen. Alternativ kannst du auch direkt organisches Silizium(-dioxid) in Kapselform oder hochwertiges Zeolith, das noch weitere wichtige Mineralien enthält, in Pulverform zu dir nehmen.

» Auch **Kalium** ist an der Muskelkontraktion sowie an der Funktion von Nervenzellen beteiligt. Es spielt, genauso wie **Natrium**, außerdem eine wichtige Rolle für den Wasserhaushalt. Ausdauersportler haben grundsätzlich einen erhöhten Kalium- und Natriumbedarf, da beide Mineralstoffe in großen Mengen ausgeschwitzt werden. Ein alter Trick von Marathonläufern: im Training immer mal den verschwitzten Unterarm ablecken. Mit dem salzigen Schweiß kann der Natriumhaushalt schnell und einfach wieder aufgefüllt werden. Kalium steckt vor allem in Obst, Gemüse und Nüssen.

» **Antioxidanzien**, die unter anderem in den Vitaminen A, C und E sowie in Zink stecken, schützen deine Zellen und stärken das bei intensivem Training belastete Immunsystem. Beerenfrüchte sind tolle Antioxidanzienlieferanten, aber auch Paprika, Brokkoli, Käse, Nüsse oder Pflanzenöle.

Mit einer ausgewogenen Ernährung, bestehend aus frischem Obst und Gemüse, Vollkornprodukten, Nüssen und hochwertigem Fleisch und Fisch, solltest du trotz hoher Trainingsbelastung in der Lage sein, deinen Nährstoffhaushalt umfassend zu decken und deinen Körper für eine starke Leistung am Wettkampftag zu rüsten. Trotzdem kann es sinnvoll sein, verschiedene Nahrungsergänzungsmittel zu supplementieren, und zwar entweder weil du aus persönlichen, ethischen oder gesundheitlichen Gründen auf bestimmte Lebensmittel verzichten möchtest, weil dein Zeitbudget Zubereitung und Verzehr von sechs täglichen Mahlzeiten nicht erlaubt oder weil du an der absoluten Leistungsspitze mitlaufen und mithilfe kleinster Stellschrauben noch die entscheidenden Hundertstelsekunden herausholen willst.

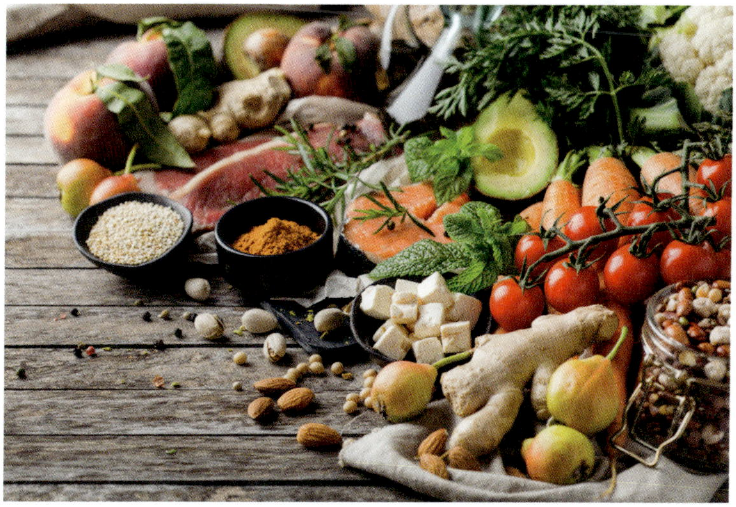

Die Mischung macht's – Hauptsache, du ernährst dich ausgewogen und achtest darauf, dass natürliche, gesunde Lebensmittel täglich auf deinem Speiseplan stehen.

Supplemente – diese Nahrungsergänzungsmittel sind empfehlenswert

Grundsätzlich gilt: Natürliche Lebensmittel sind immer die beste Form der Nahrung. Die darin enthaltenen Nährstoffe werden vom Körper leichter und vollumfänglicher verstoffwechselt und entfalten einer Studie der Tufts University in Boston zufolge auch eine deutlich bessere Wirkung als Vitamine und Mineralstoffe aus industriell hergestellten Supplementen.[10] Dennoch gibt es gute Gründe für die Einnahme von Nahrungsergänzungsmitteln, etwa wenn der Nährstoffbedarf nicht allein durch natürliche Produkte gedeckt werden kann. Gründe dafür können Allergien oder Lebensmittelunverträglichkeiten, etwa bei Nüssen oder Milchprodukten, sein, aber auch selbst gewählte Ernährungskonzepte, die den Verzehr bestimmter Lebensmittel verbieten. Veganern fehlt es beispielsweise meist an Vitamin B12, da dieser Mikronährstoff ausschließlich in tierischen Lebensmitteln vorkommt. Für sie ist eine Supplementierung mithilfe entsprechender Nahrungsergänzungsmittel sinnvoll. Achte hierbei stets auf hochwertige Qualität spezieller Anbieter und greife nicht zu den günstigen Mitnahmeprodukten in Drogerie- oder Supermärkten. Doch selbst bei einem uneingeschränkten Speiseplan kann die Einnahme solcher Präparate von Vorteil sein – zumindest für Spitzenathleten, die ihre Leistung damit unter Umständen noch um das letzte Prozent steigern oder ihre Regeneration verbessern können. Folgende Nahrungsergänzungen sind für HYROX-Athleten interessant:

» **Protein** in Pulverform gehört, eingerührt in Shakes, zu den beliebtesten Supplementen. Auch für HYROX-Athleten kann die Einnahme von Proteinpulver sinnvoll sein, allerdings nicht, um die tägliche Proteinzufuhr insgesamt zu erhöhen, sondern um das Timing der Proteinaufnahme – und dadurch die Regeneration – zu optimieren. Denn: Eiweiß ist nicht gleich Eiweiß. Wir unterscheiden zwischen schnell verdaulichen Sorten wie Whey, das nach dem Training optimal geeignet ist, um die Proteinspeicher schnell wieder aufzufüllen, und langsam verdaulichem Kasein, das ideal für die Einnahme am Abend geeignet ist, weil es über die ganze Nacht hinweg verdaut wird und so den Körper konstant versorgt.

- **Kreatin** kann HYROX-Athleten in der Anfangsphase der Wettkampfvorbereitung nützen, wenn vor allem Kraft aufgebaut werden soll, weil Kreatin dabei unterstützend wirkt. Kreatin hilft insbesondere in Maximalkrafteinheiten spürbar, wenn also der Kraftbedarf nur drei bis fünf Sekunden lang ist. Allerdings sorgt das Mittel auch für Wassereinlagerungen, was im Wettkampf nicht ideal ist, da das Mehrgewicht zu schlechteren Laufzeiten führen kann. In der Schlussphase der Vorbereitung solltest du Kreatin deshalb streichen. Personen mit einer Nierenerkrankung oder einem erhöhten Risiko hierfür sollten auf Kreatin verzichten.
- **Zucker** und **Elektrolyte** sind keine Nahrungsergänzungsmittel im klassischen Sinne, können in Form von Säften oder Energy-Gels aber vor allem in langen Einheiten und im Wettkampf vor Leistungseinbrüchen bewahren, dem unter Läufern gefürchteten »Hungerast«.
- **Omega-3-Fettsäuren**, wie sie etwa in Fischöl- oder Algenkapseln enthalten sind, unterstützen die Regeneration und werden bei der Supplementierung häufig übersehen. Gerade HYROX-Athleten, die zugunsten von mehr Kohlenhydraten an einigen Tagen die Fettzufuhr limitieren, haben häufig ein ungünstiges Verhältnis von Omega-3- zu Omega-6-Fettsäuren, weshalb eine entsprechende Nahrungsergänzung empfehlenswert ist.
- **Koffein** gibt dem Körper vor dem Training oder Rennen einen kleinen Push. Es kann konzentriert in Tablettenform eingenommen werden, ein doppelter Espresso tut's aber auch.
- **Beta-Alanin** sorgt in kurzen Belastungsphasen von maximal fünf Minuten für einen Energieschub. Die Aminosäure eignet sich deshalb besonders für Intervalltrainingseinheiten, wo sie laut mehreren HYROX-Athleten wie eine »zweite Lunge« wirken kann. In längeren Wettkämpfen ist Beta-Alanin dagegen nicht empfehlenswert, da der Effekt nach drei bis fünf Minuten verschwindet und auch nicht jeder die entsprechenden Präparate verträgt. Einige Nutzer klagen über Hautrötungen oder ein Kribbeln in Händen und Ohren.
- Wer zu Muskelkrämpfen neigt, sollte ausreichend **Magnesium** und **Zink** zu sich nehmen.

Energie tanken fürs Rennen

Der große Tag ist gekommen. Nach wochenlanger Vorbereitung voller brutaler Trainingseinheiten und disziplinierter Ernährung willst du nun die Früchte deiner Arbeit ernten. Damit du während des Rennens nicht in ein Energieloch fällst, sondern deine bestmögliche Zeit läufst, solltest du deinen Körper am Abend vorher und am Morgen des Wettkampftags bis unters Dach mit Carbs und Nährstoffen aufladen.

Carbloading – fülle deine Speicher auf!

Aus der Nahrung aufgenommene Kohlenhydrate wandelt dein Körper in Glykogen um und speichert es in Muskeln und Leber. Auf diese Depots greift dein Körper bei Belastung als Allererstes zurück – sie müssen dementsprechend randvoll gefüllt sein, insbesondere in den Muskeln, sonst droht im Rennen der gefürchtete »Hungerast«. Am Abend vor dem Wettkampf geht es deshalb in erster Linie darum, deine Glykogenspeicher mit jeder Menge Kohlenhydrate aufzuladen. Ideal sind dafür komplexe Kohlenhydrate, wie Vollkornreis, -brot oder -nudeln. Du darfst aber auch die Weizenvarianten essen oder (Süß-)Kartoffeln – was immer für dich persönlich am besten funktioniert. Lukas Storath reagiert zum Beispiel am besten auf Reis, andere Sportler schwören auf Nudeln. Hier lohnt es sich, in der Wettkampfvorbereitung ein wenig herumzuprobieren. Wichtig ist nur, dass du kurz vor dem Rennen keine Experimente bei der Ernährung mehr wagst, sondern alles so machst wie gewohnt. Dein Körper ist ein Gewohnheitstier und nichts wäre ärgerlicher als eine unerwartete Magen-Darm-Reaktion nach dem Verzehr eines ungewohnten Lebensmittels, die sich dann negativ auf dein Rennen auswirkt. Iss also am besten dasselbe wie immer, nur vielleicht ein wenig mehr davon. Iss nicht zu spät vor dem Zubettgehen, da die Verdauung sonst deinen Schlaf stören kann, was ebenfalls einen Einfluss auf deine Performance hat. Mindestens 60 bis 90 Minuten sollten zwischen deiner letzten Mahlzeit und der Nachtruhe liegen. Auf allzu fettige Speisen solltest du abends aus demselben Grund verzichten: Die Fettverdauung geht äußerst langsam vonstatten und kann deinen Schlaf stören. Gesunde Fette in moderaten Mengen – etwas Olivenöl, ein paar Stücke Avocado – sind aber in Ordnung.

Stichwort Verdauung: Du solltest langsam essen, damit alle enthaltenen Nährstoffe so gut wie möglich verdaut und nicht halb- oder unverdaut wieder ausgeschieden werden. Nach 20 Minuten werden sich zwar die Sättigungshormone melden, was den Verzehr großer Mengen Kohlenhydrate erschweren dürfte. Aber da du gut verdaust, kannst du ein wenig über das Sättigungsgefühl hinaus essen, ohne negative Folgen wie Völlegefühl, Blähungen oder dergleichen befürchten zu müssen.

Race day – Energie für dein Rennen

Auch am Morgen vor dem Rennen sollte dein Frühstückstisch so gedeckt sein, dass du noch mal möglichst viel Energie tanken kannst. Zwar leeren sich deine Glykogenspeicher über Nacht kaum, da der Körper im Schlaf nur sehr wenig Energie verbraucht; für das anstehende Rennen wirst du aber so viel wie möglich benötigen. Kombiniere am besten komplexe Kohlenhydrate, wie Haferflocken oder Porridge, mit schnell verdaulichen, kurzkettigen Kohlenhydraten, also ein bis zwei Gläsern Saft oder etwas leichtem, säurearmem Obst, wie Äpfel, Weintrauben, Birnen oder Melone. Unter Ausdauersportlern besonders beliebt sind Bananen, deren Kalium und Zucker langsam aufgenommen werden. Auf Saftschorlen solltest du am Race Day aufgrund der Kohlensäure verzichten, um deinen Magen nicht zu reizen. In der Vorbereitung sind Schorlen allerdings okay.

Achte auch auf das richtige Timing. Wenn du um 12 Uhr startest, wäre ein Frühstück um 10 Uhr optimal. So hat dein Magen genügend Zeit, das Essen zu verdauen. Zu kurz vor dem Rennen solltest du deshalb nichts mehr essen. Wenn die Zeit bis zum Start zu lang ist (vier Stunden und mehr) kannst du einen leichten Snack, etwa eine Banane, nachschieben.

Im Wettkampf

Während des HYROX darfst du, wie in anderen Ausdauerwettbewerben auch, Energie in Form von Verpflegung tanken. Es gibt Versorgungsstationen, an denen Wasser und Energy Drinks bereitstehen, klassische Verpflegungsstationen gibt es aufgrund der Kürze des Rennens aber nicht. Obst und Snacks stehen dir erst nach dem Zieleinlauf zur Verfügung. Bei manchen Wettkämpfen liegen an einigen Stationen kleine Traubenzuckertäfelchen bereit, die schnelle Energie liefern. Besser ist es aber, selbst vorzusorgen, falls du vorhast, während des Rennens noch einmal Energie nachzuladen.

Natürlich darfst du dir selbst Verpflegung mitnehmen, es ist allerdings nicht erlaubt, dir von Betreuern, Freunden oder Familie Dinge aus dem Zuschauerbereich in die Roxzone hineinreichen zu lassen, da der Eventablauf und vor allem andere Läufer dadurch gestört werden könnten. Zum Verstauen von Verpflegung eignen sich spezielle Gürtel am besten. Von Rucksäcken, wie sie im Laufsport häufig verwendet werden, rät Schmitz ab, da diese bei Übungen wie Burpees stören und verrutschen können. Am Ende kann dich so etwas durchaus eine halbe Minute kosten, was bei Profis den Unterschied zwischen Sieger und Platz 10 ausmacht. Bedenke außerdem, dass alles, was du mitschleppst, Zusatzgewicht bedeutet. Probiere vor deinem ersten HYROX im Training unbedingt aus, ob du überhaupt Verpflegung benötigst, welche am besten funktioniert und wie du sie transportierst. Lukas Storath berechnet exakt, wie viele Carb-Gels er braucht und wann er sie einnehmen muss. Aus physiologischer Sicht ist der Energienachschub für die meisten Athleten sicher nicht nötig – den mentalen Schub, der nach der Einnahme von Energy-Gels und Co häufig spürbar ist, solltest du aber nicht unterschätzen.

Als Wegzehrung eignen sind schnell verdauliche Energiequellen und Mikronährstoffe. Bananen oder Äpfel etwa sind nicht empfehlenswert, da du kaum Zeit haben wirst, sie zu essen und die Verdauung länger dauert als das Rennen. Bessere Alternativen sind Dextrose, Kohlenhydratgels und dergleichen. Um Krämpfen bei

Lunges und Burpees vorzubeugen, kannst du außerdem Magnesium und Kalium einnehmen. Tipp: Viele Energy-Gels enthalten inzwischen diese wichtigen Mikronährstoffe, sodass du zwei Fliegen mit einer Klappe schlagen kannst. Schmitz rät außerdem dazu, an den Versorgungsstationen auch zu den Energy Drinks zu greifen. Sie enthalten nämlich Koffein und Zucker, was dir einen zusätzlichen Push gibt – auch hier einen mentalen. Schmeckt der Körper etwas Süßes, senden seine Botenstoffe entsprechende Signale ans Gehirn und er schaltet in freudiger Erwartung eines Zuckerschubs bereitwilliger noch einen Gang hoch. Übertreibe es mit den Energy Drinks aber nicht, da das enthaltene Koffein in zu großen Mengen Magenbeschwerden und Durchfall verursachen kann. Viele HYROX-Athleten mischen ihre Energy Drinks deshalb mit Wasser.

Nach der Theorie folgt die Praxis. Auf den folgenden Seiten findest du eine Reihe von Rezepten, die Ernährungsexperte Rick Schmitz für eine HYROX-Vorbereitung empfiehlt. Es sind Gerichte für Frühstück, Mittag- und Abendessen, Snacks mit und ohne Fleisch dabei – und alle verdammt lecker!

Power fuel – Rezepte für HYROX

Die folgenden Rezepte enthalten Kohlenhydrate, Proteine, Fette und Ballaststoffe in einem Verhältnis, das für deine HYROX-Vorbereitung optimal ist. Der Einfachheit halber sind die Mengenangaben in Esslöffel (EL), Teelöffel (TL) und Tasse angegeben, so sparst du dir das Abwiegen. Wie groß die Tasse ist, bleibt dir überlassen und hängt von deinem Kalorienbedarf ab. Angesichts der intensiven körperlichen Belastung in deiner Vorbereitung darfst du von diesen gesunden Gerichten aber guten Gewissens etwas größere Portionen zubereiten. Wenn nicht anders angegeben, entspricht jedes Gericht einer Portion.

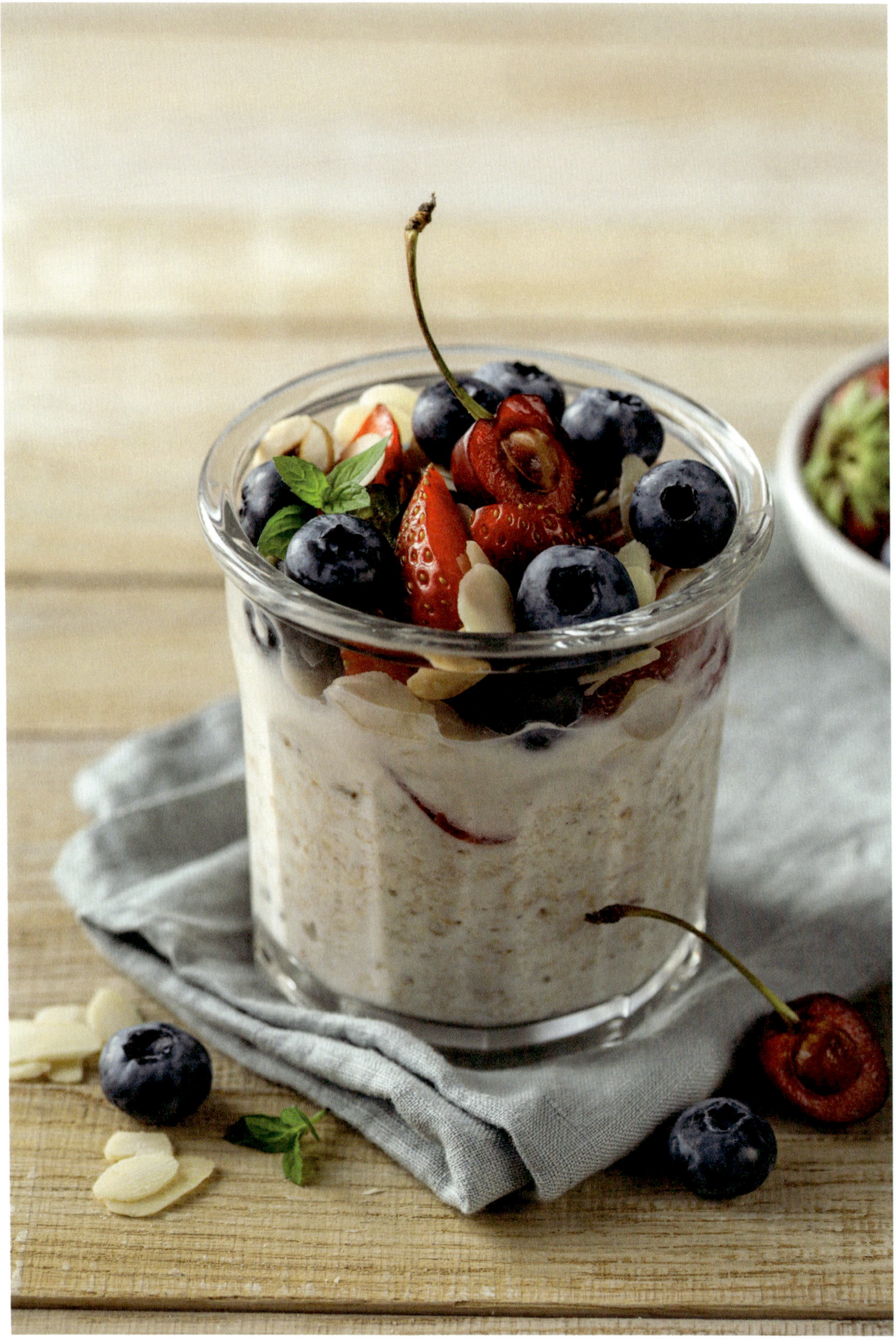

OVERNIGHT-OATS

Haferflocken sind das perfekte Powerfrühstück, denn sie enthalten komplexe Kohlenhydrate, die dich lange mit Energie versorgen, und kosten nur wenige Cent. Ihr etwas angestaubtes Image haben sie seit Jahren überwunden, denn verfeinert mit weiteren gesunden Zutaten – in unserem Fall Beeren, Nüsse und Zimt – sind Haferflocken nicht nur Satt- und Fitmacher, sondern auch ein echtes geschmackliches Highlight! Gib zusätzlich einen Esslöffel Proteinpulver in deine Schüssel, um den Eiweißgehalt der Mahlzeit zu erhöhen.

ZUTATEN

1 Tasse Haferflocken
⅔ Tasse fettarme Milch (oder vegane Alternative wie Hafer-, Mandel-, Kokosdrink)
1 Prise Salz
¼ TL Zimtpulver
1 Tasse Beeren nach Saison (gefroren oder frisch)
1 EL Proteinpulver (Geschmack nach Wahl)
1 EL gemahlene Nüsse (zum Beispiel Walnüsse, Haselnüsse, Mandelkerne)

ZUBEREITUNG

Alle Zutaten in eine Schüssel oder ein Glas geben, gut verrühren und über Nacht in den Kühlschrank stellen.

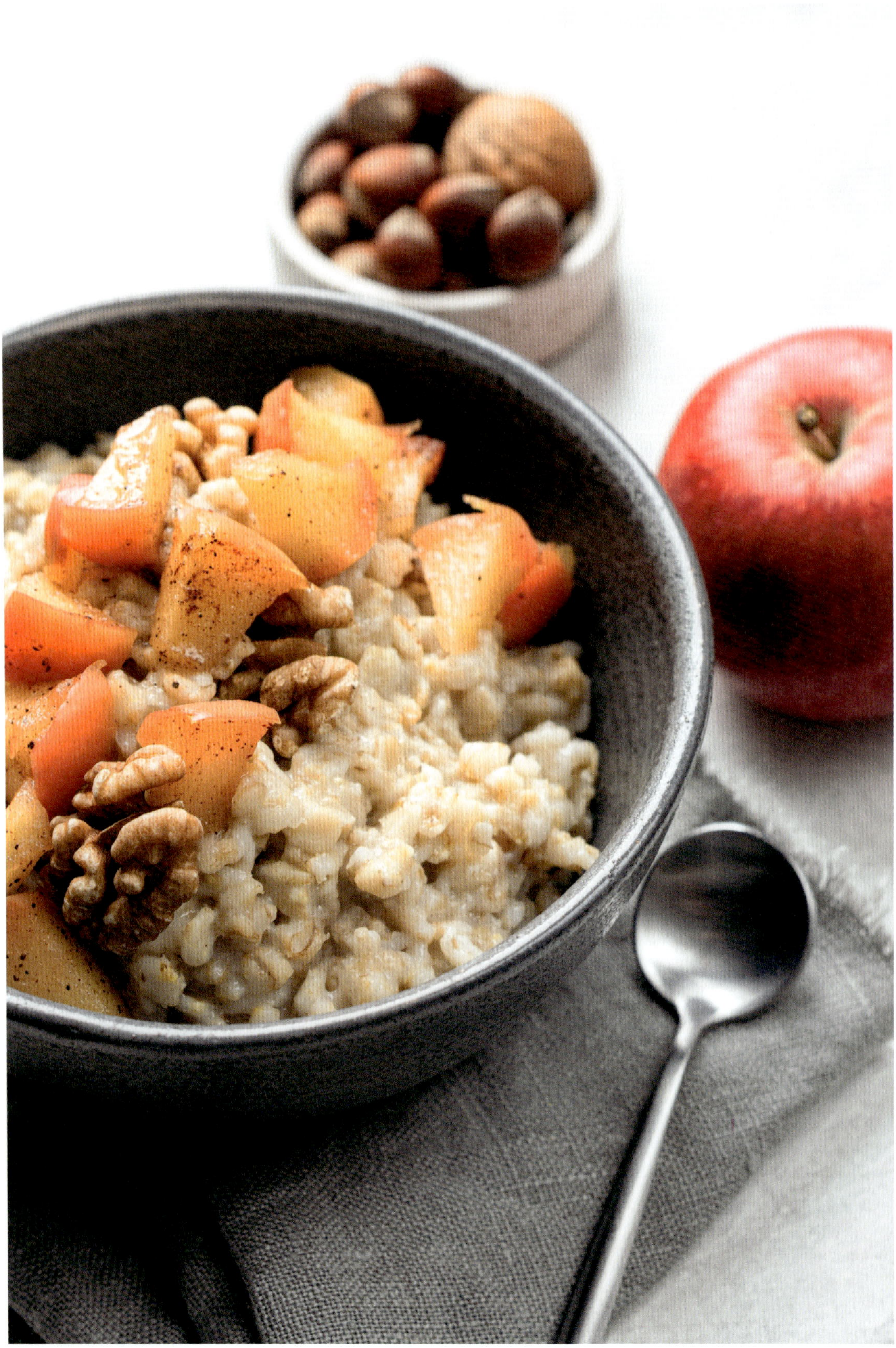

ENERGY-MÜSLI

Diese Variante des Frühstücksklassikers ist eine echte Energiebombe: Haferflocken (komplexe Kohlenhydrate), Nüsse und Samen (Fett und allerlei Mineralstoffe), Beeren und Äpfel (Fruchtzucker, Ballaststoffe und Vitamine) und griechischer Joghurt (Fett und Eiweiß) – mit diesem Müsli im System schiebst du den Schlitten, wenn's sein muss, auch 100 Meter weit!

ZUTATEN

200 g griechischer Joghurt
1 EL Magerquark
½ Tasse Haferflocken
½ TL Chiasamen
½ TL Leinsamen oder Flohsamenschalen
1 Stück Obst nach Wahl (z. B. Apfel, in kleine Stücke geschnitten oder geraspelt)
½ Tasse gefrorene Beeren
¼ TL Zimtpulver
5 gehackte Nüsse (z. B. Walnüsse, Mandelkerne, Haselnüsse)

ZUBEREITUNG

Alle Zutaten in einer Schüssel gut verrühren.

FITNESS-PANCAKES

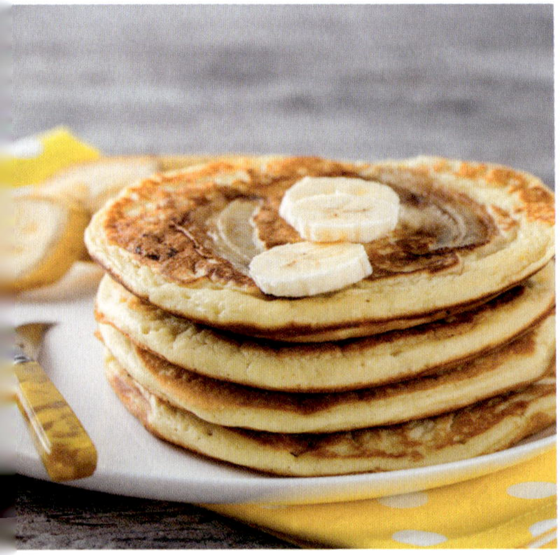

Pancakes sind eigentlich eine Süßspeise, die jede Menge Weißmehl und Zucker und nur wenige Nährstoffe enthalten. Diese Fitnessvariante schmeckt mindestens genauso gut wie das Original, wird aber mit Vollkornmehl zubereitet und bekommt ihre Süße von zwei großen Bananen, die obendrein jede Menge Kalium und Magnesium enthalten. Das Nussmus liefert zudem gesundes Fett und verleiht dem Pancake einen runden, nussigen Geschmack. Es eignet sich zum Frühstück genauso wie als Snack zwischendurch oder als Dessert nach dem Mittag- oder Abendessen.

ZUTATEN

2 große Bananen
2 Eier
1 EL Proteinpulver (optional)
1 TL Nussmus
2–3 EL Vollkornmehl
½ TL Kokosöl
1 EL Zimtpulver (optional)

ZUBEREITUNG

1. Die Bananen schälen und in Stücke schneiden. Zusammen mit den Eiern, dem Proteinpulver, dem Nussmus und dem Vollkornmehl in einer Schüssel gut vermengen.
2. Das Kokosöl in einer Pfanne auf mittlerer Stufe erhitzen, eine kleine Menge des Teigs in die Pfanne geben und kreisrund verteilen. Den Pancake wenden, sobald die ersten Blasen auf der Oberfläche des Teigs erscheinen.
3. Nach Belieben eine Prise Zimt über die Pancakes streuen.

POWERBROT

Das perfekte Pausenbrot! Dieser Snack ist schnell zubereitet und eignet sich gleichermaßen für morgens, mittags und abends, vor allem aber zum Mitnehmen für unterwegs.

ZUTATEN

1,5 Pitabrot
½ Tasse körniger Frischkäse oder 4 EL Skyr
2 Eier (z. B. als Rührei)
1 Handvoll Babyspinat
2 Scheiben Käse
2–3 Gurkenscheiben
½ TL Chilisoße

ZUBEREITUNG

Das Brot in zwei Hälften schneiden, mit Frischkäse oder Skyr bestreichen und nacheinander mit allen Zutaten belegen.

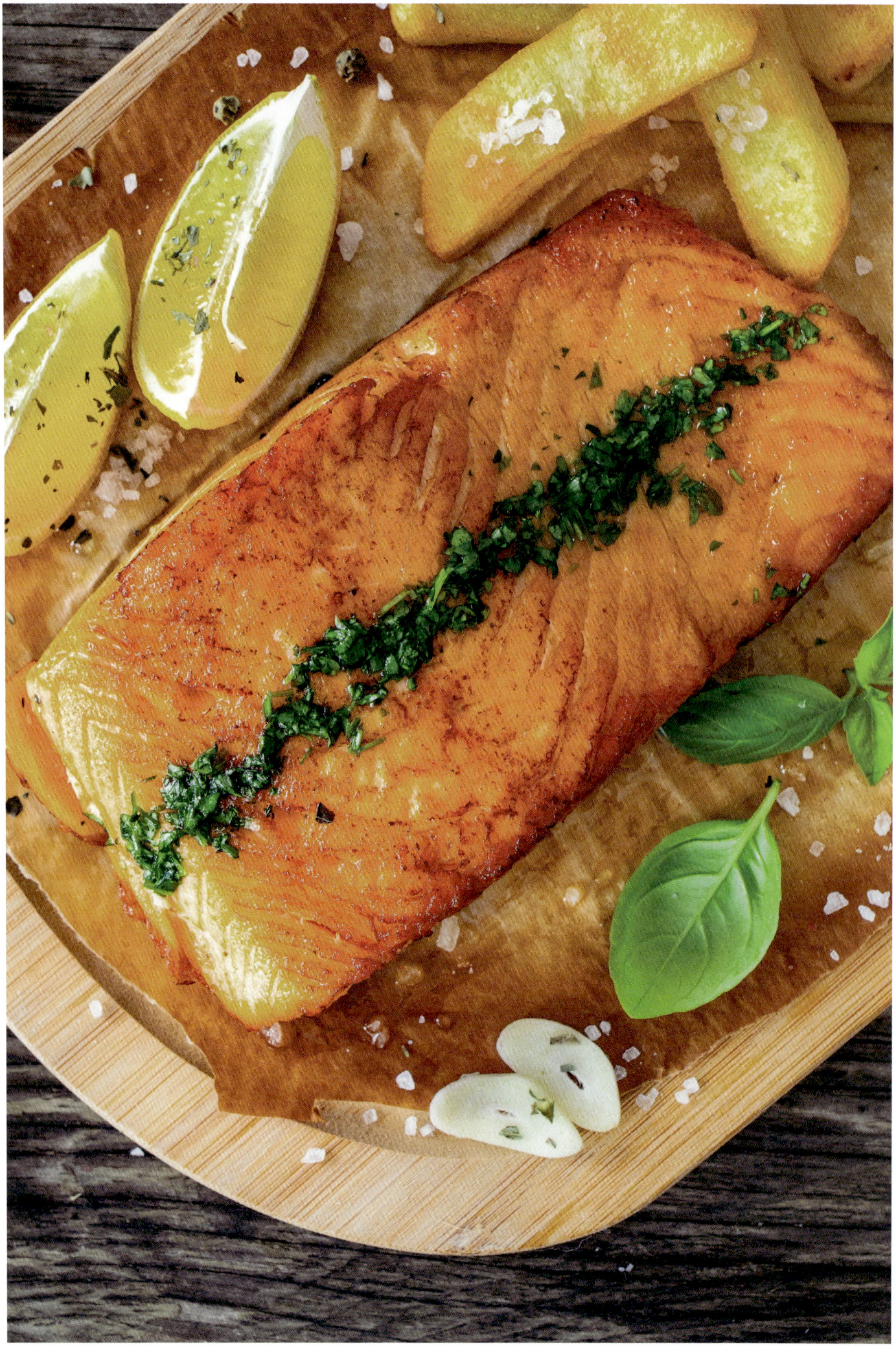

OFENLACHS MIT SÜSSKARTOFFELN UND ZITRONE

Dieses mediterrane Ofengericht ist schnell zubereitet. Außerdem enthalten Lachs, Öl und Avocado jede Menge gesunder Omega-3-Fettsäuren. Die Süßkartoffeln liefern zusätzlich die nötigen Kohlenhydrate für deine neue HYROX-Bestzeit.

ZUTATEN

2 EL Butter oder Kokosöl
2 Portionen Wildlachs (á ca. 100 g)
1 frische Zitrone
1,5 Süßkartoffeln
1 TL Rosmarinsalz
10 Oliven
½ Avocado
2 Tomaten
1 EL Olivenöl

ZUBEREITUNG

1. Den Backofen auf 175 °C (Umluft) vorheizen.
2. Die Süßkartoffeln in Scheiben oder Spalten schneiden oder reiben und in einer ofenfesten Auflaufform verteilen. 1 EL Butter oder Kokosöl in Flöckchen auf den Kartoffelscheiben verteilen und darauf den Lachs legen. Mit Rosmarinsalz würzen und mit weiteren Butter- oder Kokosölflöckchen belegen. Die Zitrone in Scheiben schneiden und ebenfalls auf den Fisch legen. Alles für 10–15 Minuten in den Ofen geben.
3. Für die Beilage Avocado und Tomaten in Scheiben schneiden, mit den Oliven auf einem Teller anrichten und das Olivenöl darüberträufeln. Den Lachs dazu genießen.

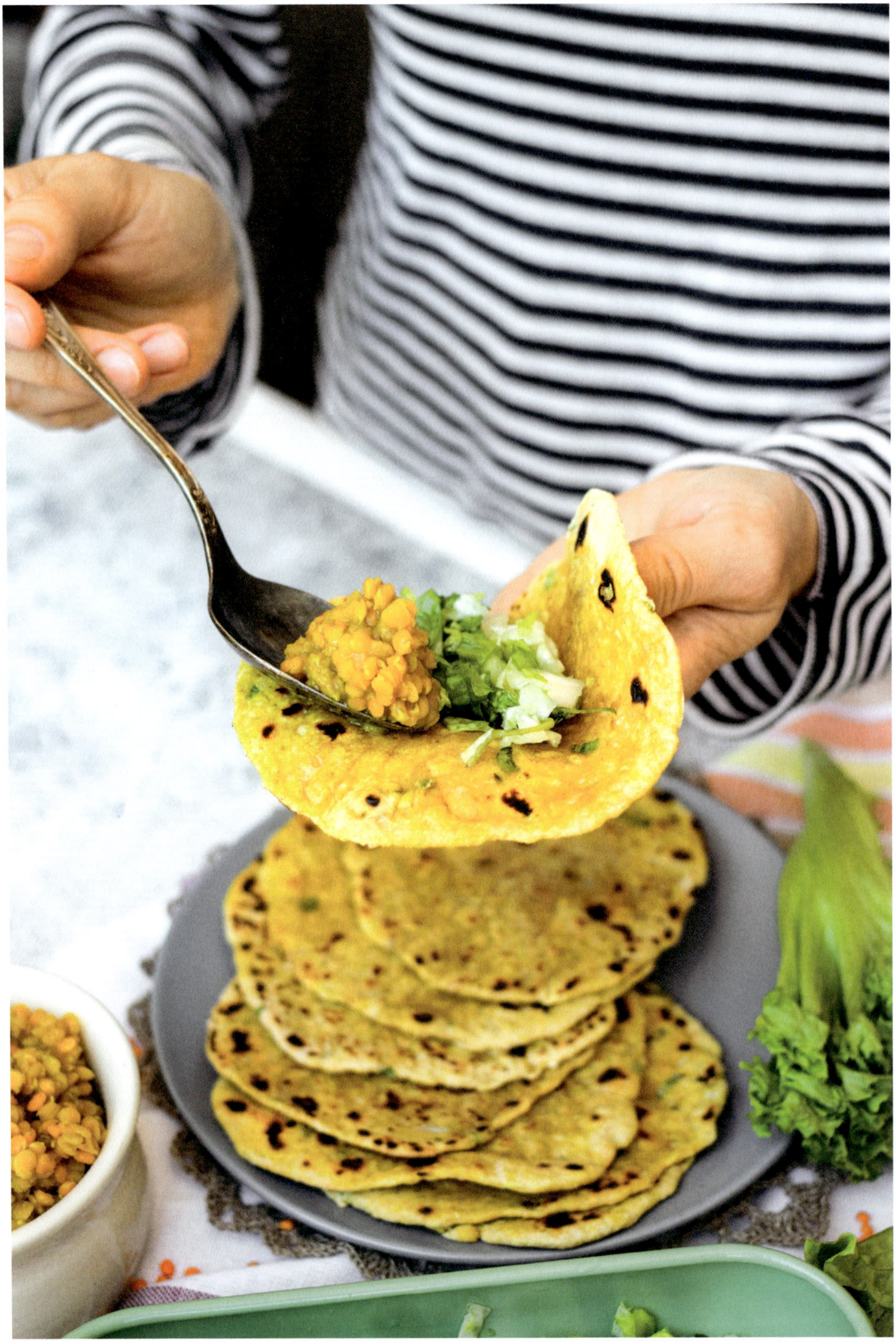

VEGGIE TACO TIME

Wenn du auf Fleisch verzichtest oder einfach Lust auf etwas Abwechslung hast, dann sind Linsen eine tolle alternative Proteinquelle. Mit Tomatenmark und Salsa bereitest du daraus eine pikante Bolognese zu. Damit befüllst du einfach zwei Vollkorntortillas, gibst etwas Salat und Käse dazu – fertig ist der vegetarische Tex-Mex-Snack!

ZUTATEN

1,5 Vollkorntortillas oder 2 Tacos
½ Dose Linsen nach Wahl
1 EL Tomatenmark
1 Prise Salz
½ TL Chilisoße
1 EL Olivenöl
⅛ Tasse Salsa
½ Handvoll geriebener Käse
ein paar Salatblätter nach Wahl

ZUBEREITUNG

Alle Zutaten – bis auf den Käse und den Salat – in einem Topf oder einer Pfanne erwärmen. Den geriebenen Käse darüberstreuen und entweder Vollkorntortillas oder Tacos damit füllen und mit Salatblättern belegen.

FAJITA-HÄHNCHEN MIT REIS

Reis und Hühnchen mal anders! Paprika und Kreuzkümmel verleihen der Hühnerbrust eine mexikanische Würze und enthalten jede Menge entzündungshemmende Antioxidanzien. Mit dem Wildreis tankst du Energie und zusammen mit Salsa, Guacamole und Limettensaft ist dieses Gericht einfach nur lecker!

ZUTATEN FÜR 2 PORTIONEN

2 Tassen Wildreis (oder brauner Reis)
1 kleine Zwiebel
1 Paprika (rot oder gelb)
450 g Hühnerbrust
1 EL Kokosöl zum Anbraten
½ Tasse Salsa
1 EL Paprikapulver
⅛ TL Kreuzkümmel
Salz und Pfeffer
Frühlingszwiebeln optional

FÜR DIE GUACAMOLE

½ Avocado
1 Knoblauchzehe
2 EL Limettensaft

ZUBEREITUNG FÜR DIE HÜHNERBRUST

1. Den Reis nach Packungsanleitung kochen und im Topf warmhalten.
2. In der Zwischenzeit die Zwiebel schälen, die Paprika waschen und entkernen, beides in grobe Würfel schneiden. Die Hühnerbrust in größere Stücke schneiden. Das Kokosöl in einer großen Pfanne erhitzen. Die Hühnerbrust für 3–4 Minuten scharf anbraten, dann Zwiebel- und Paprikastücke dazugeben und weiterbraten, bis die Hühnerbrust gar ist. Mit Salz und Pfeffer abschmecken.
3. Den noch warmen Reis in einer großen Schüssel mit der Salsa, dem Paprikapulver und dem Kreuzkümmel vermengen.
4. Für die Guacamole die Avocado zerdrücken, den Knoblauch schälen und fein hacken und mit Limettensaft verrühren. Mit Salz und Pfeffer abschmecken.
5. Reis und Hühnerbrust auf zwei Tellern verteilen und die Guacamole als Topping daraufgeben.

KLAUS-DIETER RÖSENER – DER SENIOR

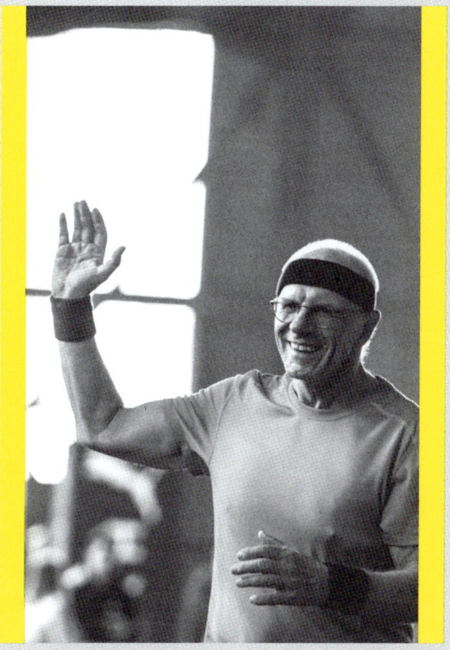

Geburtsdatum: 12.7.1951

Heimatort: Hamburg

Job: Rentner

HYROX-Bestzeit: 1:55:12 Stunden (EM Maastricht)

Lieblingsstation: Farmer's Carry

Hassstation: gibt's nicht

Lieblingstraining: Radfahren

Trainingsphilosophie: Hab viel Spaß am Sport!

Klaus-Dieter Rösener läuft jedes Jahr einen Marathon, 28 hat er schon hinter sich. Dazu kommen jährlich das Cyclassics-Radrennen in Hamburg und mindestens ein HYROX. Rösener ist zweifacher HYROX-Welt- und Europameister. Gerade erst kam er von einem Urlaub auf Mallorca zurück, er umrundet die Insel gern mal mit dem Rad. Ach, und er ist 72 Jahre alt. Der rüstige Rentner ist in Polen geboren und nach dem Zweiten Weltkrieg als Kind Vertriebener gemeinsam mit vier Brüdern in kleinen Verhältnissen in Hamburg aufgewachsen. Gemeinsam mit Oma und Opa lebte die Familie zu neunt in einer kleinen Wohnung. Die Eltern mussten ständig arbeiten, um die ganze Familie zu versorgen, für Sport hatten sie keine Zeit. Rösener entdeckte seine Liebe zum Sport deshalb erst im Jugendalter. Als 14-Jähriger begann er mit

Judo, ein Sport, der viel Kraft erfordert. Sein Trainingspartner war zwei Meter groß und wog 100 Kilo. 26 Jahre blieb er dabei. Von den Grundlagen aus dem Judo – Fleiß, Disziplin, Kraft – profitiert er noch heute, sagt er. Viele staunen etwa über seine Griffkraft beim Farmer's Carry.

An eine Ausbildung zum Kfz-Kaufmann hängte Rösener über den zweiten Bildungsweg ein Studium zum Betriebswirt dran. An der Uni entdeckte er seine Liebe zum Squash. Sein absoluter Lieblingssport ist und bleibt allerdings das Windsurfen. Der passionierte Dauercamper verbrachte seine Zeit auf dem Zeltplatz an der Ostsee vornehmlich auf dem Wasser – sehr zum Unmut seiner Frau, die nicht selten mit dem Abendessen warten musste, bis ihr Mann endlich vom Strand zurück war. Nach zwei Jahren ungewöhnlicher Windstille verschenkte Rösener seine Ausrüstung jedoch an eine örtliche Surfschule und begann mit dem Radfahren. Seitdem ging er bei allen Cyclassics-Rennen an den Start, fuhr immer die längste Distanz. Hier musste er erstmals Lehrgeld zahlen und verstand die Bedeutung des richtigen Pacings. Denn anfangs startete er ganz vorn und versuchte, an den Profis dranzubleiben, bis er kurze Zeit später schließlich einbrach und immer weiter zurückfiel. Mit der Erkenntnis, dass man sich bei Endurance-Wettbewerben die Kräfte besser einteilen muss, wagte er sich nach vielen Jahren der Skepsis (»Ich muss nicht laufen, ich kann Judo!«) endlich auch an den Laufsport. Für seinen ersten Marathon meldete Rösener sich nur drei Tage vorher an, ohne echte Vorbereitung. »Weil an der Ostsee schlechtes Wetter war und wir deshalb nicht hochgefahren sind.« Ins Ziel kam er trotzdem. Im Frühjahr 2023 hat er seinen 28. Marathon gefinisht – mindestens zwei will er noch laufen, um die 30 vollzumachen.

» Ich quäle mich aus Spaß!

Als im Alter langsam die ersten Wehwehchen auftraten und er über Rückenschmerzen klagte, ging Rösener nicht etwa zum Arzt – sondern ins Fitnessstudio. Nach ein paar Jahren waren die Kreuzschmerzen weg. Hatten seine Workouts anfangs noch Rehasport-Charakter, geht er inzwischen richtig in die Vollen. Als im November 2017 in Hamburg der erste HYROX stattfand, dachte Rösener sich: »Hört sich gut an, laufen kann ich, Fitness auch« und meldete sich kurzerhand wieder drei Tage vor dem Event an. Bei den Wall Balls mussten die Judges anfangs zwar noch ein Auge zudrücken und die Burpees gingen »ganz schön auf die Pumpe«, aber Rösener kam ins Ziel und entschied sofort: »Das mache ich noch mal!« Das Publikum, die Atmosphäre, selbst die Quälerei an bestimmten Stationen haben dem sportbegeisterten Hansestädter einfach Spaß gemacht. Seit er HYROX macht, sei er außerdem insgesamt fitter und gesünder, sagt er.

Zehnmal ist er seitdem bei HYROX an den Start gegangen und mehrfach Welt- und Europameister in seiner Altersklasse geworden. »Gibt ja sonst keinen anderen«, wie er mit einem verschmitzten Lächeln hinzufügt. Geschenkt bekam er die Titel dennoch nicht. Bei seiner ersten WM-Teilnahme 2019 in Oberhausen musste er mit Pro-Gewichten ran, um Weltmeister zu werden. Das bedeutete für den damals 68-Jährigen, einen 205 Kilo schweren Schlitten schieben und neun Kilo schwere Wall Balls hochwuchten. An den Bällen wäre er fast gescheitert, zwang sich aber, die 100 Wiederholungen durchzuziehen. 48 Minuten hat das gedauert, aber es hat sich gelohnt, sagt Rösener heute. »Wer kann schon sagen, er ist Weltmeister?« Auch mit über 70 Jahren bleibt Rösener seinem Jahresplan treu: Hamburg Marathon im April, Cyclassics im August und ein HYROX im Winter. Ein Ende ist nicht in Sicht. Die Altersobergrenze für eine HYROX-Teilnahme liegt bei 84 Jahren; so lange will er noch mitmachen. »Mal sehen, ob ich das schaffe«, sagt Rösener lächelnd und verabschiedet sich zur nächsten Radtour auf der Sonneninsel Mallorca.

Wie oft trainierst du pro Woche?

Im Winter gehe ich mindestens dreimal pro Woche ins Fitnessstudio. Dazu gehe ich noch ein-, zweimal Laufen oder Fahrradfahren. Das sind also fünf bis sechs Einheiten pro Woche. Im Sommer bin ich eigentlich die ganze Zeit über auf dem Campingplatz an der Ostsee. Dort trainiere ich mit Gummibändern und einem Sandsack. Und mein Schwiegersohn hat mir eine Anlage gebaut, an der ich Wall Balls üben kann.

Wie sieht eine typische Einheit im Fitnessstudio aus?

Da bin ich schon manchmal drei, vier Stunden. Ich will da nicht wie die ganzen Pumper nur mal kurz die Muskeln aufpumpen. Erst mal laufe ich mindestens eine halbe Stunde auf dem Laufband oder auf dem Stepper. Dann mache ich 40 Minuten lang einen Gerätezirkel zum Aufwärmen. Und dann arbeite ich verschiedene Trainingspläne ab, was auch noch mal zwei Stunden dauert. Danach gehe ich in die Sauna und dann geht's nach Hause essen.

Treibst du mehr Sport, seit du Rentner bist?

Vom Umfang her ist es vielleicht etwas mehr geworden. Ich habe aber schon immer viel Sport getrieben. Manchmal haben wir früher bis in die Nacht hinein Squash gespielt – eben nach der Arbeit oder am Wochenende.

Achtest du auf eine besonders gesunde Ernährung?

Mit Ernährung habe ich überhaupt nichts im Sinn und mit gesunder Ernährung schon mal gar nicht. Wenn ich schon das Wort vegan höre, bekomme ich Hunger auf Fleisch (lacht). Seit ich so intensiv Kraftsport mache, habe ich mir so ein Proteinpulver gekauft, das ich ab und zu mal nehme. Das scheint auch bei Ausdauersport zu wirken. Das ist aber auch alles, was ich mache. Chips und Rotwein sind aber auch gut.

Du hast also kein besonderes Ernährungskonzept?
Richtig. Meine Frau kocht, ich esse. Meist soll das für zwei Tage reichen, ist aber schon nach einem Tag weg.

Von der Sauna abgesehen, was tust du noch für deine Regeneration bei diesem Pensum?
Gar nichts. Dadurch, dass ich schon mein Leben lang Sport mache, sagt mir mein Körper schon, wenn es mal nicht mehr weitergeht. Ich mache auch nach Wettkämpfen meist keine längere Pause.

Übertreiben junge Sportler also manchmal mit ihrem extremen Fokus auf Ernährung und Regeneration?
Die Superleistungssportler, die an der Weltspitze mitlaufen, die müssen das sicher machen. Bei mir sieht das anders aus, ich bin ja nur aus Spaß dabei. Und solange ich der Meinung bin, dass das gut für mich ist, mache ich das auch weiter.

Wie verbringst du deine Freizeit, wenn du keinen Sport treibst?
Welche Freizeit (lacht)? Ab und zu muss ich mich auch mal mit meiner Frau beschäftigen, denn die kommt immer viel zu kurz. Ohne ihr Verständnis für mein exzessives Training und ihre exzellenten Kochkünste würde ich niemals solche Leistungen erbringen können. Ich hatte mich ja mal an Hausarbeit versucht, aber da meinte sie dann schnell: »Geh mal lieber zum Sport!«

Be a hero – start your HYROX!

Nach der Lektüre dieses Buchs verfügst du über das theoretische Wissen, um dich optimal auf HYROX vorzubereiten. Nun ist die Zeit gekommen, dieses Wissen in die Praxis umzusetzen. Schnüre deine Laufschuhe, packe deine Gym-Tasche und stürze dich ins Training! Vorher nur ein letzter wichtiger Disclaimer: Bedenke, dass einige der Athleten in diesem Buch absolute Spitzensportler sind und seit vielen Jahren teils mehrmals täglich trainieren. Auch wenn die Trainings- und Wettkampfvideos, die du online von den Elite 15 findest, und ihre Finisher-Zeiten extrem motivierend sind, versuche nicht, mit dem unfassbar brutalen Pensum dieser Monster mitzuhalten – es sei denn, du bist selbst ein erfahrener Triathlet, Cross-Fitter, Cross-Duathlet, OCR-Läufer oder Ähnliches. Wenn nicht, dann fahre lieber dein ganz eigenes Pensum. Alles andere führt im besten Fall nur zu Frust und im schlimmsten Fall zu Übertraining und Verletzungen.

HYROX wird eine der größten Herausforderungen deines Lebens sein, bereite dich also gut darauf vor! Dafür musst du nicht wie Hunter McIntyre sechs Stunden pro Woche im Gym und 10 bis 14 Stunden auf der Laufstrecke verbringen. Selbst Profis wie Linda Meier – immerhin ehemalige Vizeweltmeisterin und Weltrekordhalterin – ist berufstätig und trainiert »nur« sechsmal pro Woche. Falls du drei Workouts pro Woche schaffst, dann ist das in Ordnung. Mit einer Kraft- beziehungsweise Kraftausdauereinheit, einem Intervalltraining und einem langen Lauf bist du bestens gerüstet, um HYROX in der Open Division zu finishen. Falls du fünf, acht oder zehn Einheiten schaffst, ist auch das super! Dann kannst du langsam über einen Start in der Pro Division nachdenken. Setze dir realistische Ziele und strukturiere deinen Trainingsplan so, dass er zu dir und deinem Alltag passt. Steigere dich langsam, Woche für Woche. Der Aufbau von Grundlagen braucht Monate und Jahre. Wenn du dir diese Zeit nimmst und am Ball bleibst, dann wirst du es eines Tages vielleicht tatsächlich mit der Elite aufnehmen können.

Und wenn nicht, dann ist auch das kein Beinbruch. HYROX wird dir unglaubliche Schmerzen bereiten, du wirst immer wieder ans Aufgeben denken, aber trotzdem geht es dabei letztlich vor allem um Spaß. HYROX ist der vielleicht inklusivste Wettbewerb der Welt. Er wurde geschaffen, um wirklich jedem zu ermöglichen, über sich selbst hinauszuwachsen. Nicht nur Topprofis wie McIntyre oder Storath, sondern auch dem freundlichen, aber übergewichtigen Angestellten oder dem rüstigen Senior mit Spaß an Bewegung. Das gilt selbst für Querschnittsgelähmte und Beinamputierte in der Adaptive Division. Nimm dir ein Beispiel an den Sportlern in diesem Buch: an Hamun Bahadorvand, der mithilfe von Sport nicht nur seine Pfunde, sondern auch seine Dämonen losgeworden ist. An dem über 70-jährigen Klaus-Dieter Rösener, der auf seinen 30. Marathon hinarbeitet und noch im Alter von 84 Jahren bei HYROX an den Start gehen will. Oder an Maurice-André Iseli, der sich nach einer schweren Rückenmarksverletzung buchstäblich Schritt für Schritt ins Leben zurückgekämpft hat und bei seinem ersten HYROX ohne Krücken über die Ziellinie gelaufen ist. Nichts ist unmöglich. HYROX inspiriert seine Teilnehmer zu ungeahnten Höchstleistungen. Egal, ob du in der Open Division oder der Pro Division startest, mit einem Kumpel oder einer Freundin im Doppel antrittst oder mit ein paar Kollegen als ganze Staffel an den Start gehst: Irgendwo zwischen acht Kilometern Laufstrecke und acht Fitnessstationen werden bei jedem HYROX Helden gemacht. Natürlich denkt man dabei zuerst an die schillerndsten unter ihnen, die Stars der Szene, wie McIntyre, den deutschen Sportler Tim Wenisch, die beiden Powerfrauen Megan Jacoby und Lauren Weeks oder den Österreicher Alexander Roncevic. Aber die Wahrheit ist: Wenn du die Ziellinie bei HYROX überquerst – egal mit welcher Zeit –, wirst auch du dich zu Recht wie ein Held fühlen.

BE A HERO – START YOUR HYROX!

Über die Gründer

Moritz Fürste ist ein ehemaliger deutscher Hockeyspieler und zählte zu den herausragenden Spielern seiner Generation. Er begann seine Karriere beim Uhlenhorster HC in Hamburg und feierte zahlreiche Erfolge, darunter zwei Olympiasiege in den Jahren 2008 und 2012, eine Bronzemedaille bei den Olympischen Spielen 2016 sowie den Weltmeistertitel 2006. Zudem wurde er 2012 zum Welthockeyspieler des Jahres gekürt. Neben seiner sportlichen Karriere absolvierte Fürste einen Bachelor in Medienmanagement und einen Master in Wirtschaftspsychologie, Leadership und Management. Für seine sportlichen Leistungen und sein Engagement in der olympischen Bewegung erhielt er zahlreiche Auszeichnungen. Fürste ist verheiratet und Vater von zwei Töchtern.

Christian Toetzke ist eine prominente Persönlichkeit im Bereich Sportmarketing und Eventmanagement. Er hat eine beeindruckende Karriere in der Organisation und Kreation von Sportveranstaltungen und -events hinter sich. Schon 1996 erfand er ein neuartiges Radsportkonzept - die Cyclassics, eines der größten Eintagesradrennen der Welt, das in Hamburg stattfindet und jedes Jahr Tausende von Teilnehmern und Zuschauern anzieht. Darüber hinaus spielte Toetzke eine wichtige Rolle in der Welt des Triathlons, insbesondere bei der Gestaltung der World Triathlon Series, der Qualifikationsserie der *International Triathlon Union* (ITU,), heute *World Triathlon,* für die Olympischen Spiele. Daneben war er weltweit als Veranstaltungsorganisator und Manager bei der Planung und Umsetzung von weiteren Triathlons und Radsportveranstaltungen sowie Marathons und Ironman-Rennen involviert.

Dr. Michael Trautmann war Unternehmensberater, Werber, der jüngste Global CMO in der Geschichte von Audi und Gründer von thjnk, eine der erfolgreichsten Werbeagenturen Deutschlands mit einem internationalen prestigeträchtigen Kundenportfolio. Heute liegt sein Fokus auf dem Thema »New Work«, dem er sich seit vielen Jahren widmet und dabei der Frage nachgeht, wie Arbeit in Zukunft aussehen wird. Anfang 2021 hat er zusammen mit seiner Co-Founderin Swantje Allmers deshalb die Beratungsfirma NWMS GmbH (New Work Masterskills) für Beratung, Training und Coaching ins Leben gerufen. Außerdem ist er Co-Host des Podcasts »On the way to New Work« und Co-Autor des gleichnamigen Buchs.

Über den Autor

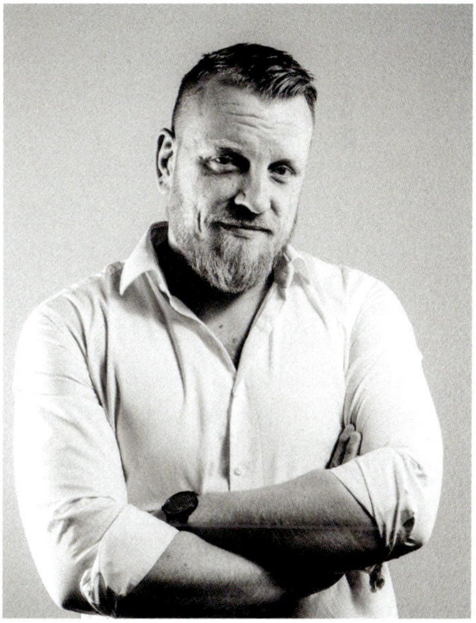

Mark Bergmann ist Sportjournalist und Autor und kommentiert große Fight-Events für den Streamingdienst DAZN. Er war mehrere Jahre lang Chefredakteur des Sport- und Lifestylemagazins *Men's Fitness* und Redakteur beim TV- und Onlineformat *ran* von ProSiebenSat.1. Auch privat mag er's gern sportlich, egal ob Fighting, Running oder Fitness. Am HYROX-Konzept fasziniert ihn die ständig wechselnde Belastung des gesamten Körpers, die er so bislang nur vom Kampfsport kannte.

Quellenverzeichnis

1 https://de.statista.com/statistik/daten/studie/184918/umfrage/sportarten-in-deutschland-nach-anzahl-der-mitglieder/

2 https://de.statista.com/statistik/daten/studie/181324/umfrage/haeufigkeit-fitnessstudios-wellnessstudios-besuchen/

3 Nelson, A. G.; Arnall, D. A.; Loy, S. F., Silvester, L. J.; Conlee, R. K. (1990): »Consequences of Combining Strength and Endurance Training Regimens«, ***Physical Therapy***, Volume 70, https://doi.org/10.1093/ptj/70.5.287

4 Morris, Christopher W. (2015): »The Effect of Fluid Periodization on Athletic Performance Outcomes in American Football Players«, ***Theses and Dissertations – Kinesiology and Health Promotion 24***, https://uknowledge.uky.edu/khp_etds/24

5 Gäbler, Martijn; Prieske, Olaf; Hortobagyi, Tibor; Granacherhttps, Urs (2018): »The Effects of Concurrent Strength and Endurance Training on Physical Fitness and Athletic Performance in Youth«, ***Frontiers in Physiology 9***, http://dx.doi.org/10.3389/fphys.2018.01057

6 Markov, Adrian; Hauser, Lukas; Chaabene, Helmi (2023): »Effects of Concurrent Strength and Endurance Training on Measures of Physical Fitness in Healthy Middle-Aged and Older Adults: A Systematic Review with Meta-Analysis«, ***Sports Medicine 53***, https://doi.org/10.1007/s40279-022-01764-2

7 Davitt, Patrick M.; Pellegrino, Joseph K.; Schanzer, Jarrett R.; Tjionas, Harisics; Arent, Shawn M. (2014): »The Effects of a Combined Resistance Training and Endurance Exercise Program in Inactive College Female Subjects Does Order Matter?«, ***Journal of Strength and Conditioning Research 28,*** https://journals.lww.com/nsca-jscr/fulltext/2014/07000/the_effects_of_a_combined_resistance_training_and.19.aspx

8 Neubauer, Oliver; König, Daniel; Wagner, Karl-Heinz (2008): »Recovery after an Ironman triathlon: sustained inflammatory responses and muscular stress«, ***European Journal of Applied Physiology***, Volume 104, https://doi.org/10.1007/s00421-008-0787-6

9 Bottaro, Martim; Martorelli, Saulo; Vilaça, José (2011): »Neuromuscular Compression Garments: Effects on Neuromuscular Strength and Recovery«, ***Journal of Human Kinetics***, Volume 29A, https://doi.org/10.2478%2Fv10078-011-0055-4

10 Chen, Fan; Du, Mengxi; Blumberg, Jeffrey B. (2019): »Association Among Dietary Supplement Use, Nutrient Intake, and Mortality Among U.S. Adults«, ***Annals of Internal Medicine***, https://doi.org/10.7326/M18-2478

Register

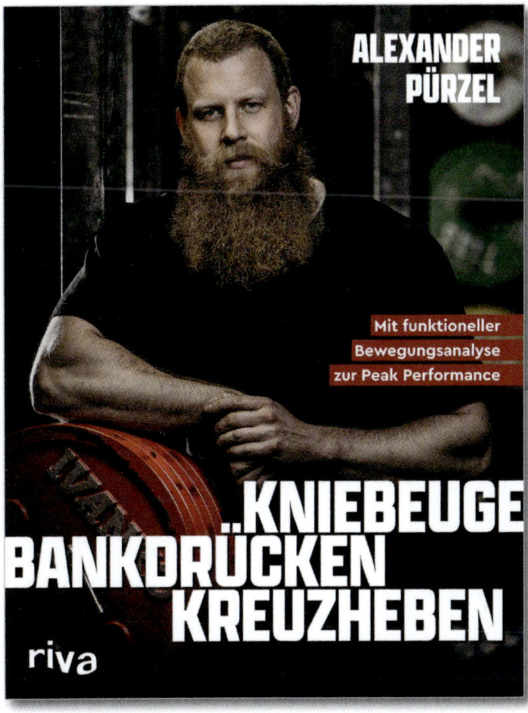

Auch als **E-Book** erhältlich

272 Seiten
25,00 €
ISBN 978-3-7423-1809-1

Alexander Pürzel

Kniebeuge, Bankdrücken, Kreuzheben

Mit funktioneller Bewegungsanalyse zur Peak Performance

Kniebeuge, Bankdrücken und Kreuzheben sind die Königsdisziplinen des Krafttrainings. Die ideale Bewegungsausführung ist zwar eine Herausforderung, jedoch auch der Schlüssel zur Peak Performance. Alexander Pürzel, Sportwissenschaftler und Medaillengewinner bei Europameisterschaften im Kraftdreikampf, zeigt wissenschaftlich fundiert und praktisch anwendbar, wie man mit optischen Analysen und der Anwendung von Trackingmethoden das Beste aus seinem Training herausholen kann. Mithilfe von über 400 Fotos und Videos, die per QR-Code abrufbar sind, lernt man alle Abweichungen kennen, die bei diesen drei Übungen auftreten können, und erfährt, wie diese Kompensationsstrategien mit persönlichen Stärken und Schwächen in Verbindung gebracht werden. Über 30 Übungen unterstützen dabei, die neu entdeckten Problembereiche gezielt zu adressieren.

riva